北京国际交往中心建设研究丛书　　总主编　计金标

STUDIES ON BEIJING AS THE CENTER FOR INTERNATIONAL EXCHANGES

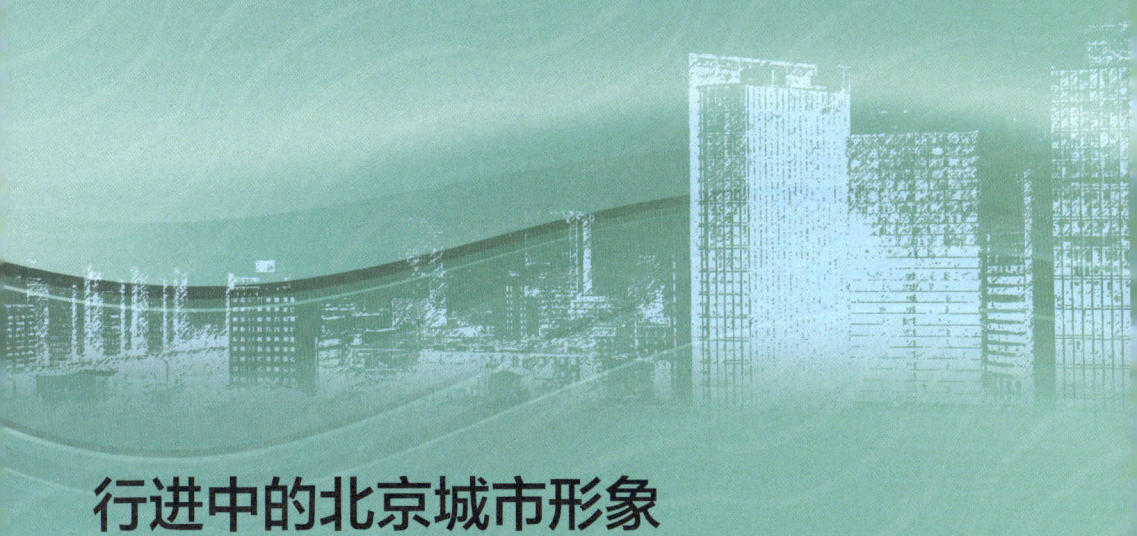

行进中的北京城市形象

EVOLVING CITY IMAGE OF BEIJING

李星儒 ◎ 主编

社会科学文献出版社
SOCIAL SCIENCES ACADEMIC PRESS (CHINA)

北京国际交往中心建设研究丛书编委会

总 主 编 计金标

编委会成员（以姓氏笔画排序）

马诗远　王　欣　王　磊　王成慧　计金标
李星儒　李晓宇　李嘉珊　邹统钎　邵　云
姜　钰　梁昊光　董　涛　程　维

总 序

2017年9月29日正式发布的《北京城市总体规划（2016年—2035年）》，明确提出"北京城市战略定位是全国政治中心、文化中心、国际交往中心、科技创新中心"，国际交往中心建设由此进入快车道。"建设什么样的国际交往中心，怎样建设国际交往中心"成为北京市迫切需要解决的一个重大课题。2019年9月，北京推进国际交往中心功能建设领导小组第一次会议提出了总体要求，要"努力打造国际交往活跃、国际化服务完善、国际影响力凸显的国际交往中心"。2019年12月印发的《北京推进国际交往中心功能建设行动计划（2019年—2022年）》进一步明确了北京国际交往中心"不断强化重大国事活动服务保障、国际高端要素集聚承载、北京开放发展动力支撑、城市对外交往示范引领"的四大功能，提出了"努力打造国际交往活跃、国际化服务完善、国际影响力凸显的国际交往中心"的总体建设思路，以及"六大战略目标"和21项重点建设任务。

北京国际交往中心建设是一项多维度的系统工程，既需要北京市委市政府的总体布局、统筹谋划、协调推进，也需要加强整合各方的力量，形成央地协同、市区配合、部门联动的"一盘棋"格局，还需要充分发挥高等院校和科研机构的高端智库功能，就北京国际交往中心建设如何展现中国魅力、凸显北京特色，如何突出服务中心服务大局的导向，如何统筹运用国内国际两个市场、两种资源、两类规则，如何积极融入传统与现代、东方与西方文化元素，如何构建面向世界、面向全国的全方位、多层次、立体化的国际交往新格局等一系列问题，凝聚各种科研力量，积极开展相关研究和谋划工作，为推进落实北京国际交往中心建设提供决策参考和智力支持。

行进中的北京城市形象

　　北京第二外国语学院作为北京市属高校中唯一的外国语大学,在国际交往中心建设的进程中,肩负着天然的使命和责任。学校主动与北京"四个中心"建设对接,立足于服务北京的战略目标和国际交往中心研究的特色视角,努力打造一支优秀的服务首都功能定位的学术团队,形成"研究院—研究中心—研究所"三级科研平台机制,整合与组建了首都国际交往中心研究院、首都对外文化传播研究院、中国公共政策翻译研究院、中国文化和旅游产业研究院、中国"一带一路"战略研究院、中国服务贸易研究院等17个科研机构,拥有文旅部文化和旅游研究基地、北京旅游发展研究基地、北京对外文化传播研究基地、首都对外文化贸易研究基地等7个省部级科研基地、1个省部级协同创新中心——首都对外文化贸易与文化交流协同创新中心,以及秘鲁文化研究中心、白俄罗斯研究中心、阿拉伯研究中心等7个教育部国别和区域备案研究中心,形成较为完备的科研平台格局。学校加强高端特色智库建设,以积极组织撰写研究简报、蓝皮书、咨政报告、高端论著等多种形式对接国家战略和首都发展需求,产出了丰硕的学术和咨政成果,在北京形象建设、旅游产业政策、旅游大数据、"一带一路"投资与安全、服务贸易文化贸易、对外文化传播、国际文化交流等研究领域逐渐形成二外特色学术品牌。

　　为深入贯彻落实党的十九大精神,按照北京国际交往中心城市战略定位,学校把握时代脉搏,充分发挥自身优势,于2018年专门制定了《北京第二外国语学院服务"北京国际交往中心"建设行动计划》,以期在国家和北京外事工作的更高平台、更广领域中发挥作用,为北京国际交往中心建设贡献力量。自该行动计划实施以来,学校积极整合各学院和科研院所的研究力量,围绕北京国际交往中心建设问题,陆续开展了北京城市品牌形象传播、北京友城研究、北京国际形象调查、北京市国际交往中心语言环境建设等专题研究,向北京市委市政府以及相关委办局提交了多份咨政报告,得到了北京市委市政府及相关委办局的高度重视。2019年7月,学校承担了北京市人民政府相关委办局委托的关于国际交往中心建设的研究任务。在各院系的通力合作下,历时半年多,学校高质量地完成了各项研究任务。本套丛书就是学校对北京国际交往中心建设这一重大课题前期研究的一个阶段性成果总结。

　　北京国际交往中心建设既是一项新事业,也是一个新课题,国内外相关研究成果相对较少。这套由我校中青年教师撰写的丛书，相信能够丰富北京国际交往中心的相关研究成果，充实北京国际交往中心的新内涵，为北京国际交往中心建设提供更多的国际经验。如果这些研究成果能够引起更多学者关注和思考国际交往中心建设，能为北京市有关部门推进国际交往中心建设提供一些决策参考，我们将感到无比欣慰。

是为序。

计金标

2020 年 1 月

目 录

前　言 …………………………………………………………………… 1

媒介研究篇

微博空间内的北京城市形象研究 ……………………… 李星儒　李　子 / 1
新时代的国际交往与北京角色 …………………………………… 曲　茹 / 22

传播研究篇

北京城市形象的影像传播 ………………………………………… 李星儒 / 43
智媒时代北京城市国际品牌形象提升路径研究 ………………… 孙铭欣 / 71
借助在京外国人士推广北京国际城市形象的策略研究 ………… 邵　云 / 98

受众研究篇

北京文化符号认定与对外传播研究 ……………………… 曲　茹　邵　云 / 110
国家形象和北京城市形象的国际受众认知对比与关联性
　研究 …………………………………………………………… 宫月晴 / 130
基于北京第二外国语学院留学生群体的北京城市"四个中心"
　定位传播效果研究 …………………………………… 李星儒　王惠萱 / 160

前　言

随着经济全球化、区域经济一体化趋势的加速，国家与国家之间的竞争日益突出地表现为区域与区域间的竞争，而城市在区域中地位的日益提升又集中体现为城市与城市之间的竞争。越来越多的城市管理者开始意识到城市形象建设的重要意义。

北京，是一个具有多重复杂性的城市。"都"与"城"两种功能叠加，"千年古韵"与"科技创新"两种属性交融。经过多年发展，最终凝结成全国政治中心、文化中心、国际交往中心、科技创新中心"四个中心"定位，汇聚成"国际一流的和谐宜居之都"这一发展目标。"四个中心"和一个目标，同时为北京的城市功能和城市形象建设做出了定位。北京城市形象的建设正在成为一项长期实施的重要工作，这也对与之相关的学术研究提出了新的需求。

自美国学者凯文·林奇在他里程碑式的论著《城市意象》(*The Image of the City*，或译为《城市的形象》) 中提出"城市意象"或曰"城市形象"（本书统一称为城市形象）这一概念以来，城市形象的概念在几十年间不断扩展，从最初的实体空间的物质要素构成，扩大到了一切可为人感知的物质形态元素以及所蕴含的内在文化意蕴，与城市进行接触互动的"人"成为城市形象研究的重要组成部分。随着媒介社会的到来，媒介空间中逐渐建构起一种类似实体空间城市形象拟态镜像的媒介城市形象，这又使媒介中所呈现的城市以及如何使用媒介渠道进行城市形象的塑造与传播成为研究者关注的焦点。

基于此，本书以媒介研究、传播研究和受众研究三个主题进行板块划分。

行进中的北京城市形象

媒介研究部分着眼于不同媒介空间中呈现的北京城市形象。《微博空间内的北京城市形象研究》对目前北京地区的外籍用户和北京官方账号所发布的内容进行了抓取与分析，以寻找弥合偏差、在微博空间内塑造北京城市理想形象的方法。《新时代的国际交往与北京角色》建立了城市形象评估五维模型，基于中央级新闻媒体、国际人士以及国内意见领袖的观点与评论，总结出媒介中北京城市国际品牌形象的主要特征，继而从媒体和公共话语的角度，得出优化城市国际品牌形象的策略与建议。

传播研究部分主要关注不同媒介渠道中北京城市形象的塑造与传播策略。《北京城市形象的影像传播》从对影视作品的文本分析入手，提出了城市形象在影视传播中存在的三个能量层级，并针对不同的传播层级提出了相应的传播策略。《智媒时代北京城市国际品牌形象提升路径研究》探讨了新的媒体环境为城市形象塑造带来的变化与挑战，并在此基础上深入分析了北京城市国际品牌形象的提升策略。《借助在京外国人士推广北京国际城市形象的策略研究》在对在京外国人士的状况、特点进行梳理、分析的基础上，探讨了借助这一群体向其他国家传播北京城市形象的策略。

受众研究部分聚焦国际受众群体对北京城市形象的接受与认知情况，分析北京城市形象的国际传播策略。《北京文化符号认定与对外传播研究》以外国人的符号观作为切入点，从受众层面出发，探讨对外传播视阈下北京文化符号建构与传播的现状。《国家形象和北京城市形象的国际受众认知对比与关联性研究》探讨了国际受众对中国国家形象和北京城市形象的认知构成，并进一步探讨了两者间的认知联想特征。《基于北京第二外国语学院留学生群体的北京城市"四个中心"定位传播效果研究》调研了留学生对北京"四个中心"定位的认知状况，并进一步分析他们的认知状况与北京实际建设情况的关系及其认知形成的影响因素。

北京城市形象的塑造绝非一朝一夕之功，而是一个持续的、不断推进的过程；北京的城市形象也绝非稳定不变的，而是不断丰富、成长的。这也是本书以《行进中的北京城市形象》为名的原因。可以看到，书中各篇文章所呈现的，正是北京城市形象变化与成长过程中的不同侧面。作为身在北京的研究者，我们也将持续关注这一研究领域，与北京城市形象的建设一同前行！

• 媒介研究篇 •

微博空间内的北京城市形象研究

李星儒 李 子[*]

当前的媒介环境,让传媒掌控甚至成了人们感受现实的渠道。这意味着可以通过媒介构建和传递一个城市的形象,而议程设置的权力转移让网络媒体在城市形象的塑造与传递中占据了重要地位,也让利用网络媒体进行城市形象的对外传播成了一个新的问题。因此,本文对微博空间内城市形象塑造和世界知名门户网站的城市形象塑造与推广进行了调查,综合运用传播学、社会心理学、认知心理学等学科理论对北京现有城市形象与目标形象、理想形象的偏差做出分析解读,寻找弥合偏差、在网络空间内塑造北京理想城市形象的方法,以探索基于网络空间有效提升北京城市形象影响力的新理念、新思路与新途径。

一 研究综述

(一)国外研究综述

国外与本文相关的前期研究主要集中于城市形象的塑造与传播。

芝加哥社会学派是最早关注城市研究的学派,这一学派认为人类社会的有效存续正是得益于传递和传播活动,而社会也是存在于传递和传播活动之中的。施拉姆则在《人类传播史》一书中将城市定义为一种传播机制。[①] 与城市形象相关的研究最早是从城市规划和建筑设计的角度进行的。凯

---

[*] 李星儒,北京第二外国语学院文化与传播学院新闻系主任,副教授,博士,主要研究方向为媒介内容与媒介传播;李子,广东财经大学艺术与设计学院广告系讲师,博士,主要研究方向为媒介内容评估和数字营销传播。

[①] 〔美〕施拉姆:《人类传播史》,游梓翔、吴韵仪译,远流出版事业股份有限公司,2007,第105页。

行进中的北京城市形象

　　文·林奇首次提出城市形象的概念，强调了城市中道路、边界、区域、节点和标志物五要素的重要意义。① 在《城市建设艺术》《城市空间》等著作中，城市形象与相关的各种发展因素的关系愈加受到关注。20世纪60年代，学界开始尝试使用"城市形象建设"理念来影响城市形象的建设，对城市形象的研究开始着眼于城市形象对政治、经济、社会方面的影响，并且更为重视城市建设与公共空间设计、环境艺术之间的关系。

　　进入20世纪80年代，国外的城市研究专家开始着眼于城市和地区的内涵研究，引入社会发展的整体视角，借助营销学、公共关系学、传播学、管理学等学科理论深入探究城市的个性化和差异化形象。阿什沃兹和沃德最早将城市规划和市场营销理论相结合，提出城市形象的营销理论，该理论认为城市形象主要由城市产品形成、城市形象塑造和城市形象营销三部分构成，指出城市形象实际上是某种"简化"了的印象，人们在获取与城市有关的信息后会对其进行某种程度上的联想与概化，从而形成对某一城市轮廓化的观念或者印象。这种印象的形成并不是一朝一夕的，而是一个在长期的信息传递过程中完成的潜移默化的过程。② 科特勒认为对某一城市形象进行像产品品牌一样的经营，可以为一个城市积累品牌资产，进而促进经济发展。③

　　在传播学视角下的城市形象研究方面，竹内郁郎用"信息环境的环境化"这一概念，指出媒介塑造的拟态环境对人们的影响越来越大，人们不再通过亲身经历的一手信息来认知外部世界，而更加依赖媒介所提供的二手信息来感知。越来越多的人对城市信息的获取来源于媒介所传递的内容，基于这种变化，城市管理者可以通过大众媒介进行城市形象的传播与塑造。④ 麦圭尔则提出了媒体城市的概念，他认为媒体对城市空间的报道与覆盖变得越来越移动、即时、普遍，这让媒介成了继城市建筑、城市区域、城市活动之后的第四个城市体验元素。换言之，媒介不再是一个独立于城

---

① 〔美〕凯文·林奇：《城市意象》，方益萍、何晓军译，华夏出版社，2001，第64页。
② G. J. Ashorth and H. Vood, "Marketing the City: Concepts, Processes and Dutch Applications," *The Town Planning Review*, No.1, 1988, pp.65-79.
③ 〔美〕菲利普·科特勒：《品牌：城市营销之魂》，陈小玮整理，《新西部》2005年第10期。
④ 〔日〕竹内郁郎编《大众传播社会学》，张国良译，复旦大学出版社，1989。

市之外的传播渠道，而成为人对城市的体验本身。① 卡斯特认为，新媒体的大量使用与全球城市化进程的推进密切相关。融合多种媒介形式的新媒体消弭了虚拟空间与实体空间之间的界限，具有联系各种城市空间和重构城市中社会关系的作用。因此新媒体的作用不仅没有被削弱，反而促进了城市的发展。②

(二) 国内研究综述

国内与本文相关的前期研究主要由城市形象的塑造与传播、北京城市形象相关研究以及新媒体时代的城市形象传播组成。

我国对城市形象的研究最初也是从城市规划学、建筑学等角度展开，到了20世纪80~90年代则开始从美学角度进行研究。20世纪90年代之后，城市形象研究开始更多地借鉴传播学、营销学、广告学理论，媒介对城市形象的建构与传播越来越受到学者的重视。范小军认为，市民和观者更多是通过媒介中的信息来认识城市形象，城市品牌的塑造要通过具有差异化的城市理念和城市文化的传播来进行。③ 叶南客则认为，城市形象的传播是城市形象塑造中的最后一环，应借鉴整合传播理念，通过运用多种传播途径来提高城市形象的传播效率。④

韩隽研究了城市形象传播中的传媒角色与路径，提出传媒对城市形象传播的主要路径包括三方面：一是以历史的眼光对待城市形象的演变，追溯城市发展的精神脉络；二是以开放的眼光和全球化的视野接受多元的城市文明成果；三是全方位、多层次传播城市政治、经济、社会、文化等多方面的内容。⑤ 陈映将"城市形象"细化为"实体城市形象"与"虚拟城市形象"两部分，指出媒体所建构的城市形象是一种由各种力量交互作用而形成的"想象地理"，继而探讨了城市形象的媒体传播和再现机制。⑥ 肖荣春则以天涯论坛中的宁波版为研究对象，探讨了网络传播场域的传播特

---

① 〔澳〕斯科特·麦奎尔：《媒体城市：媒体、建筑与都市空间》，邵文实译，江苏教育出版社，2013。
② 〔美〕曼纽尔·卡斯特：《信息时代的城市文化》，载汪民安、陈永国、马海良主编《城市文化读本》，北京大学出版社，2008。
③ 范小军：《城市品牌塑造机理》，西南财经大学出版社，2008。
④ 叶南客：《城市形象塑造战略新论》，《学术研究》2000年第12期。
⑤ 韩隽：《城市形象传播：传媒角色与路径》，《人文杂志》2017年第4期。
⑥ 陈映：《城市形象的媒体建构——概念分析与理论框架》，《新闻界》2009年第5期。

行进中的北京城市形象

点和城市传播在网络（论坛）空间的运行规则。① 王振源和陈晞提出，媒介不仅是城市形象进行全球传播过程中的资讯提供者，更可通过对信息的选择和加工影响人们对城市形象的总体印象。因此，借助全球性媒体事件构建"媒介狂欢"是城市形象塑造与传播的有效手段。②

与北京城市形象有关的研究出现得比较晚，最早的文献可追溯至2000年。其中，2007年之前主要是从城市建设的角度对北京城市形象进行研究。2007~2011年，北京城市形象的相关研究成果以重大节事，即奥运会的举办对北京城市形象的影响为主。2012年之后北京城市形象的研究角度再一次发生转向，主要包括两个视角：一是北京城市形象的媒介呈现研究，二是北京城市形象的受众接受研究。前一类研究如张健指出，北京文化符号属于文化价值体系，是北京文化软实力的重要组成部分，影视文化中北京文化符号的呈现对北京城市形象有很强的传播作用，影视剧要将城市形象的内容深入刻画到剧情当中，就要了解目标受众的特点和喜好，以便进行创作，并通过多种媒介平台呈现以达到更好的传播效果。③ 欧亚、熊炜认为，对绝大多数没有来过北京的国际公众来说，北京超出他们的直接经验范围，大众媒体对北京的报道构成了北京的媒体形象，并凭借传播的持续性、重复性和广泛性，成为海外民众认知、接触、理解、评价北京的参考依据，进而指出，在北京城市形象的传播过程中应当做到去政治化和建立与国外受众取得联系的信息传播渠道。④ 徐翔、朱颖则运用实证研究方法分析北京城市形象国际自媒体传播的特征，其研究表明，国际自媒体中有关北京的信息主要包括文化艺术、旅游、体育、政治、科技创新等内容。信息倾向以客观为主，正面信息多于负面信息。正面信息主要集中在科技创新、旅游和文化艺术等内容，负面信息主要集中在政治、环境问题、社会和交通等内容。⑤

---

① 肖荣春：《城市的想象：网络传播场域中的城市形象展演——以天涯论坛宁波版为分析对象》，《新闻界》2010年第1期。
② 王振源、陈晞：《全球性媒体事件对城市形象的影响研究——以国外媒体对上海世博会的报道为例》，《科技与出版》2011年第11期。
③ 张健：《从传播学角度看影视剧中的北京文化符号与城市形象传播》，《戏剧之家》2014年第7期。
④ 欧亚、熊炜：《从〈纽约时报〉看北京城市形象的国际传播》，《对外传播》2016年第6期。
⑤ 徐翔、朱颖：《北京城市形象国际自媒体传播的现状与对策——基于Twitter、Google$^+$、YouTube的实证分析》，《对外传播》2017年第8期。

北京城市形象的受众接受研究则主要有赵永华、李璐关于国际受众对北京城市形象的认知与评价研究，其研究表明，受众眼中的北京城市形象仍以积极正面为主，北京悠久的历史文化底蕴对国际受众具有相当大的吸引力，国际受众对北京作为中国政治中心和历史文化名城的身份比较认同，但他们对北京在社会治理、生态环境等方面的负面评价也不容忽视。[1] 曲茹、邵云则进行了以在京外国留学生为对象的北京城市形象及文化符号的受众认知分析，指出留学生对北京城市文化符号的理解与感知存在明显的局限性，即集中在对历史文化遗产的重视与喜爱上。因此，提高留学生对传统文化符号的解读将有助于更好地维护和传播北京城市形象，同时北京应当通过挖掘一系列与时俱进的文化符号将其现代化城市面貌展现在世界面前。[2]

伴随着移动互联网时代的到来和网络终端技术的进步，越来越多的人习惯于借助互联网接触、感知事物，在新媒体环境下，用互联网思维打造城市网络形象已日趋普遍。以微博为代表的社交媒体为北京城市形象传播创造了新途径。作为新兴媒介中的一员，社交媒体以其独有的传播特性迅速占领了舆论阵地，开辟了北京城市形象传播的新领地，成为构筑北京城市形象不可或缺的传播媒介。如何有效利用社交媒体的传播特性，使其更好地为城市形象宣传服务，助力北京城市形象的塑造与传播，是亟待分析研究的重要课题。

国内关于微博空间内北京城市形象的研究相对较少，主要研究发表时间集中在近三年。研究主要关注北京城市形象与微博话语空间的相关内容，尤其集中在对北京地区官方微博、政务微博运营的研究上，多针对某一特定官方微博账号的运营情况进行分析，并提出对策建议。如张超以北京市政府新闻办公室官方微博"北京发布"为例，对政务微博的运营特点及规律进行分析，就有效提高微博传播效果提出了可行性建议。[3] 詹骞以"平安北京"龙年春节期间发布的微博为例，梳理分析了政务微博在公共治理视

---

[1] 赵永华、李璐：《国际受众对北京城市形象的认知与评价研究》，《对外传播》2015年第5期。
[2] 曲茹、邵云：《北京城市形象及文化符号的受众认知分析——以在京外国留学生为例》，《对外传播》2015年第4期。
[3] 张超：《政务微博传播效果分析——以"北京发布"为例》，《新闻世界》2013年第8期。

行进中的北京城市形象

野下的治理结构、治理功能与治理限度，提出了治理建议。① 王毓琦通过分析北京市公安局官方微博"平安北京"的传播特点、传播经验和不足，阐述了当今政务微博的运作方式。② 周颖对"北京发布"微博平台的概况及内容进行分析，从品牌角度探讨了政务微博对城市形象的塑造。③ 另有多篇文章试图从微博的发布特征、数据比对分析等多方面着手，对北京地区官方微博进行研究解读。

此外，学者多关注对新媒体语境下北京地区危机事件应对的研究，通过对某个具体危机事件在微博网络空间引发的影响，以及有关部门采取的措施进行展开研究，深入剖析微博话语空间在危机事件中的影响与效果。以"7·21"北京特大暴雨灾害事件中"平安北京"的表现为例，学界多次从不同角度出发，对二者加以结合分析。孙帅、周毅通过对微博数据及交互情况进行分析，对突发事件中微博信息传播规律的真实图景进行描绘，提出了在突发事件中利用政务微博导控舆情的相关建议。④ 梁芷铭的研究以该事件为例，从政务微博运营现状、政务微博管理主体和危机传播技巧方面着手，提出了政务微博危机传播和话语重构策略。⑤ 姚宝权通过对该事件中相关政务微博的实证数据分析，提出突发事件中政务微博发布的建议。⑥ 孙振虎、张弛则通过对风险社会语境下政务微博的政府形象塑造进行分析，探讨政务微博应对风险、塑造良好政府形象的有效策略。⑦

以上文章与本文的内容和研究方向均有一定的相关性，其研究方法与研究角度等也值得学习与借鉴。从目前的相关研究来看，学界将北京城市

---

① 詹骞：《公共治理视野下的政务微博——以"平安北京"龙年春节期间的微博为例》，《当代传播》2012年第9期。
② 王毓琦：《从"政能量"到"正能量"——基于新浪微博"平安北京"的个案分析》，《新闻世界》2013年第6期。
③ 周颖：《如何运用政务微博塑造城市形象》，《新闻世界》2014年第9期。
④ 孙帅、周毅：《政务微博对突发事件的响应研究——以"7·21"北京特大暴雨灾害事件中的"北京发布"响应表现为个案》，《电子政务》2013年5月刊。
⑤ 梁芷铭：《政府官方微博危机传播及其话语建构研究：以新浪微博"北京发布"为中心》，《新闻界》2014年第11期。
⑥ 姚宝权：《突发自然灾害政务微博发布的实证研究——以北京7·21暴雨为例》，《怀化学院学报》2012年第9期。
⑦ 孙振虎、张弛：《风险社会语境下政务微博的政府形象塑造——以"7·21北京大雨事件"中"@平安北京"微博传播为例》，《现代传播》2013年第8期。

形象、微博网络空间、北京市官方微博作为个体案例分析的研究较多，对微博空间内北京城市形象传播的研究相对较少。

二 微博空间内外籍用户微博账号中呈现出的北京城市形象

（一）外籍用户微博账号选取情况

本文选择了微博平台上目前北京地区的粉丝数量排名前50位的外籍用户，对其从2016年1月1日到2017年4月30日所发布的微博内容进行了全部抓取，希望以此为切入点，尝试了解北京地区影响力最大的外籍微博用户所关注的领域和对北京城市形象的相关态度。

微博平台上北京地区影响力最大的50个外籍用户多集中在文化传播领域，活跃在各大媒体上，如在中央电视台《汉语桥·全球外国人汉语大会》、中央电视台《星光大道》、江苏卫视《世界青年说》、湖北卫视《非正式会谈》等节目中频繁亮相，对中国社会文化有着较深的了解。此次抓取时间段内，50名外籍人士共发表了1530条内容，平均每人发表约30条。

（二）外籍用户微博发布内容的词频分析

通过对上述50个北京地区最具影响力的外籍微博用户所发布的微博内容进行分词处理，课题组提取了其微博中经常被提到的词语，整理出词频地图（见图1），包括地名、人名、机构团体名以及名词、动词和形容词，以此为基础对这些外籍用户在微博平台上的关注焦点和情感倾向进行了分析。

图1 微博空间外籍用户发布词频

资料来源：笔者根据外籍用户微博内容整理制作。

行进中的北京城市形象

1. 外籍用户所关注的主要领域

通过对微博内容中的名词词频（见图2）和动词词频（见图3）分析发

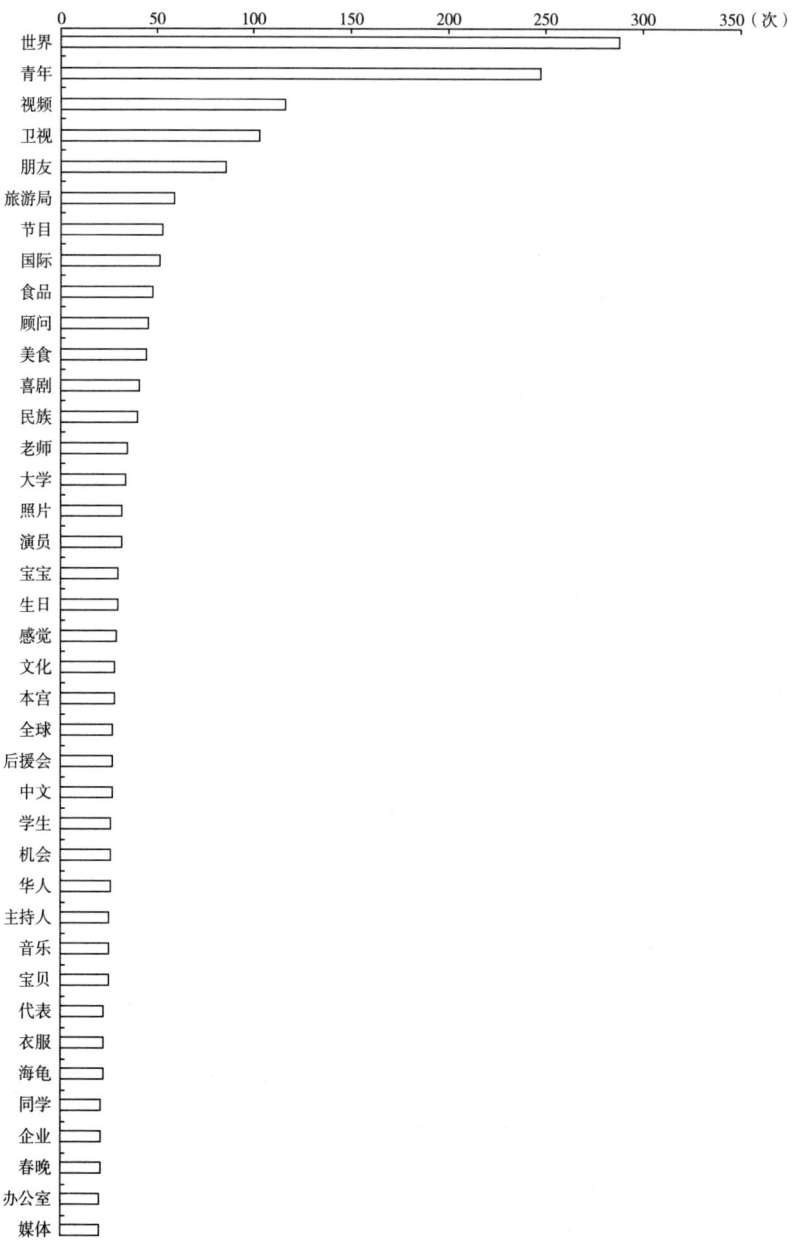

图2 外籍用户微博内容中提及频率超过20次的名词排名

资料来源：笔者根据外籍用户微博内容整理绘制。

现，外籍用户平时所关注的焦点主要集中在传媒和文化教育领域。此外，旅游和美食也是他们较为感兴趣的方面，对政治、经济、宗教等其他领域的内容他们关注较少。

所有微博内容总共提及的名词数量为3000余个，其中提及超过20次的共有40个。此40个较高提及频率的名词中，有关传媒内容的词语24个，如"世界""青年"等与江苏卫视《世界青年说》节目相关的名词，以及"喜剧"、"演出"、"主持人"、"春晚"和"媒体"等；此外，"直播"一词在使用频率超过20次的动词中排名第一位，"录制""拍摄""主持"等传媒类相关词语出现也较为频繁。另一类常出现的词语为旅游、美食类，如"旅游局""旅游""美食"等名词的提及频率也都在50次左右。涉及文化教育领域的词语也有较高的使用率，例如"文化""大学""老师""同学"等名词，"留学""出国"在动词提及率中排名分别在第二、第三位。

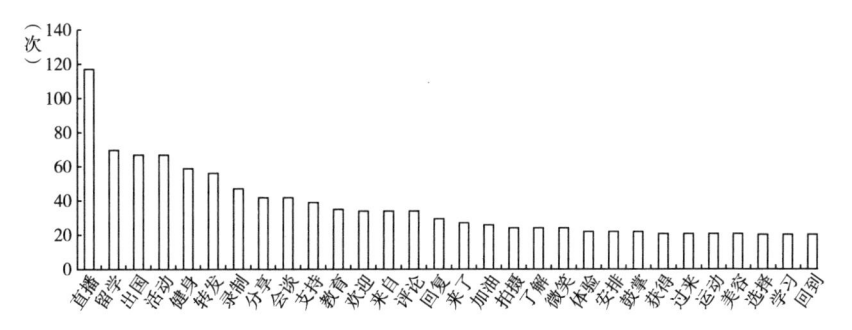

图 3 外籍用户微博内容中提及频率超过 20 次的动词排名
资料来源：笔者根据外籍用户微博内容整理绘制。

2. 外籍用户所关注的主要地点

在所有 50 个外籍微博用户所发布的微博内容中，总共提到中外国家、地区、城市、片区、街道等地点相关名称 205 个。其中，中国相关地名 133 个，占比 64.9%；外国相关地名 72 个，占比 35.1%。其中提到与北京相关的地名 7 个，分别为北京、长城、五道口、新街口、王府井、复兴门和望京。

在提及国家中，频率在 10 次以上的有泰国、中国、爱尔兰、英国和美国等 12 个（见图4），国家名称的提及多与这些外籍用户自身的国籍相关，如微博名为"韩冰暹罗"的泰国籍用户，就多次在其微博中发表与泰国相

9

行进中的北京城市形象

关，尤其是宣传泰国旅游的大量内容，因此导致"泰国"的提及率在所有国家中最高，超过了200次。而"爱尔兰的董默涵""埃及穆小龙"等用户也经常在微博上发布有关爱尔兰、埃及等国的旅游文化、风土人情、日常生活等方面的内容，为自己的国家进行宣传。

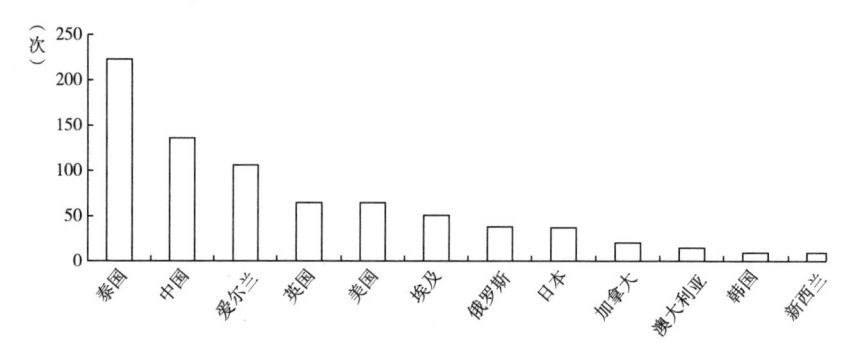

图4 外籍用户微博内容中提及频率超过10次的国家排名
资料来源：笔者根据外籍用户微博内容整理绘制。

在外籍用户的微博内容中提及率超过10次的城市有15个，其中中国城市有13个，北京以140余次的提及率排名第一位，上海紧随其后（见图5）。

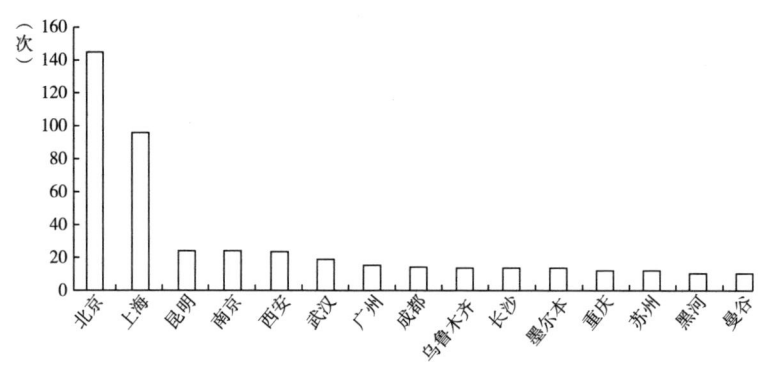

图5 外籍用户微博内容中提及频率超过10次的城市排名
资料来源：笔者根据外籍用户微博内容整理绘制。

3. 外籍用户所关注的人和机构

外籍用户在其所发表的微博内容中并没有涉及太多的人名和机构名称，此二类词语整体数量较少，总共提及次数约300次。为数不多被提及的中国人均为名人，如高晓松、黄义达、蔡健雅、刘烨、成龙等；被提及的组织机构以媒体和大学为主，像中央电视台、新华社、北京大学、上海交大等，但总体被提及次数都较低，均为个位数。

4. 微博内容中外籍用户整体情感倾向

从微博内容中所提取的形容词词频分析来看，在被提及率超过10次的形容词中，正向情感的词占绝大多数，且被提及的频率也大大高于负向情感词语，如"健康""喜欢""快乐""可爱""幸福""好吃"等词，都是外籍用户最常在微博中使用的词语（见图6）。

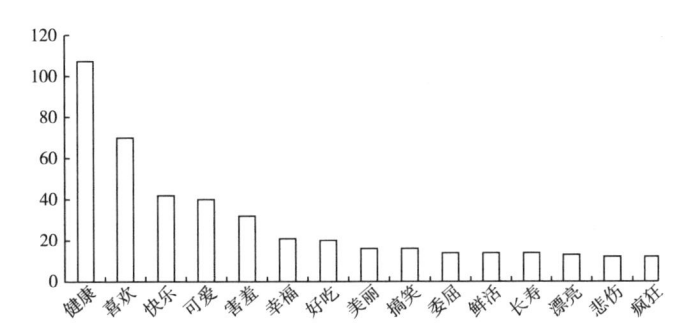

图6 外籍用户微博内容中提及频率超过10次的形容词排名
资料来源：笔者根据外籍用户微博内容整理绘制。

（三）外籍用户整体微博使用和内容发布特征

1. 外籍用户整体微博使用率不高，发布内容多为日常生活

总体来讲，外国用户对微博的依赖度不高。除少数用户在数据抓取期内发布微博数量超过100篇外，绝大多数用户微博发布仅为数十篇或十几篇、几篇，属于微博的轻度用户，每个用户的平均发博量在30篇左右。

外籍用户在微博上发表的内容多为自己的日常生活，或与自身工作相关的宣传推广信息，内容涉及的领域较窄，如塑形教练"CONSTANTIN康廷"发布的内容大多为健身相关主题，知名加拿大籍主持人大山发布的内容中有许多是关于其参与的喜剧节或各地演出信息等。

2. 外籍用户自发提及的"北京"相关内容较少

虽然生活在北京，但这些外籍用户主动发布的与北京政治、经济、文化等相关的内容数量较少。在所有被提及的城市中，北京虽排在第一位，

但更多是作为地点名称出现，如"我回到北京啦！""#出国留学那些事#北京遇到我美国大学的校友！说北京生活四年了！还说在做美国教育行业！这么巧的呀！赶紧拍照做朋友！我在考虑建立纽约州立大学系统的北京Alumni Office（校友办公室），我来组织活动好啦！加入的联系我吧！""周一回北京办公室，周一打电话。谢谢同学们配合"，并未对在北京生活的各方面情况做更多的评价或分享。少数有关北京的微博内容中，提到了北京的天气和名胜，如"北京空气好了，可以恢复跑步。天坛人少，风景依然那么美，门票也便宜了：一张大团结齐活！（暴露年龄了，哈哈）""1986年的八达岭居然是这个样子！86年第一次登上长城时带着父母的老式超8胶片录影机，拍了几分钟的无声影片。当时往北走的游人较多，我们便选择往南，仅仅几百米就走到了尚未修复的古长城。30年去过了，曾多次登长城却再也没走过这一段"。除此以外，有关北京城市形象其他方面的内容几乎难寻踪迹。

3. 在对北京城市形象的建构和宣传上，外籍微博用户的影响较弱

由于外籍用户的微博使用频率不高，且对北京相关议题关注度不高，因此从抓取的微博信息来看，微博空间的外籍用户对北京城市形象建构和宣传的影响并不大。

虽然目前作用有限，但在北京城市形象的宣传上，这些有一定影响力的外籍用户可以在一定程度上承担舆论领袖的角色，成为联通北京和世界的一座桥梁，提高北京在外籍人士中的影响力。通过与其合作发布介绍北京政治、经济、文化、教育、环境、生活等方面现状的相关微博，北京"政治中心、文化中心、国际交往中心、科技创新中心"的国际宜居城市形象会更加深入外国友人心中。

三 微博空间内北京官方账号中呈现出的北京城市形象

（一）北京官方微博账号选取情况

本文选取了微博平台上粉丝数量及活跃度综合排名前50位的北京官方账号，对其2016年1月1日至2017年4月30日所发布的微博内容进行了全部抓取，试图以此为切入点，分析了解北京地区影响力最大、活跃度最高的官方账号所关注的领域及对北京城市形象建构的相关影响。

微博平台上影响力最大、活跃度最高的50个北京官方账号主要为北京市各机关、机构，北京市各区政府、机构等相关组织单位的官方账号，包括"平安北京""北京消防""北京丰台""国家博物馆"等，发布内容涉及政治、经济、文化、生活等诸多领域。此次抓取时间段内，50个北京官方账号共发布了105773条内容，平均每个官方账号发布约2115条。

（二）北京官方微博账号发布内容的词频分析

本文对上述50个北京地区最具影响力的北京官方账号所发布的微博内容进行分词处理，按照地名、人名、机构团体名以及名词、动词和形容词分别进行归纳统计，提取其微博中出现频率最高的词语，整理出词频地图（见图7），以此为基础，对这些官方账号在微博平台上的发布特点及情感传递倾向进行分析研究。

图7 微博空间内北京官方账号发布内容词频
资料来源：笔者根据北京官方微博账号发布内容制作。

1. 北京官方账号发布内容中的主要领域

通过将微博内容中的名词词频（见图8）和动词词频（见图9）对比分

行进中的北京城市形象

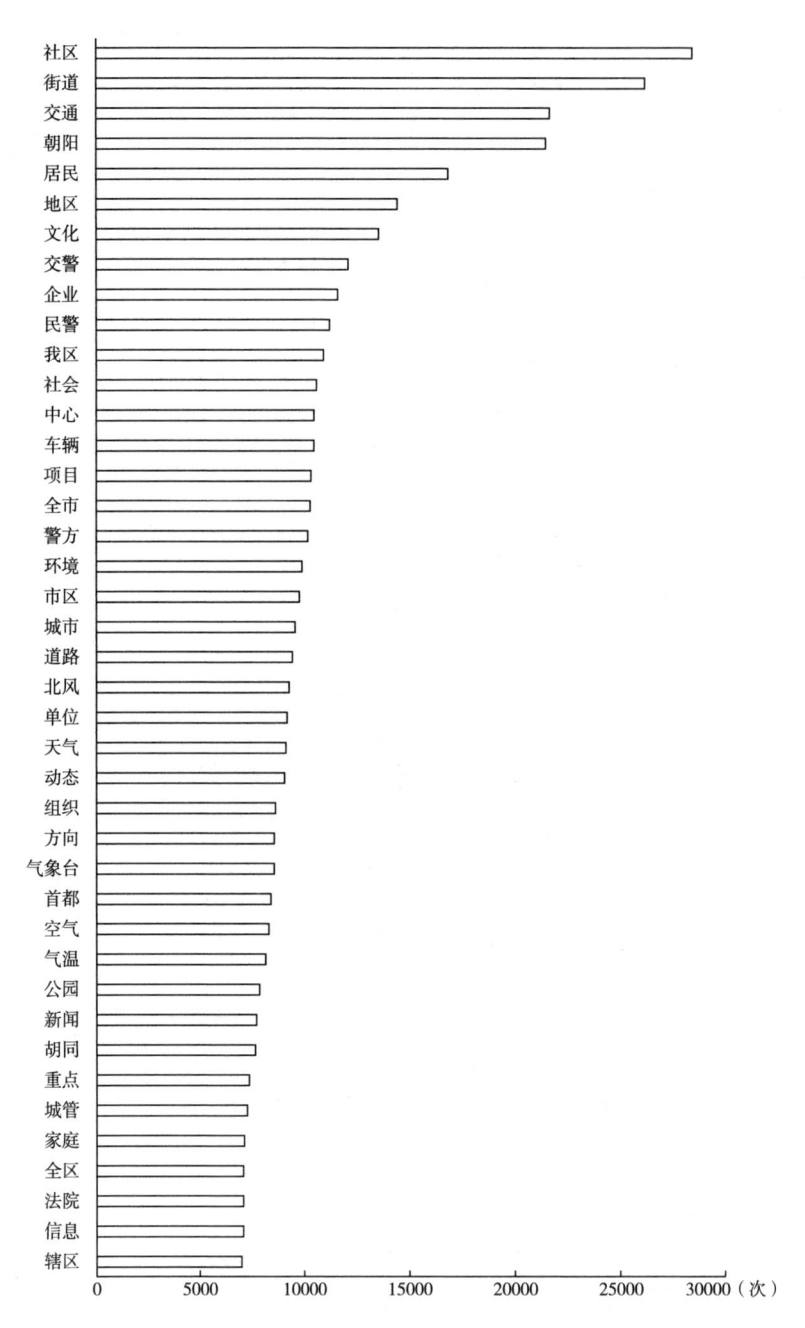

图8 北京官方微博账号发布内容中提及次数超过7000次的名词排名
资料来源：笔者根据北京官方微博账号发布内容整理绘制。

14

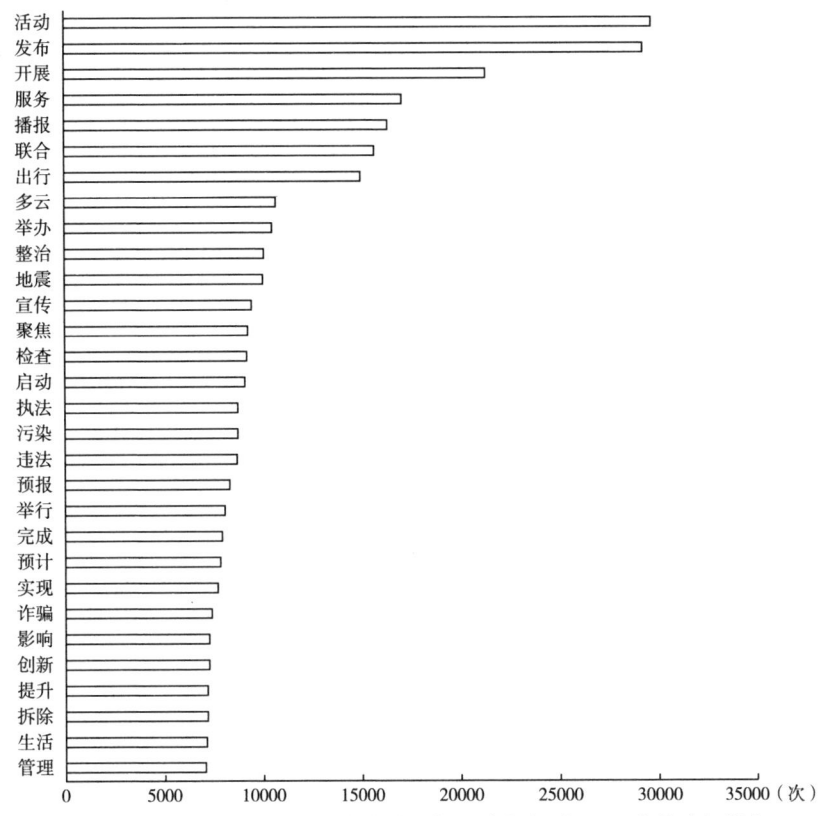

图 9 北京官方微博账号发布内容中提及次数超过 7000 次的动词排名
资料来源：笔者根据北京官方微博账号发布内容整理绘制。

析，可以发现北京官方账号发布内容的焦点主要集中在社会生活和文化教育领域，包括民生、环境、气象、交通等内容，政治、军事、科学技术等其他相关领域的内容发布较少。

统计范围内所有微博内容提及的名词次数总计 3391769 次，其中提及次数超过 7000 次的词共计 41 个。在此 41 个提及频率较高的名词中，关于社会生活领域的词语共 25 个，如"社区""街道""交通"等相关名词，以及"我区""市民""北风""交警""家庭"等。微博内容中提及的动词次数总计 2249064 次，其中提及次数超过 7000 次的动词数量共计 30 个。"活动"一词在提及次数超过 7000 次的动词中位列第一，"服务""播报""整治"等词语也频繁出现。此外，微博中与文化教育领域相关的词语也经常出现，如"文化""项目""新闻"等名词的提及频率均在 7500 次以上。

15

行进中的北京城市形象

2. 北京官方微博账号发布内容中的主要地点

通过分析微博内容中的地点词频（见图10），可以看出北京官方微博账号发布内容所涉及的地点主要集中于北京、北京下辖区以及北京市内知名地点、景点。

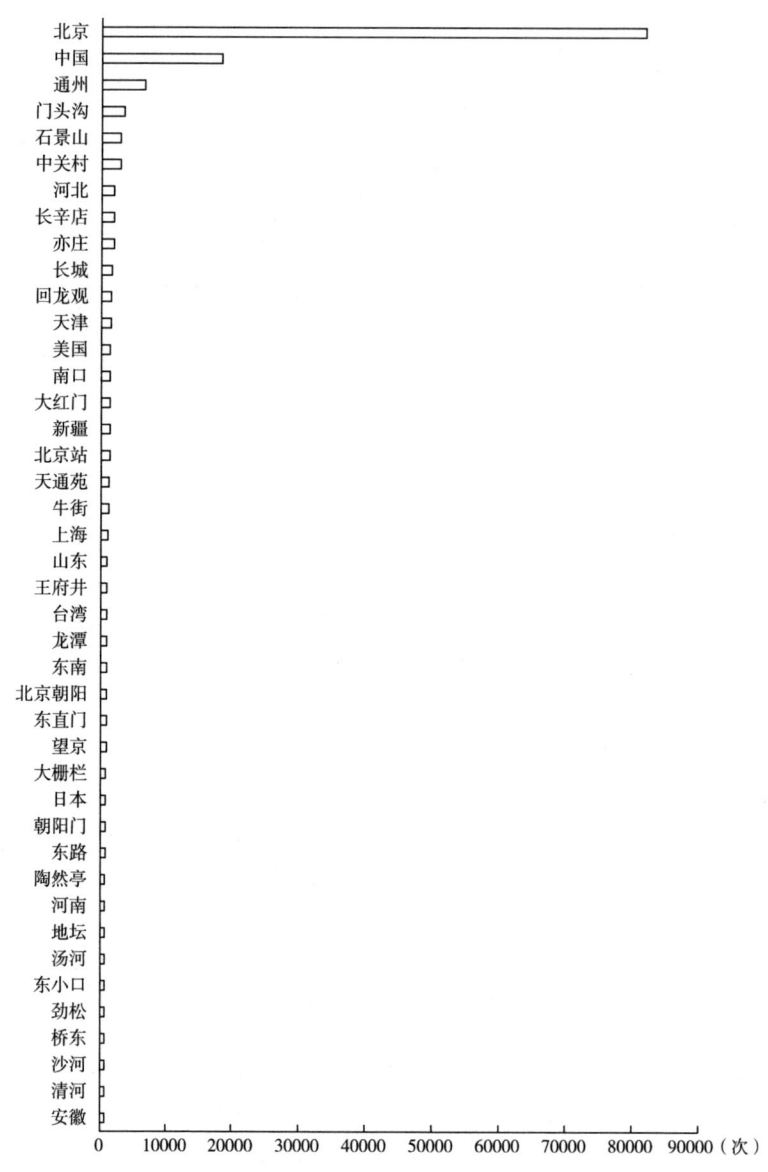

```
北京
中国
通州
门头沟
石景山
中关村
河北
长辛店
亦庄
长城
回龙观
天津
美国
南口
大红门
新疆
北京站
天通苑
牛街
上海
山东
王府井
台湾
龙潭
东南
北京朝阳
东直门
望京
大栅栏
日本
朝阳门
东路
陶然亭
河南
地坛
汤河
东小口
劲松
桥东
沙河
清河
安徽
        0   10000  20000  30000  40000  50000  60000  70000  80000  90000 （次）
```

图10 北京官方微博账号发布内容中提及次数超过600次的地点名词排名

资料来源：笔者根据北京官方微博账号发布内容整理绘制。

在所有50个北京官方账号所发布的微博内容中，总共提及中外国家、地区、城市、州县、街道等地点相关名称226000余次，其中提及次数超过600次的地名数量共计42个，包括：中国相关地名40个，占比95.2%；外国相关地名2个，占比4.8%。其中提到与北京相关的地名29个，分别为北京、通州、门头沟、石景山、中关村、长辛店、亦庄、长城、回龙观等，且"北京"一词在提及次数超过600次的名词中排名第一位。

3. 北京官方账号发布内容中的人和机构、团体、组织层级

分析微博内容中的人名词频（见图11）和机构团体词频（见图12）可以看出，北京官方账号发表微博内容中所涉及的人名主要为毛泽东、周恩来、马克思等伟人、政治领袖以及孔子、李白、莎士比亚等历史文化名人；涉及的机构、团体主要为央视、联合国、党中央、新华社等党政机关、国家机构、国际组织、文化传媒机构，北京大学、清华大学、中华女子学院等高校，以及中国队、少先队等组织团体。集团、公司等企业系统出现频率较低。

统计范围内所有微博内容提及的人名次数总计7000余次，其中提及次数超过30次的人名共计34个。在此34个提及频率较高的人名中，关于伟人、政治领袖的有6个，关于历史文化名人的有10个，"毛泽东"在提及次数超过30次的人名中排名第一位。微博内容中提及的机构、团体次数总计10521次，此范围内提及次数超过40次的机构团体数量共计36个。其中，党政机关、国家机构共12个，高等院校5个，文化传媒机构2个，且"央视"一词在提及次数超过40次的机构、团体中排名第一位。

4. 微博内容中北京官方账号整体情感传递倾向

从北京官方账号微博内容中提取的形容词词频分析来看，传递正向情感的词语居多，且发布频率远高于负向情感词语（见图13）。统计范围内所有微博内容提及的形容词总计430000余次，其中提及次数超过2000次的形容词共计27个。在这些形容词中，"安全""精彩""美丽""健康""及时""积极""快速""有效"等正向情感词语共17个，"危险""严重"等负向情感词语2个，"正式""具体"等中性词语8个。

行进中的北京城市形象

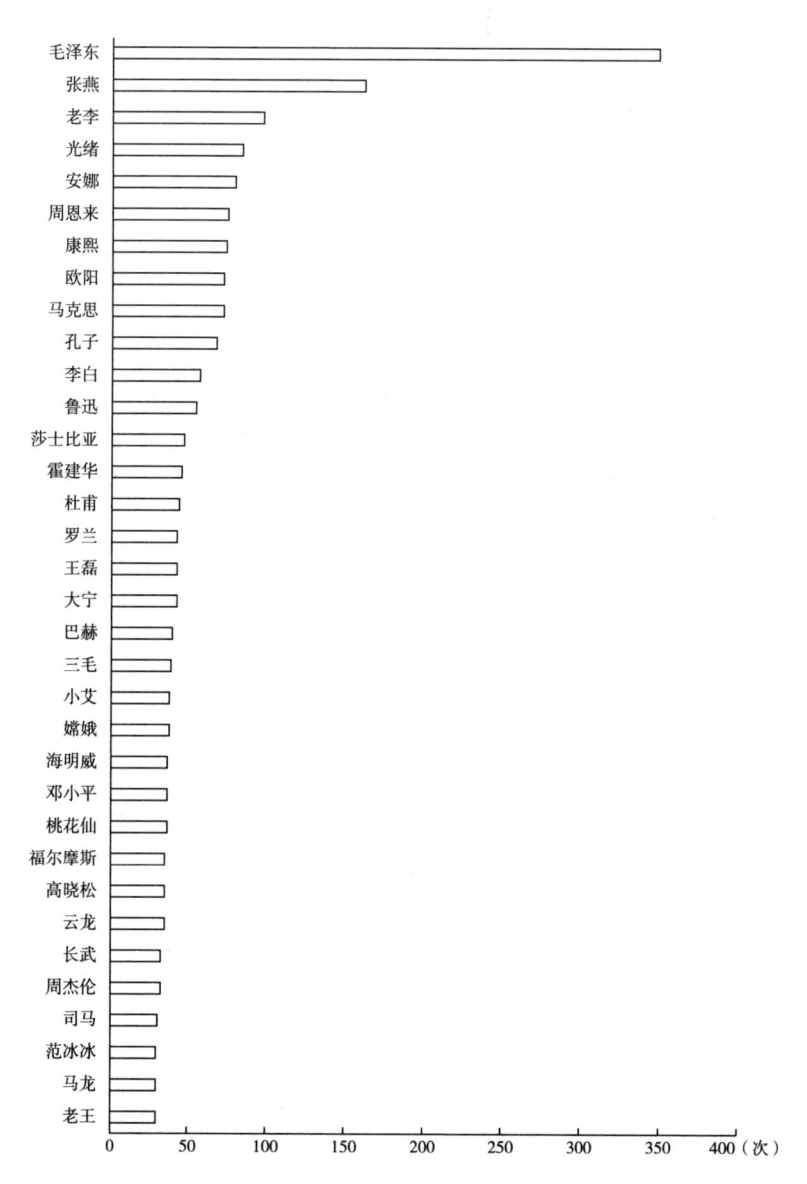

图 11　北京官方微博账号发布内容中提及次数超过 30 次的人名排名
资料来源：笔者根据北京官方微博账号发布内容整理绘制。

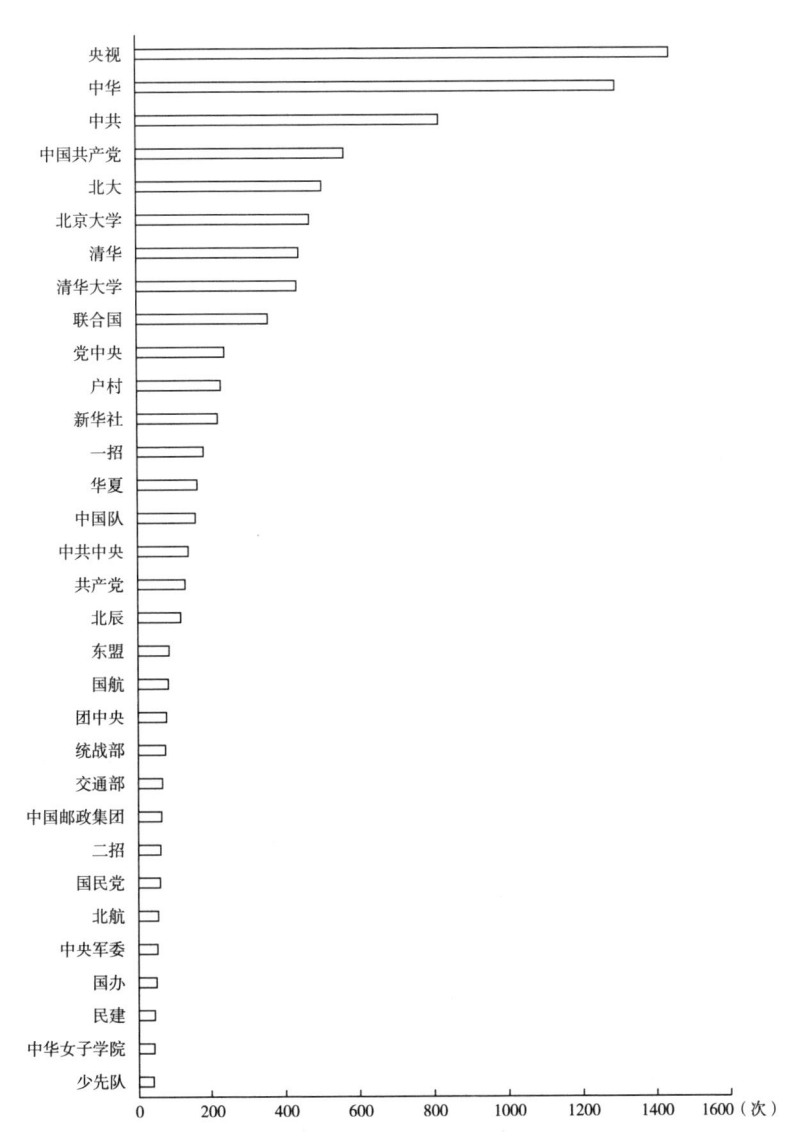

图 12　北京官方微博账号发布内容中提及次数超过
40次的机构、团体、组织层级排名

资料来源：笔者根据北京官方微博账号发布内容整理绘制。

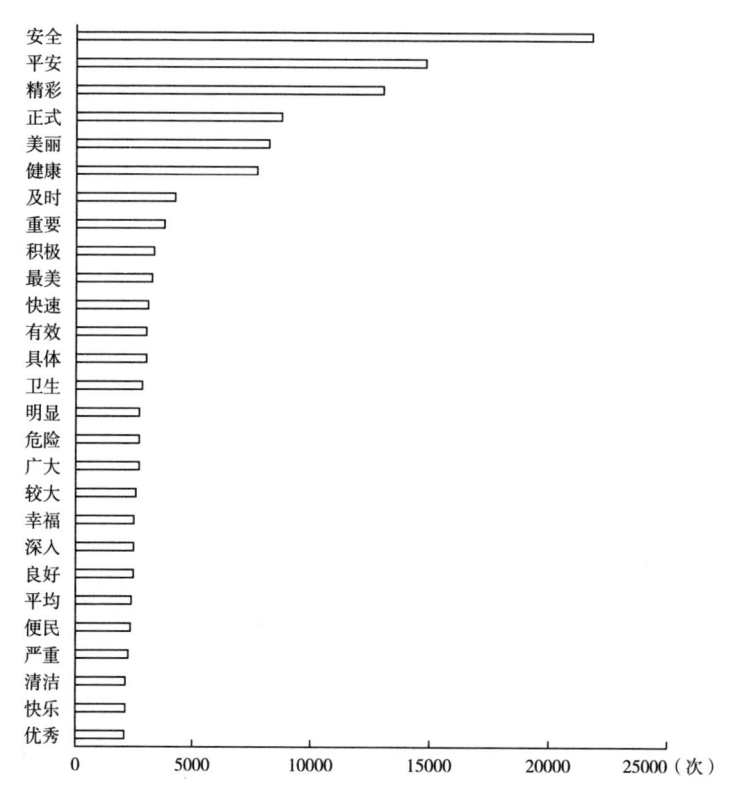

图 13　北京官方账号发布内容中提及次数超过 3000 次的形容词排名
资料来源：笔者根据北京官方微博发布内容整理绘制。

（三）北京官方账号整体微博使用和内容发布特征

1. 北京官方账号微博使用率较高，发布内容多为与北京相关社会生活

综合分析北京官方账号微博发布内容与内容词频，不难发现北京官方账号对微博的使用依赖度较高。除少数官方账号在数据抓取期内发表微博数量不足 100 篇外，超过半数北京官方账号微博发布数量多于 500 篇，其中有 25 个北京官方账号微博发布数量多于 1000 篇。"平安北京"发布数量排名第一位，为 10800 余篇。50 个北京官方账号的平均发博量为 2115 篇左右，微博使用率较高。

北京官方账号在微博上发表的内容多为与北京相关的社会文化生活，包括民生、教育、交通、气象等多方面，如北京市公安局官方微博"平安北京"发布的北京市社会公共安全与人身安全相关内容，"@首都网警教防骗""网警蜀黍告诉你，网上遇到这样的信息该怎么办""不是只有110才能报警！记住12110，关键时刻发短信能救命！"等；又如"北京发布"发布的与北京市社会民生相关的内容，"什刹海电子市场拆除增绿""南苑机场外最大违建群开拆""市委出台实施《中国共产党问责条例》办法"等。涵盖北京相关社会文化生活的多角度、多方面。

2. 北京官方账号自发提及的"北京"相关内容较多

北京官方账号多数为北京市各政府机关、企事业单位、组织机构在微博平台上的对外宣传账号，因而这些官方账号自主发布的与北京政治、经济、文化、社会、生态文明等方面的相关内容数量较多、覆盖面较广。

在北京官方账号发布内容的地点词频统计中，"北京"一词以81000余次的发布次数远远超过其他地点词语发布量，如"新北京人公租房专项配租试点登记踊跃，近期启动第二批项目试点""16时北京空气质量预报""#北京国际电影节##旅讯怀柔##北京交通#2017年4月16日、23日，第七届北京国际电影节开闭幕式期间部分路段将采取临时交通管理措施"。而丰台、通州、朝阳、顺义、中关村、长辛店、亦庄等北京下辖区域名称也以极大比重出现在北京官方账号发布微博中，如"通州将推民政'一卡通'""【聚焦】昌平印发《昌平区集体土地房屋拆迁补偿补助规定》""#美丽房山 文明行动#为国家电网首都电力青年志愿者公益活动点赞"等。此外，与北京市相关的知名文化、教育、宣传机构，如故宫博物院、国家博物馆、清华大学、北京大学等词语的发布频率也较高。

3. 在对北京城市形象的建构和宣传上，北京官方账号的影响较显著

由于北京官方账号微博使用频率及活跃度较高，关注对象主要为北京市及北京相关议题，且粉丝数量较多，与粉丝互动相对频繁，因而从抓取的微博信息来看，微博空间内的北京官方账号对北京城市形象的建构和宣传具有较为显著的影响，是北京城市形象塑造与传播的重要方式。

北京市各政府机关、企事业单位、组织机构作为微博空间内北京官方账号的使用主体，其本身包括城市的政治、经济、文化、社会等方面，而借助微博这一媒介平台有利于以上内容更好地传播，对北京城市形象的宣传有一定促进作用。借助微博平台，发挥北京官方账号宣传优势，助力北京城市形象宣传，是北京城市形象塑造与构建的有力助推器。

新时代的国际交往与北京角色

曲 茹[*]

一 引言

从 20 世纪 80 年代起,北京承担起日益重要的国际交往主场责任。党中央、国务院在对北京城市总体规划方案的批复中,多次强调北京为国家对外交往创造良好条件的作用。这就要求北京市高度重视自身品牌形象,承担起党和国家赋予的使命。

党的十八大以来,北京作为政治、文化和外交的中心城市,承担的首都核心功能更加明确。加强对"国际交往中心"品牌的建设,有助于进一步提升北京的全球影响力,为实现中华民族伟大复兴的中国梦,做出首都应有的贡献。

准确定位城市形象是国际品牌形象设计与传播的前提。本文从政治、经济、生态等因素出发,将北京城市形象置于国际事务影响力、经济发展驱动力、生态环境保护力、文化符号传播力和赛事展会辐射力的五维框架模型中,分别审视北京市在以上领域的舆论呈现与观感,继而对优化北京作为"国际交往中心"的品牌形象建言献策。

北京的国际事务影响力在服务保障全球领导人会议中得到了集中展现,中非合作论坛与"一带一路"国际合作高峰论坛等高规格活动,助推全球重要经济体在经贸、环保、人文等多个领域达成广泛合作,体现了北京市作为大国首都的政治影响力。

北京的高质量发展对国内外经济增长具有重大意义。作为全国顶尖经济学家的聚集地,北京是诸多顶层经济决策的诞生地。经济学家对北京城市发展、疏解非首都功能的成果予以积极肯定,同时指出,城市发展应以

---

[*] 曲茹,北京第二外国语学院宣传部常务副部长,文化与传播学院新闻学教授,博士,主要研究方向为媒介传播。

人为本，对政策落实中的难点需避免"一刀切"。

良好的生态环境是国际一流的和谐宜居之都的重要标志，"天蓝、水清、土净、地绿"的美丽北京，是首都形象的直观组成部分。"蓝天保卫战"提升了全社会对大气污染防治的重视程度，虽然治理初见成效，舆论对北京生态环境保护的期待亦进一步升级，但北京污染防治仍大有可为，对提升北京国际品牌形象具有不可替代的作用。

作为历史文化名城，北京在长期的发展建设中积淀了大量的文化符号。在传播中，北京城市形象的部分元素得到加强，而另外一些则被有意或无意地忽视。增强文化符号传播力，需要在当代积极正面的文艺品牌传播推广上下功夫。

与国际事务、经济、生态和文化等宏观命题不同，赛事展会是媒介中体现北京国际形象的生动载体。研究发现，在主流媒体关于北京国际形象的报道中，赛事展会类的专文报道（标题中体现展会名称）占较高比例。报道中，创新、贸易、合作和文化等成为多项活动共同的高频词，为北京国际城市形象增添亮色。

舆论对北京国际交往角色的反馈，也对北京城市形象的建设产生影响。鉴于此，本文聚焦北京城市国际品牌的舆论形象，从媒体和公共话语的角度，得出优化城市国际品牌形象的策略与建议。

二 北京城市定位的演变

从20世纪80年代起，北京城市建设总体规划中的国际交往角色逐渐明晰。1983年党中央、国务院批复的方案，就强调了首都为我国国际交往创造良好条件的作用。1993年、2005年分别发布的阶段性城市总体规划显示，保障国家机关开展国际交往、为日益扩大的国际交往服务，是北京责无旁贷的使命。

2014年2月，中共中央总书记习近平视察北京并发表讲话，要求明确城市战略定位，坚持和强化北京作为全国政治中心、文化中心、国际交往中心、科技创新中心的核心功能，深入实施人文北京、科技北京、绿色北京战略，努力把北京建设成为国际一流的和谐宜居之都。2017年9月，中共中央、国务院批复同意《北京城市总体规划（2016年—2035年）》，强调要深入推进京津冀协同发展，打造以首都为核心的世界级城市群。北京"四个中心"的战略定位得到顶层规划认可（见图1）。

行进中的北京城市形象

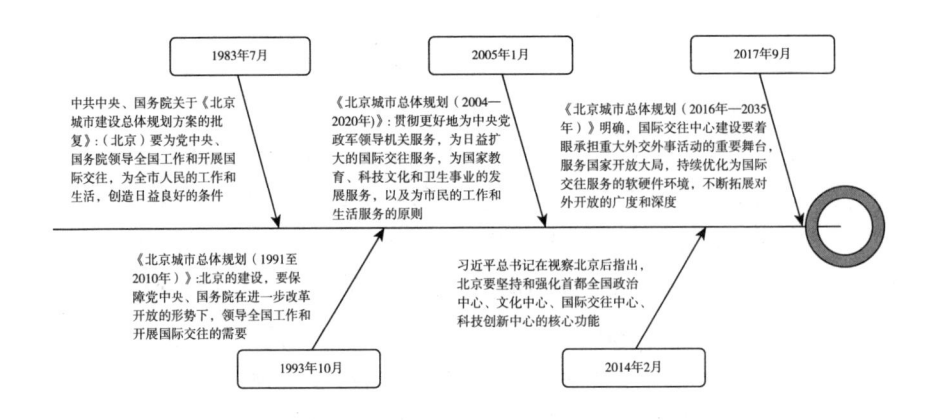

图1 改革开放后北京城市定位演进时间轴

三 媒介中的北京国际品牌形象

本文将政治、经济、环境、文化、赛事展会等评估外部宏观环境的常规要素，转换为评估城市形象的五维模型（见图2）。在此框架下，分别采集中央级新闻媒体、国际人士和国内意见领袖对相关维度下主要话题的观点与评论，汇总形成舆论观点数据库，进而提炼北京城市国际形象的特征。

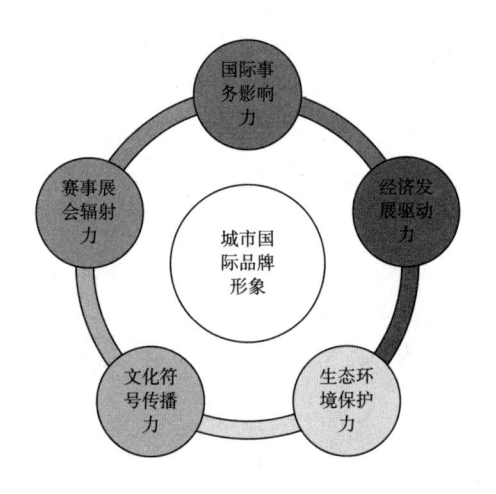

图2 城市舆论形象评估的五维模型

（一）国际事务影响力

本部分以北京承担的主场外交功能为切入点，分析北京在服务国际交往中形成的口碑特征。

近年来，在北京举办的顶级外交活动不胜枚举，成为北京城市品牌构建的重要核心资源。以中非合作论坛北京峰会、"一带一路"国际合作高峰论坛、亚洲文明对话大会、北京香山论坛四项盛会为例，综合主要传播渠道的信息量，中非合作论坛与"一带一路"国际合作高峰论坛传播热度接近，两次论坛均覆盖经贸、环保、人文等多个合作领域；而亚洲文明对话大会、北京香山论坛等活动虽然规格也极高，但涉及领域相对单一，因而传播热度也相应偏低（见表1）。

表1 从高端国际会议看北京国际事务影响力

单位：篇/条

会议举办日期	会议名称	报刊	网络新闻	微博	微信	客户端	传播热度	合作领域
2018年9月3~4日	中非合作论坛北京峰会	10334	184137	2187	86142	35376	106.33	经贸、环保、卫生、人文、军事
2019年4月25~27日	"一带一路"国际合作高峰论坛	11331	165054	11631	46875	42334	104.25	经贸、环保、人文、金融
2019年5月15~22日	亚洲文明对话大会	5911	75555	12742	20216	19646	79.72	文明文化
2018年10月24~26日	北京香山论坛	846	16146	1939	11073	5717	43.15	军事国防

注：传播热度通过统计活动在报刊、网络新闻、微博、微信和客户端五类媒介形态的传播量，并经过加权汇总得出。权重分别为报刊0.2311、网络新闻0.2348、微博0.1814、微信0.2164、客户端0.1363。

资料来源：笔者根据相关资料整理得出。

北京对国家主场外交的全方位鼎力支持，经受住各方检验，得到中央机关报认可。举例来说，2018年中非合作论坛北京峰会共有54个论坛成员方参会，包括40位总统、10位总理、1位副总统以及非盟委员会主席等，与会的非洲各国正部长级高官达249位。为了做好会议保障工作，北京市摸排问题点位6800余个，编制《2018年中非合作论坛北京峰会环境整治提升

行进中的北京城市形象

问题台账》，逐一开展整治提升工作，做到了问题台账清零。①《人民日报》介绍，中非合作论坛北京峰会期间，从首都国际机场到长安街沿线，25处主题花坛、1000万株地栽花卉以及迎风飘动的宣传道旗，营造出浓浓的中非友好氛围。② 在炎热的6~8月，北京市城市照明管理中心华灯班的工人对253基华灯、6000多个灯球进行了清洗和巡检。此外，来自32所高校和部分国有企业的2500多名志愿者更是提供了周到贴心的服务。

新闻媒体对主场外交活动的报道，与北京营造的国际形象形成了传播共振。以"一带一路"国际合作高峰论坛为例，新闻媒体呈现的关键词中，"合作"成为最突出的词语，此外，国家领导人出席开幕式与主旨演讲亦广受传媒关注，"互通""绿色""开放""收获"等词使用频率较高。

图3 "一带一路"国际合作高峰论坛新闻报道高频词云图

---

① 孙新军：《履行国际交往中心服务职责的成功实践——中非合作论坛北京峰会城市环境和运行保障做法与思考》，《城市管理与科技》2018年第5期，第6~11页。
② 朱竞若、贺勇：《北京热情迎嘉宾》，《人民日报》2018年9月1日，第2版。

对新浪微博中涉及北京主场外交的帖文进行抽样,结果显示,网民对此类活动的评价较多使用"高端大气""合作共赢带来新机遇""读出'一带一路'的大国气概和情怀""共同发展""奋进新时代"等短句,显示出对这类外交盛会的支持。

(二)经济发展驱动力

通过研判在京举办或发布的经济研讨活动、经济运行数据等的舆论反馈,评估北京在助力世界经济增长和贸易往来的角色与作用。

有研究发现,北京的经济竞争力在国内并非独占鳌头。中国社会科学院2019年6月发布的《中国城市竞争力第17次报告》指出,2018年城市综合经济竞争力指数十强中,北京位列第五,前四位依次是深圳、香港、上海、广州。在2018年城市宜商竞争力的排名中,香港、北京、上海位列前三,引领总体宜商竞争力。[①]

著名经济学家在北京的研讨交流,是北京经济发展驱动力的重要表征之一。以"中国经济50人论坛"为例,该论坛由中国著名经济学家于1998年6月在北京共同发起,聚集了中国具有一流学术水准、享有较高社会声誉并致力于中国经济研究的近50位著名经济学家,刘鹤、吴敬琏、易纲、吴晓玲、段永基、柳传志等担纲论坛学术委员会、企业家理事会成员或召集人。自2000年起,中国经济50人论坛在人民大会堂、长安俱乐部、钓鱼台国宾馆等场馆举办年会,主题切中中国经济发展与改革的重大问题,从加入世贸组织后的国家发展战略,到保持经济实现"六稳",统合政商学研各界力量,为驱动经济发展献策献力。这些研讨成果受到国际社会的广泛关注,被视作解读我国经济战略的风向标。

表2 在北京举办的中国经济50人论坛年会主题

场次	日期	主题
1	2000年2月2日	中国经济发展应更加注重体制的改革与创新
2	2001年12月24日	新世纪中国经济展望
3	2002年	入世后中国发展战略的思考

---

① 倪鹏飞、徐海东:《中国城市宜商竞争力报告显示:中心城市引领都市圈竞争力提升》,《经济日报》2019年6月24日,第6版。

行进中的北京城市形象

续表

场次	日期	主题
4	2003年1月17日	入世一年的回顾与思考
5	2004年2月27日	走向世界的中国经济
6	2005年2月17日	发展：经济增长与收入分配
7	2006年2月11日	新阶段中国改革发展的主要特征与挑战
8	2007年1月6日	大国发展中面临的挑战
9	2008年2月10日	世界经济展望与中国面对的重大问题
10	2009年2月16日	全球化趋势与中国的科学发展
11	2010年2月26日	"十二五"规划：改革与发展新阶段
12	2011年2月19日	为十二五规划开好局起好步的几个重大问题
13	2012年2月13日	2012的机遇与风险——世界的动荡与中国的发展
14	2013年2月17日	改革的重点任务和路径
15	2014年2月10日	突破难点，推动改革
16	2015年2月14日	新常态下的"十三五"规划思路
17	2016年2月19日	深化供给侧结构性改革全面提升发展质量
18	2017年2月15日	深化供给侧结构性改革——产权、动力、质量
19	2018年2月25日	从高速增长到高质量发展
20	2019年2月16日	如何实现"六稳"，保持经济长期向好

资料来源：中国经济50人论坛网站，http://www.50forum.org.cn/home/article/index/category/nianhui.html。

北京聚焦首都核心功能的成就，已获得国内外舆论认可。《科技日报》记者撰文指出，在布局基础研究的道路上，北京一直走在全国前列，始终坚持面向世界科技前沿、经济主战场和国家重大需求，紧紧围绕基础科学研究和关键核心技术全面发力，不断增强源头创新能力和技术引领能力，取得了一批重大原创性科学成果。[1]《经济日报》记者撰文指出，从集聚资源求增长到强化核心功能谋发展，昔日一度"臃肿""老态"的北京"瘦身健体"，如今"元气满满"。[2] 该报还引用世界银行高级经济学家马尔钦·皮亚考斯基的评论："在北京，开办企业的整个成本是0元，全球能够做到零

---

[1] 华凌：《北京：科技创新编撰发展图鉴》，《科技日报》2019年8月19日，第3版。
[2] 李力、杨学聪、沈慧、朱轶琳：《首都扬帆启新程——北京市加快探索高质量发展之路》，《经济日报》2019年4月8日，第1~2版。

成本开办企业的只有两个城市，北京是其中之一。"

也有观点认为，强化首都核心功能依然任重道远。经济学家周其仁在接受采访时提出，中国今天国际地位提升，国事国务活动对首都提出新要求。北京的当务之急，是先把首都核心区建设达标。"（一些）大机关、大央企、大部门，并不承担首都核心职能，却在核心区里占据过多资源。从这方面去清，见效快。"① 中国城市发展研究院院长严奉天表示，必须认清疏解非首都功能是一个长期的过程，不能一蹴而就。② 北京在疏解过程中也存在一些"一刀切"的现象，没有充分考虑到这些功能中有很多是为北京居民服务的，在疏解的同时影响了本地居民的生活品质。在城市治理过程中需要遵循经济社会发展的客观规律，发挥政府顶层设计、引导实施的推力作用，有效运用市场的利益诱导机制，坚持政府与市场双手发力，协调各方利益关系，让广大人民群众切实感受到疏解与提升带来的好处。

（三）生态环境保护力

生态保护和应对气候变化已成为全球治理中的重要内容。本部分通过分析专家与意见人士对北京环保工作的评价，得出北京在生态环境方面的舆论形象。

1. 政府侧对污染防治的监管趋严趋实

20世纪90年代中期以来，北京市的大气污染从单一的煤烟型污染过渡到煤烟型污染、机动车排气污染、工业污染、土壤尘降等并存的复合型污染，可吸入颗粒物污染问题渐渐突出。③

1991年2月，北京市政府致函中国奥委会，正式提出北京市承办2000年第27届奥林匹克运动会的申请。1998年12月，经国务院同意，北京市开始实施控制大气污染紧急措施。1999年10月，国务院批准《北京市环境污染防治目标和对策（1998—2002年）》，用国债60亿元支持北京市的大气污染治理。

促进国际交往的角色与使命，反作用于北京的生态环境保护。2001年，

---

① 刘玉海：《改革开放40周年，周其仁再谈改革："大象感冒，不能只拿小勺喂药"》，《经济观察报》2018年2月26日，第33版。
② 夏晨翔、颜世龙：《城乡建设要"以人为本"》，《中国经营报》2018年1月1日，第47版。
③ 王锦辉：《北京大气污染的加剧及治理》，《北京党史》2014年第4期，第37~38页。

行进中的北京城市形象

北京市获得第 29 届夏季奥运会举办权，提出"绿色奥运、科技奥运、人文奥运"三大理念，环境保护工作迎来新机遇。2013 年 1 月 1 日起，北京市在全国率先开始实施新的《环境空气质量标准》，正式监测并实时发布 PM2.5 监测数据。2014 年 APEC 会议后，北京、天津、河北、山东、山西、内蒙古等七省（区、市）开始了第一次尝试，环保部门跨区域、跨部门联合会商空气质量。

绿水青山就是金山银山，也是提升居民幸福感的重要维度。近年来，国家和北京市对生态环境保护的制度设计和政策规划越发完善。2018 年全国"两会"后，随着应急管理部、生态环境部等部门的成立，在各地爆发的重大安全生产事故、交通事故、生态环境事故和自然灾害事故中，政府在突发公共事件中的应急处置能力以及综合救灾、防灾、减灾能力得到提升，生态环境污染的常规治理和巡视力度加强。2018 年 7 月，《中共北京市委 北京市人民政府关于全面加强生态环境保护 坚决打好北京市污染防治攻坚战的意见》出台，提出"把党中央、国务院关于首都生态文明建设的重大部署和重要任务落到实处，让良好生态环境成为市民幸福生活的增长点，成为经济社会持续健康发展的支撑点，成为展现我国和首都良好形象的发力点"。[①] 破解环境污染难题，推进生态文明建设，对构建以首都为核心的世界级城市群、促进京津冀协同发展，具有重要的战略意义和现实价值。

2019 年 6 月，生态环境部发布《大型活动碳中和实施指南（试行）》，规定了"碳中和"的相关要求和具体流程。同月，北京冬奥组委向全球发布《北京 2022 年冬奥会和冬残奥会低碳管理工作方案》，积极倡导绿色低碳生活方式，呈现奥运会碳普惠制的"北京案例"，提出冬奥会实施低碳管理的具体举措。

2. 舆论对污染治理成效抱较高期待

鉴于首都的重要地位和使命，专家学者对北京治理污染、改善环境寄予重托，并积极出谋划策。北京市社会科学院市情调研中心副主任陆小成研究员认为，北京需要在生态文明建设中占领主导性的战略地位，在国际舞台上展现积极姿态，展现北京建设中国特色世界城市的风采和形象，需要加快改

[①] 《中共北京市委北京市人民政府关于全面加强生态环境保护坚决打好北京市污染防治攻坚战的意见》，《北京日报》2018 年 7 月 14 日，第 3 版。

变传统的高消耗、高排放、高污染的发展模式和不良形象，需要加快生态文明建设与绿色低碳发展。[①] 中国工程院院士、清华大学环境学院院长贺克斌教授认为，应加速制订北京空气治理中长期行动计划，把北京蓝天保卫战的三年行动计划与北京的新版总规、京津冀协同发展、冬奥会等统领起来。[②]

网民群体既关心生活中的污染情况，也对环境治理的进步反响热烈。表3采集了2019年1月至7月新浪微博关涉"北京"和"污染"的帖文，转发数和评论数居前的10条微博里，有5条反映确实存在的污染情况，包括空气橙色预警、垃圾违规就地填埋、臭氧污染、偷排污水等；另有2条反映污染防治成效的微博获得网民踊跃转发、评论，分别关于春节禁放烟花和上半年空气质量改善情况。

表3 包含"北京"和"污染"转评数居前的微博

单位：条

发布时间	微博内容	新浪微博账号	"转发+评论"数
2019年2月23日	【空气重污染橙色预警：北京公交车要熄火等红灯】记者23日从北京公交集团获悉，北京启动空气重污染橙色预警后，北京公交车被要求在较长红灯期间熄火等待，以减少车辆原地急速运行所产生的尾气排放。根据公司政策，司机每月节约燃油可以享受节油奖励，奖励金额能占到月工资的3%~5%。	新华视点	1498
2019年4月16日	#北京身边事# 【北京"挖野菜大军"出没各大公园 园方提醒：中水浇灌重金属超标！】近日，北京各大公园迎来了一群挖野菜的人。有大爷称"纯天然、无污染"。然而园方提醒：所有园内植物都会喷洒农药，且全部为中水灌溉，也就是盥洗、厕所等生活废水集中处理后的水，被浇灌的植物均不适宜食用。	北京热门全搜罗	1214
2019年7月19日	#北京身边事# 【#朝阳群众举报开发商垃圾就地掩埋# 网友：厉害了，我的朝阳群众！】近日，北京朝阳北花园小区居民反映，小区开发商将无法处理的建筑垃圾全部就地掩埋，填埋点距通惠河仅15米，两台挖掘机6月20日起昼夜不停施工，对环境造成极大污染。社区负责人：已对开发商开据罚单并责令清理。	北京生活热点资讯	931

---

① 陆小成：《构建绿色低碳的京津冀世界级城市群》，《中国城市报》2018年8月20日，第19版，http://paper.people.com.cn/zgcsb/html/2018-08/20/content_1876253.htm。
② 《贺克斌：北京应加速制定空气治理中长期行动计划》，新京报网，2019年1月19日，http://www.bjnews.com.cn/news/2019/01/19/541179.html。

行进中的北京城市形象

续表

发布时间	微博内容	新浪微博账号	"转发+评论"数
2019年3月7日	【韩国首尔重度雾霾怪中国 陆慷：北京好像没这么多［摊手］】由于接连的雾霾极端天气，韩国首都pm2.5达到147微克/米³，首都圈内已连续六日施行减排措施。韩国国内认为来自中国的空气污染物是导致韩国严重雾霾的主因，对此，外交部发言人陆慷6日在例行记者会上回应称，不知道韩国方面是否有充分依据，这两天北京的相关数值好像没这么多。	北京人的那些事儿	843
2019年7月17日	#北京生活#【今年上半年 北京全市空气质量进一步改善，#北京PM2.5平均浓度历史最低#】记者从北京生态环境局获悉，2019年上半年，北京全市空气质量进一步改善，四项主要污染物浓度均创历史同期最低水平。其中，PM2.5平均浓度为46微克/立方米，同比下降13.2%。空气质量达标天数113天，占比62.4%；空气重污染天数3天，同比减少5天。（中国新闻网）	北京热门搜罗	782
2019年6月26日	#北京身边事#【#北京全市现臭氧污染# 专家：体弱人群或感不适】6月23日，@生态环境部 称，24至26日，京津冀及周边区域中南部以臭氧轻至中度污染为主，个别城市可能出现重度污染。@北京环境监测 预计，25至27日，北京将持续出现臭氧污染。	北京热门头条新闻	725
2019年2月11日	#北京生活#【禁放措施收效明显 春节北京PM2.5浓度较上年降一半】根据北京市环境保护监测中心的消息，2019年春节期间，受烟花爆竹禁限放措施以及较为有利的扩散条件共同影响，北京市空气质量较好。其中，今年空气质量4天1级优，2天2级良，1天3级轻度污染，达标天6天，同比增加5天。另外，今年除夕至初六，北京PM2.5平均浓度为38微克/立方米，比去年的78微克/立方米降低40微克/立方米，降幅为51.3%。（中国新闻网）#百城过大年#	北京热门搜罗	651
2019年4月17日	【传新能源车重大政策［话筒］北京无车家庭可不拍牌买车？】近期市场传言，发改委可能会继续出台新的政策促进新能源汽车行业发展。传闻内容如下：①限牌城市牌照大幅扩容，如北京翻倍，增加部分几乎全给新能源；②北京、上海无车辆的家庭可直接不拍牌买第一辆车；③出台大气污染专项基金，换新能源车的车主直接给补贴；④对重点污染城市，出租车和网约车在2020年之后80%换成新能源车，并给快速通道享受高速和过路费优惠。	北京人不知道的北京事儿	622

32

续表

发布时间	微博内容	新浪微博账号	"转发+评论"数
2019年7月13日	北京朝阳区万科青青家园及其附近小区大量住户出现腹泻呕吐发烧疫情，一天内已经有100多住户，几百人发病，很多都是一家几口人同时中招，怀疑是自来水受到污染。目前，卫健委已经介入，采水取样送检，暂时还没有结果。出现疫情的小区用的都是通润水务公司的水，请附近的人注意。	我不是谦哥	602
2019年7月20日	#北京身边事#【北京朝阳区107人感染诺如病毒 调查发现10人偷排污水！被刑拘！】@北京朝阳 通报：7月5日至7月18日，检测出诺如病毒感染阳性107人，已痊愈93人。在北京朝阳豆各庄地区疫情调查发现，高某、彭某、李某等10人向路面雨水井内偷排偷放未经处理的生活污水，涉嫌污染环境罪，已被刑拘。	北京微城事	563

资料来源：笔者根据微博发布内容收集整理所得，监测周期为2019年1月1日~7月31日。

（四）文化符号传播力

北京作为古都，其文化传播具有明显的历史性特征。笔者对留学生群体的调研显示，历史遗迹、特色饮食和文学艺术类的城市符号认可度居前三位，是留学生对北京形象感知中最突出的部分。[①] 在"最能代表北京城市形象的十大文化符号"中，属于历史遗产或传统典范的文化符号最多，包括故宫、长城、胡同、天坛、颐和园等。

表4 北京城市符号类型在留学生心目中的分布状况

单位：人，%

排序	符号类型	人数	比例
1	历史遗迹	538	75.03
2	特色饮食	358	49.93
3	文学艺术	314	43.79
4	知名学府	292	40.73

---

① 曲茹、邵云：《北京城市形象及文化符号的受众认知分析——以在京外国留学生为例》，《对外传播》2015年第4期，第48~51页。

行进中的北京城市形象

续表

排序	符号类型	人数	比例
5	名街古巷	283	39.47
6	现代地标	278	38.77
7	城市活动	203	28.31
8	创意园区	193	26.92
9	民风民俗	147	20.50
10	公共设施	101	14.09
11	本土品牌	56	7.81
12	时事人物	29	4.04

资料来源：笔者调查所得。

与笔者研究结论相似，于丹等的研究邀请受访民众将91个文化符号作为测量指标，进行5分制（最高5分，最低1分）评分，考查每个指标代表北京文化符号的程度。统计结果显示，北京城市文化符号前10位多是传统意义上政治文化符号和皇家文化符号；得分最低的10个文化符号中，京味文化所占比例较大（包括国安球队、高干、仿膳等）；此外，一些社会问题已经成为民众心中较有代表性的北京文化符号，如北京户口、房价贵、北漂、堵车（见表5）。[1]

可见，强化当代且含义积极的北京文化名片的传播力度，对增强文化符号传播力意义重大。这一判断也在媒体对国际人士的采访中得到印证。《人民日报》（海外版）援引美国旅游批发商协会主席特里·戴尔的观点称："目前美国市场上大部分赴中国旅游的线路还比较传统，主要是围绕长城、故宫等经典目的地而设计。但美国游客的需求在变化，有必要挖掘更丰富的文化旅游资源，这样人们才不会把北京看作一生只来一次的地方，而愿意多次到访北京。"[2] 构筑新时代文化艺术品牌和符号，将有助于综合提升北京的人文魅力。

---

[1] 于丹、朱玲、刘人锋、余灵：《北京文化符号的媒介建构分析》，《现代传播》（中国传媒大学学报）2015年第4期，第16~21页。

[2] 赵珊：《"魅力北京"吸引海外游客》，《人民日报》（海外版）2019年8月30日，第12版，http://paper.people.com.cn/rmrbhwb/html/2019-08/30/content_1944021.htm。

表5 北京文化符号认知排序

排名	文化符号	均值	排名	文化符号	均值	排名	文化符号	均值
1	故宫	4.33	32	前门	3.59	62	景泰蓝	3.25
2	长城	4.3	33	中关村	3.57	63	稻香村	3.25
3	人民大会堂	4.15	34	雍和宫	3.53	64	后海	3.25
4	颐和园	4.13	35	北海公园	3.53	65	限行	3.25
5	升旗仪式	4.08	36	香山	3.52	66	北京电影制片厂	3.25
6	圆明园	4.08	37	老舍茶馆	3.52	67	驴打滚	3.24
7	人民英雄纪念碑	4.07	38	西单	3.49	68	西直门立交桥	3.23
8	北京烤鸭	4.06	39	三里屯	3.48	69	北京精神	3.22
9	北京大学	4.05	40	工人体育场	3.46	70	瑞蚨祥	3.2
10	中南海	4.05	41	糖葫芦	3.46	71	皮影	3.2
11	四合院	4.04	42	炸酱面	3.45	72	大栅栏	3.18
12	清华大学	4.01	43	军事博物馆	3.45	73	东交民巷	3.17
13	天坛	4.01	44	奥林匹克公园	3.43	74	蚁族	3.17
14	京剧	3.98	45	梅兰芳	3.42	75	话剧	3.15
15	鸟巢	3.86	46	恭王府	3.41	76	798艺术区	3.07
16	国家博物馆	3.83	47	柴光阁	3.36	77	沙尘暴	3.06
17	胡同	3.82	48	京骂	3.36	78	南锣鼓巷	3.06
18	两会	3.78	49	大观园	3.36	79	爆肚	3.06
19	国家图书馆	3.77	50	北京昆曲	3.35	80	摇号	3.04
20	王府井	3.76	51	相声	3.34	81	大裤衩	3.04
21	水立方	3.76	52	护国寺	3.32	82	卤煮	3.03
22	北京户口	3.75	53	什刹海	3.32	83	兔儿爷	3.01
23	奥运会	3.72	54	庆丰包子	3.32	84	仿膳	3
24	全聚德	3.72	55	国贸	3.31	85	高干	3
25	房价贵	3.7	56	雾霾	3.29	86	国安球队	2.93
26	地坛	3.68	57	公主坟	3.28	87	保利剧院	2.92
27	北漂	3.67	58	福娃	3.27	88	遛鸟	2.91
28	明十三陵	3.65	59	北京人艺	3.27	89	园博会	2.89
29	堵车	3.64	60	东来顺	3.26	90	盛锡福	2.86
30	首都机场	3.61	61	琉璃厂	3.26	91	宋庄	2.84
31	同仁堂	3.6						

资料来源：于丹、朱玲、刘人锋、余灵：《北京文化符号的媒介建构分析》，《现代传播》（中国传媒大学学报）2015年第4期，第16~21页。

（五）赛事展会辐射力

媒介中的赛事展会既是细分领域的盛事，也是国际交往、科技交流和文化传播的平台。选取党媒新闻报道中标题出现"北京"和"国际"及其同义词的报道，发现七成以上关涉赛事展会。本部分聚焦于在京举办的重大比赛、展会的舆论反馈，从中反映城市形象。

2018年1月至2019年7月，筛选《人民日报》中出现"北京"和"国际""全球""世界"三个近义词之一的标题作为样本，共计40条。这些报道中，其中31条与展会活动有关，涉及的展会、赛事活动详见表1。

表6 标题出现"北京"和"国际"及其同义词的《人民日报》报道

序号	标题（含北京&国际/全球/世界）	活动	版面	日期
1	首届世界海关跨境电商大会发布《北京宣言》	世界海关跨境电商大会	要闻	2018年2月11日
2	丝绸之路国际剧院联盟总部落户北京		文化	2018年4月2日
3	96个国家和国际组织确认参加北京世园会	北京世园会	要闻	2018年5月14日
4	2018北京国际民间友好论坛将举办	2018北京国际民间友好论坛	国际	2018年5月23日
5	国际滑联技术代表称赞北京冬奥会场馆建设	冬奥会	体育	2018年5月29日
6	国际奥委会主席巴赫获授北京体育大学名誉教授		体育	2018年6月6日
7	北京国际音乐节10月开启	北京国际音乐节	文化	2018年6月27日
8	北京国际消费电子博览会举行	北京国际消费电子博览会	要闻	2018年7月9日
9	北京举行国际音乐生活展	国际音乐生活展	文化	2018年7月11日
10	北京冬奥会和冬残奥会吉祥物全球征集启动	冬奥会	体育	2018年8月9日
11	北京国际图书博览会开幕	北京国际图书博览会	要闻	2018年8月23日
12	第二十五届北京国际图书博览会闭幕	北京国际图书博览会	文化	2018年8月27日
13	北京国际文创产品交易会促进创意落地、拉动文化消费	北京国际文创产品交易会	文化	2018年8月28日

续表

序号	标题（含北京 & 国际/全球/世界）	活动	版面	日期
14	习近平分别会见出席中非合作论坛北京峰会的部分非洲国家领导人和国际组织负责人	中非合作论坛北京峰会	要闻	2018年9月3日
15	习近平分别会见出席中非合作论坛北京峰会的部分非洲国家领导人和国际组织负责人	中非合作论坛北京峰会	要闻	2018年9月6日
16	世界公众科学素质促进大会在北京开幕	世界公众科学素质促进大会	要闻	2018年9月18日
17	北京国际设计周将开幕	北京国际设计周	文化	2018年9月19日
18	国际行动理事会第35届年会在北京开幕	国际行动理事会第35届年会	要闻	2018年9月29日
19	北京国际摄影周800幅作品话改革	北京国际摄影周	文化	2018年10月22日
20	国际泳联游泳世界杯北京站今日开赛	国际泳联游泳世界杯北京站	体育	2018年11月2日
21	北京拟向全球招聘医院院长		社会	2018年11月7日
22	第三届"读懂中国"国际会议在北京开幕	"读懂中国"国际会议	要闻	2018年12月17日
23	北京世界园艺博览会组委会第四次会议召开	北京世园会	要闻	2019年2月20日
24	建设国际一流和谐宜居之都（京津冀协同发展五周年·北京篇）		要闻	2019年2月23日
25	北京"9+N"政策推出2.0升级版 打造国际一流营商环境高地		广告	2019年3月4日
26	2019年中国北京世界园艺博览会倒计时30天	北京世园会	广告	2019年3月29日
27	北京 扩大创新的国际"朋友圈"		文化	2019年4月2日
28	让世界目光聚焦北京世园会（北京世园会风采）	北京世园会	要闻	2019年4月2日
29	做好全面准备 迎接全球游客（北京世园会风采）	北京世园会	要闻	2019年4月22日
30	北京世园会，让世界感知中国（评论员观察）	北京世园会	评论	2019年4月26日
31	习近平和彭丽媛同出席2019年中国北京世界园艺博览会的外方领导人夫妇共同参观园艺展	北京世园会	要闻	2019年4月29日

续表

序号	标题（含北京 & 国际/全球/世界）	活动	版面	日期
32	习近平出席二〇一九年中国北京世界园艺博览会开幕式并发表重要讲话	北京世园会	要闻	2019年4月29日
33	云南园：古道串联 七彩世界（北京世园会风采）	北京世园会	生态	2019年5月6日
34	北京世园会举行世界气象组织"荣誉日"活动	北京世园会	要闻	2019年5月12日
35	北京大兴国际机场首次真机试飞成功		要闻	2019年5月14日
36	北京国际设计周将举行	北京国际设计周	文化	2019年5月27日
37	国际展览局高度评价北京世园会组织工作	北京世园会	要闻	2019年5月29日
38	北京朝阳区将建国际创投集聚区		文化	2019年6月4日
39	北京大兴国际机场飞行程序正式获批		要闻	2019年6月7日
40	王岐山会见出席巴库国际论坛北京高级别会议的外方代表	巴库国际论坛北京高级别会议	要闻	2019年6月26日

资料来源：笔者根据《人民日报》发布内容整理所得。

在这些报道中提取赛事展会的名称作为关键词进行二次检索，不难发现，世园会和冬奥会在《人民日报》标题中的出现次数远高于其他行业盛会及展览（见表7）。

表7 在京举办部分赛事展会的传播关键词

单位：次

日期	展会名称	标题出现次数	关键词
2022年2月4日至2月20日	冬季奥运会	44	建设、训练、场馆、赛区、运动、滑雪、延庆、保障、特许、征集、备战
2019年4月29日至10月7日	北京世园会	11	生态、建设、绿色、园艺、园区、美丽、家园、延庆、绿色发展、共同、人类
2018年12月16日至18日	"读懂中国"国际会议	4	合作、共同、经济、贸易、人类、战略、贡献、维护、中国发展
2018年9月22日至10月7日	北京国际设计周	2	创意、城市、智慧主体、思考、开放、产业、协同

续表

日期	展会名称	标题出现次数	关键词
2018年8月22日至26日	北京国际图书博览会	2	合作、思想、黄坤明、改革、参观、增长、社会主义
2018年9月28日至30日	国际行动理事会第35届年会	2	全球治理、共同、全球性、政府、共商
2018年11月2日至4日	国际泳联游泳世界杯北京站	2	短池、自由泳、纪录、世锦赛、男子、训练、世界杯、仰泳、中国选手、打破、亚洲
2018年2月9日	世界海关跨境电商大会	2	监管、世界海关组织、贸易、中国海关、创新、标准、审慎、指导性、包容、宣言
2019年4月13日至20日	北京国际电影节	1	科学家、联盟、市场、影院、国产、发行、文化
2018年5月27日	2018北京国际民间友好论坛	1	城市、合作、青年、组织、民间、参观、创新、创业
2019年6月25日	巴库国际论坛北京高级别会议	1	贡献、繁荣、和平、共同、坚定、多边、深远
2018年10月20日至27日	北京国际摄影周	1	改革开放40周年、工业、文化、纪实、进程、历史
2018年8月24日至27日	北京国际文创产品交易会	1	消费、创意、拉动、落地
2018年7月7日至9日	北京国际消费电子博览会	1	科技、体验、产品、创意产业、孵化、互动
2018年7月7日至9日	北京国际音乐节	1	观众、公益、精彩、舞台、演出、示范、学音乐、孩子
2018年7月6日至8日	国际音乐生活展	1	音乐教育、乐器、协会、国风
2018年9月17日	世界公众科学素质促进大会	1	普及、人类命运共同体、创新、科技创新、科普、共享、成果、科技发展

注：标题出现次数指展会名称在《人民日报》所刊登的文章标题中出现的次数。
资料来源：笔者根据《人民日报》发布内容整理所得。

纵观《人民日报》对在京国际赛事展会的报道，"创新"、"创意"、"贸易"、"城市"、"贡献"、"合作"和"文化"等词语，跨越不同活动多次出现，成为北京形象的概括。此外，北京市延庆区作为冬奥会和世园会的举办地点，也收获了党媒的关注，成为北京名片的新标签。

四　国际交往中心品牌塑造的策略与建议

本部分以北京现有的舆论形象特征为依据，聚焦如何强化优势、改进短板，进一步强化北京"国际交往中心"的城市品牌形象。

（一）跨文化传播促进国际交往

从前文分析可知，北京市以强大的经济、科技实力，承担大量国际顶级会议、赛事和展览的保障工作，城市品牌形象与在此举办的活动深度融合。然而，受文化、制度差异等因素的影响，我国在对外传播中面临的舆论环境并不乐观。在信息技术日新月异的今日，良好公众形象的塑造离不开好故事。北京市进一步优化国际形象，需要从人类命运共同体的视角，挖掘能感动不同背景人士的"北京故事"。

讲述"北京故事"，要把握个人感受与宏大叙事的平衡。基于中国仍是世界最大的发展中国家的基本国情，讲述者在把北京与欧美等地大都会城市进行比较时，既要展示优势，也要看清差距，特别是要注重普通居民的感受，避免一味地高调宣传豪华商圈与尖端技术，给公众以城市发展仅关照精英与中产阶层的观感。事实上，对中低收入人群的关照，更能体现一座城市的气度和温度。讲好不同阶层、不同背景的北京人的故事，把情感融入传播，有利于折射自信从容的大国心态，赢得全世界的情感认同与价值认同。

此外，青年群体在跨文化交流中可以承担起更加重要的角色。中共中央、国务院2017年4月印发的《中长期青年发展规划（2016—2025年）》指出，要"拓宽青年参与国际交往的渠道，为青年开展国际交流与合作搭建更广阔的平台"。北京市可以继续加大对在京高校学生参与民间外交的支持力度，鼓励年轻人带着北京的文化底蕴"走出去"，成为北京国际品牌形象的生动代言人。

在传播渠道上，在北京举办的各类展会、赛事联结起了多元化的受众群体，是宣传城市特色的高效直达通道。大型活动主办方可针对不同活动覆盖的主题，设计故事短片、流行歌曲，使之成为展会物料的有机组成部分，并借助首都机场、大兴机场和北京南站等交通枢纽，室内及户外大屏，Facebook主页、YouTube频道等，形成立体化的媒介矩阵，扩大传播覆盖面。此外，近年来，国家级媒体在媒体融合、引领新媒体舆论场方面做出了诸多有益尝试，北京市可借鉴人民日报社新媒体中心推出的《中国很赞》手指舞、"时光博物馆"等作品，开拓具有北京特色、易于复制与扩散的文化产品。

为实现理想的传播效果，对外传播策略应因地制宜，针对发达国家与欠发达国家，分别开发有针对性、互动性强的内容。另外，可邀请外籍作家、摄影师等中长期驻市创作，亲历京味生活，借助其文化背景，将北京城市形象有机融入异国语境，也能使跨文化的城市形象传播更加有趣有效。

（二）防范城市功能转型过程中的舆论风险

北京既是全国政治中心、文化中心、国际交往中心、科技创新中心，也是北京及周边地区居民的家园与安身立命之地。近年来，北京在疏解非首都核心功能、改善城市面貌的过程中，客观上造成部分居民与店铺生活生产的不便（如外迁所谓"低端人口"、户外违规广告牌匾治理、亮出天际线等整治行动）。尽管本市居民整体秉持宽容理解的态度，但也出现了一些误解或不满的声音。其中的经验教训，值得反思。

在当前中美贸易摩擦尚未平息、经济下行压力突出的宏观背景下，关系民生的社会矛盾或将更加突出，舆论风险加大；人民对美好生活的需要日益增长，亦对防范首都功能转换中的各类风险提出较高要求。对化解舆论风险而言，关注儿童、军人、学生等群体，注重民生议题的社会保障，应是重中之重。①涉及儿童、医药、住房等民生领域的话题，容易引发民众的共情。与此相关的新政策出台，要慎之又慎，须事先充分评估民意，做好补偿方案和舆论引导，做好民意听证和民意说服工作，妥善防范、处置负面舆情，从而把潜在的舆论风险化解于无形。

（三）优化京津冀城市群形象

都市圈的形成与融合发展成为近年城镇化发展的特征之一。《京津冀协同发展规划纲要》明确提出，京津冀整体定位是"以首都为核心的世界级城市群、区域整体协同发展改革引领区、全国创新驱动经济增长新引擎、生态修复环境改善示范区"。2019年3月发布的《机遇之城2019》报告称，北京、上海、香港、广州、深圳构成中国最发达的城市，共同推动京津冀、

---

① 祝华新、廖灿亮、潘宇峰：《2018年中国互联网舆论分析报告》，社会科学文献出版社，2018，第264~281页。

行进中的北京城市形象

长三角和粤港澳三大城市群协同发展。北京和上海是中国的特大城市，在国际城市群中代表中国的形象。① 然而，当前京津冀区域小城市的发展水平，尚与长三角和粤港澳城市群的综合实力及整体形象有可感的差距，亟待弥合。需要重视的是，京津冀小城市的生产生活成本相对较低，是发展建设的有利因素，体现出进一步承接北京、天津转出产业的空间优势。

对京津冀城市群落发展建设的传播，有望改善国内外公众对北京周边地区相对落后的印象。京津冀一体化既是非首都核心功能疏解的进程，也是京津冀城市群经济发展、社会治理、文化提升和环境改善的良好机遇。② 在此过程中，建议引导驻京媒体关注牵涉人口安置和生活水平提升的情况，以真实发生的、具有人文关怀的故事，充盈首都国际形象。

（四）形成并输出城市国际品牌话语建构能力

建构合理的北京城市形象话语，可在相当程度上影响国际社会对北京形象的认知。浙江师范大学王辉教授研究认为，话语建构能力是用外语对中国故事和中国方案等进行恰当界定、阐释的能力，话语传播能力则是用国外受众能理解和接受的方式传播中国话语的能力及议题设置能力。③

在多层次、立体化的国际交往新格局下，北京市可以分门别类地研究城市发展面临的新老问题，通过创新话语体系，建构适应描述新时代中国特色社会主义发展成果的解释工具，回应城市全球化发展的挑战，以打造具有原创性和标志性的北京城市形象话语为抓手，在复杂的外部环境中进行有针对性的表达，进而为全球治理体系建设发出北京声音。

---

① 中国发展研究基金会、普华永道：《机遇之城2019》，https://www.pwccn.com/zh/research-and-insights/chinese-cities-of-opportunities-2019-report-zh.pdf。
② 周鑫宇：《国际交往中心建设的新内涵》，《前线》2018年第9期，第74~75页。
③ 王辉：《全球治理视角下的国家语言能力》，《光明日报》2019年7月27日，第12版，http://epaper.gmw.cn/gmrb/html/2019-07/27/nw.D110000gmrb_20190727_3-12.htm。

• 传播研究篇 •

北京城市形象的影像传播

李星儒[*]

一 文化符号与城市形象

有谚云：罗马不是一天建成的。每一座城市在其漫长的发展过程中都会形成独特的建筑与文化特征，这些具有区隔性的特征如果具有较强的识别性，就会成为能够表达城市内涵的事物，继而成为城市的标志性文化符号。因此，城市文化符号就是指能够代表该城市文化特征的、具有传承价值、给人以深刻印象并且让人引以为豪的标志性的事物。北京故宫、西安大雁塔、普罗旺斯的薰衣草、成都小吃等，都是不同层面的城市文化符号，[①] 它们是城市发展的名片，更是城市精神与城市形象的重要载体。

美国学者凯文·林奇在他里程碑式的论著《城市意象》（*The Image of the City*）中提出了"城市形象"这一概念。凯文·林奇在研究中发现，城市呈现的形象虽然千差万别，但人们对城市形象的认知有着非常类似的构成要素，凯文·林奇将之概括为道路（paths）、边界（edges）、区域（districts）、节点（nodes）和地标（landmarks）五个要素，这五个要素构成了共同的城市形象。

凯文·林奇在论著中所说的"城市形象"概念虽然引入了城市居民的心理因素，开创了现代城市空间研究的先河，但在当时这一概念更多指

---

[*] 李星儒，北京第二外国语学院文化与传播学院新闻系主任，副教授，博士，主要研究方向为媒介内容与媒介传播。

[①] 刘新鑫：《城市形象塑造中文化符号的运用》，《当代传播》2011年第3期，第130页。

行进中的北京城市形象

向的还是城市的物质形态载体,如道路与建筑、风貌与景观。这与凯文·林奇本身的专业背景有关——他在麻省理工学院建筑学院任教三十年之久;也与当时的学科背景有关,随着美国的城市化进程高速发展,城市学(urbanology)作为一个新兴的学科领域风头正劲。而城市形象也只是一个由城市设计(urban planning)派生延展而来的新生概念。但在之后的研究论述中,城市形象被越来越多地赋予了心理学和主观感受的内涵。城市形象作为环境形象的一种,不仅是"个体头脑对外部环境归纳出的图像,是直接感觉与过去经验记忆的共同产物,可以用来掌握信息进而指导行为",[①] 更是"城市内在素质和文化内涵在城市外部形态上的直观反映,是该城市有别于其他城市的深刻印象"。[②] 因而,今天我们所说的城市形象与城市符号,不仅是城市的空间结构,不仅是城市的景观风貌,甚至也不仅是人们头脑中对城市外在形象的认知,更是人们——不论是生活在城市中的居民还是身处其他地方的旁观者——普遍认同的、具有辨识度的审美形象。

对城市形象与文化符号这一概念的认识转变指明了一件事:研究者们终于意识到城市对人的影响并非只是来自那个由建筑与道路构建的客观实体,而是基于反映论的角度给出的一种"评价""印象""认识"。两者之间的关系如同镜与像,如同岸边的房屋与水中的倒影,不可等同。城市形象并不能完全由城市自身建设完成,而是在人对它的接触以及由接触而生的感受与情绪中得到塑造。城市符号不是简单地由地标式建筑和实物构成,更包含了其中所蕴含的意味。北京故宫之闻名不只因其宏伟的建筑,更因其两朝皇城所具有的历史意义;西安大雁塔之知名不只因其耸立千年,更因其代表了梦回大唐的记忆和佛教东渐的关键节点;普罗旺斯薰衣草的吸引力不只来自其连天花海的美景,更是因为其作为浪漫爱情的梦幻背景;成都小吃的兴盛不只来自其香辣诱人的味觉,更因其代表着"休闲巴适"的生活方式与生活态度。从这一角度来看,城市形象正由城市符号构建而成,而城市符号也都应当是某种文化符号。

---

① 〔美〕凯文·林奇:《城市形象》,方益萍、何晓军译,华夏出版社,2001,第3页。
② 李兴国等:《北京形象》,中国国际广播出版社,2008,第2~3页。

二 城市文化形象传播与大众影视之作用

城市的形象和文化符号与人的感受密不可分。而所谓人的感受,究竟从何而来？人的感受须借助感官,但人的感官所能起作用的范围极其有限。生活在现代城市,尤其是像北京这样的特大型城市,仅靠一己肉身所能感受的部分虽不能用沧海一粟来形容,但也相去不远,更不用说与这个城市相隔千里甚至横跨半球、散落在世界各个角落的人们能有多少亲身接触与感受的机会。但在当下,人类的感官借助媒介实现了延伸,世界在媒介的勾连中变得越来越小。虽然一个人能亲身而至加以体验的空间仍然不可避免地受到物理法则、地理环境乃至经济条件的限制,但这并不妨碍其借助媒介提供的信息形成对这个世界上各种事物的认知。

在这种情况下,作为城市形象基础的"人的感受",所感受到的并不是城市本身,而是城市在媒介上的再现。城市的真实本体在形成城市形象中的作用下降了,取而代之的是媒介呈现的"虚拟形象"的重要性逐渐增强。

(一) 真实与虚拟的关系

真实与虚拟的关系是古老的哲学命题,也是思维认知的基础。它们的关系在数千年的历史进程中经历了三个阶段。第一阶段是"仿造"(counterfeit),这是从文艺复兴到工业革命的"古典"时期的主要模式,这一时期的拟像依赖的是价值的自然规律。[1] 拟像"和真实之间永远都有可以感觉到的争吵",[2] 这种"争吵"描述的正是传统哲学所认为的真实与虚拟的二元对立。此时的仿造与真实之间有着严格的区分,因为此时的"真实"还是一个神圣性与对象性兼备的真实存在,仿造只是对"真实"的模拟,是其存在背后的投影和再现性的认知。

第二阶段是在工业时期,拟像建立了一种"没有形象、没有镜子、没有表象的现实"。[3] 科学与技术在历次工业革命中获得了飞跃式的发展,增强了人的支配力与控制力。"真实"被剥离了神圣性,拟像也开始不再依附于它而存在。这一时期的拟像遵循市场价值规律,生产是其主要模式,它

---

[1] 〔法〕让·波德里亚:《象征交换与死亡》,车槿山译,译林出版社,2006,第67页。
[2] 〔法〕让·波德里亚:《象征交换与死亡》,车槿山译,译林出版社,2006,第74页。
[3] 〔法〕让·波德里亚:《象征交换与死亡》,车槿山译,译林出版社,2006,第74页。

行进中的北京城市形象

可以依靠能量和力量实现无止境的物质化的进程。因此拟像不再是对某种特定"真实"的模拟,而可以在没有原物的情况下进行无差别复制,一如流水线印刷出的报纸、多份拷贝的电影胶片与不断转录的节目带。多个物体之间的关系"不再是原型和仿造的关系,既不再是类比,也不再是反映,而是等价关系,是无差异的关系。在系列中,物体成为无限拟像"。① "真实"与"拟像"的区别尽管被遮掩,却依然是存在的,这一时期的拟像是对真实的非现实的、符号化的表现,因此被称为"假象"。但无论如何,拟像和真实的关系已出现了异化。

拟像和真实的关系在进入后工业时代或称信息时代后步入了第三个阶段。在这个受代码支配的阶段拟真成了主要模式,此时拟像依赖的是价值的结构规律。② 随着大众传媒技术、生物技术和计算机技术的发展,拟像无须原物,甚至无须实体,它可以按照符号自我指涉的方式生产自我。因此不但"真实"消失了,甚而连这种消失也被掩蔽了,使人无从辨识,剩下的只是以符号为中介的思维。在此之前,无论拟像是对真实的仿造还是假造,都还从属于表象的层面,但现在它成了"拟真"。"拟真"所生产出的拟像不但超乎寻常地逼真,还可以再自动生产拟像,并且这种生产过程可以与现实毫无关系。在这个过程中,真与假、实与虚之间的界限都被打破了。"超真实"(hyper reality)从符码的自我指涉中生成,比真实更加真实,它是"真实与自身的奇妙的相似性的非现实"。③ 拟真并非对真实的伪造,而是根本就没有,也无所谓真假。真实与虚拟的二元对立在这里消解,符号获得了解放,严格对等的指涉规则被打破。符号可以依照自己的逻辑运作,可以运用高科技手段制造无穷多的具有潜在统一性的存在。符号既然已经没有了固定的对应所指,拟真自然也无所谓真假。在消费社会的文化中,拟真是符号结构再生的结果,也是后现代符码社会的再生产。

(二) 拟态环境中的城市形象

在最后这个时期,大众传媒掌控甚至成了人们感受时代的渠道,身处拟像环境中的人的感受对象也由真实世界变为传媒对它的呈现。这种呈现

---

① 〔法〕让·波德里亚:《象征交换与死亡》,车槿山译,译林出版社,2006,第76页。
② 〔法〕让·波德里亚:《象征交换与死亡》,车槿山译,译林出版社,2006,第67页。
③ 〔法〕让·波德里亚:《象征交换与死亡》,车槿山译,译林出版社,2006,第105页。

绝不是对现实的忠实反映，而是一种再现（representation）。它是真实世界里一些事物的一种映像、类似物或复制品。[①] 再现是一个与反映（reflection）截然不同的概念，它具有选择与呈现、建构与成形的主动性的工作之意：它不仅是对现存意义的传达，而且是一种使事物具有意义的更积极的劳动。[②] 虽然在"再次呈现"的过程中必然会产生对原版的扭曲与不忠实，但它经常会宣称自己就是"真实"，而大部分观者也这样认同它。可是，拟态环境中的媒介真实与客观真实间不可逾越的鸿沟依然存在。从坏的一面来看，这条鸿沟的存在割裂了现实与虚拟，客观实体与媒介再现，让人们的认知与客观真实的距离越发扩大；但就城市形象的传递而言它具有相当积极的意义，这意味着可以通过影视形象构建和传递一个城市的形象，一个与城市客体形象既有关联又不重合的城市形象。本文无意就拟像环境与真实世界的关系进行批判研究，而是关注应当如何通过媒介和影像来构建北京的城市形象、塑造北京的城市符号。

影视作品中构建的城市形象不是亲身接触所得的直接形象，在现代传媒社会，影视作品中呈现的城市往往会在未曾真正接触过这座城市的人心中留下关于它的第一印象，这种印象附加了影像对城市本体的再创作，往往会蒙上一层瑰丽华美的光环，令人印象深刻且难以忘怀。实际上，不只是影视作品有此功能，一切文化产品如杂志、书籍，乃至人际沟通均有此作用。相传柳永作《望海潮》，极言杭州之地理形胜、人物繁华。该词作广为流传，随之传播的还有杭州妩媚灵秀、富庶承平的城市形象。金主完颜亮听到这首词，被"三秋桂子，十里荷花"这样的标志性符号引得心动不已，遂起投鞭渡江之志，结兵南下，乃至身死乱兵之中。这虽是传说，却也从一个侧面印证了《望海潮》一词对杭州城市符号与形象的塑造和传达何等成功。现代人类社会早已经由文本时代跨入图像时代，因而当下的城市形象塑造与传播更应重视利用现今最为广泛的传播渠道——大众传媒，借力最易被接受的传播内容——影视作品。

通过大众媒介和影视作品进行传播虽然对城市符号的塑造与传达具有

[①]〔英〕大卫·麦克奎恩：《理解电视：电视节目类型的概念与变迁》，苗棣等译，华夏出版社，2003，第139页。
[②] 叶晓滨：《大众传媒与城市形象传播研究》，博士学位论文，武汉大学，2012。

行进中的北京城市形象

极为重要的意义，但城市符号与城市形象这一概念长久以来均被视为城市规划与设计领域所应探讨的问题。近年来对这一问题的研究虽然呈现出学科交叉的趋势，如借鉴市场学及营销学相关理论进行城市品牌塑造、城市视觉形象设计等研究，但因其起步较晚，相关研究较为琐碎，尚未成体系，基于影视传播的研究也多囿于个案，或实用性不足。本文试图在城市符号的传播问题中加入影视传播的规律与理论，以期获得更有实践意义和指导意义的结果。

三 影视作品传播城市符号的三个层次

品牌形象是一家企业最重要的无形资产。可口可乐公司总裁说过，即使全世界的可口可乐工厂在一夜间被烧毁，但只要有配方和可口可乐的品牌在，他也可以在第二天让所有的工厂重建，而所有报纸的头条则将是各家银行争相为可口可乐公司提供贷款。同样的，代表城市形象的城市符号是一座城市重要的无形资产，对城市的发展有着至关重要的影响。前文论述过，媒介社会中的城市形象很大程度上来自传媒，传媒也通过其强大的传播功能极大地影响着城市形象。虽然大众媒介不能决定人们对某一事物的具体看法，但是大众媒介所提供的经过加工而渗透了特定价值观的"媒介环境"，可以通过提供信息和安排相关的议题来有效地引导人们关注某些事物，形成一定的意见，也会对人们的态度和行为产生重要影响。因而荧屏和银幕上所呈现的城市形象为不在这座城市生活的人提供了一个重要的认知渠道。更重要的是，大众媒介通过创造一致的心理归属和内化一定的价值观等作用机制，能够实现意识控制和建构集体记忆的效果，从而具有强化城市居民对自己居住城市的归属感、认同感的重要作用。一如赵本山小品和《乡村爱情》等东北方言影视作品的热播，强化了区域内外人们对地域文化形象的认知与感受。这些影视作品融合了具有明显地域文化特征的独特伦理道德、思想情感和精神意愿，显示出世俗化、真实化、平民化的特征，其塑造东北特别是辽宁文化形象的功效已经超越了政治和经济的作用，[1] 甚至让一个原先并不出名的城市——铁岭变得尽人皆知。

---

[1] 邓丽、马琳：《论东北影视剧与地域文化形象的传播与构建》，《文化学刊》2010年第7期，第161页。

但东北方言影视作品对区域文化和形象的塑造与传播并非出于设计，既非有意为之也难加以简单复制，城市形象的传播尚有更深层也更具有普遍性的规律。

目前经常用以承载城市形象的影视作品大致可分为两种：一是从广告和一般宣传片演变而来的城市形象宣传片，二是加入了城市形象元素的电影和电视剧。前一种往往是有目的的制作，后一种则大多是出于影视作品取景的需要，将城市景观作为影视剧中情节发展的场景与背景，但并不特别加以突出。从整体上看，影视作品中城市形象的呈现与传播缺乏规划与设计，譬如，寄希望于篇幅短小、难以深入展示的宣传片完成对城市精神的塑造，或白白浪费掉大篇幅电视剧对城市内涵的阐释能力。

从传播的角度看，影视作品对城市形象的传播具有不同的能量层级，而这些不同能量层级的传播行为则会对接受者产生不同的作用。能量层级从低到高可以划分为告知、传达和赋予三个层次。告知层次对应"认识"这一认知层次，即让传播对象知道有某一事物的存在并对这一事物有一个粗略的印象，如通常所说中国地势西高东低，北方人粗犷、南方人细腻等。具体到城市形象的传播，则是让受众形成对某一城市的大体观感。传达层次对应"了解"或称"理解"这一认知层次，其作用是让传播对象对某一事物有较为清晰和理性的认识，如理解中国地势西高东低是因为板块运动，南北方人性格差异可能是受到地理和气候的影响等。具体到城市形象的传播中，即是让受众了解一座城市的历史源流、特色文化、风土人情等内容。赋予层次是最高的层次，因为它并不指向既有的内容，而是增添新的内涵。它对应"接受"这一认知层次，即让传播对象认同并接受所赋予的新含义，譬如为因地势西高东低而横贯中国的长江与黄河赋予"两条巨龙"的形象，通过对这一形象的接受，长江流域和黄河流域的居民乃至所有中国人产生对中国和同为中华民族"龙的传人"的认同感。具体到城市符号与形象的传播中，则是通过影视作品为一座城市注入新的精神内涵并让受众认可。

三种不同的传播能量层级对应不同的认知层次。其作用既有差别，也并非任何一种影视作品都能够承担起各个能量层次的传播功能，寻找到每个层级最适合的传播方式与传播内容，方能收获最佳的传播效果。

四 告知层次——城市宣传片

相对而言，告知层次的传播能级较低，传播目标不需要较大的篇幅投入就能达到，最为适合承担这一传播效能的影视类型当属城市宣传片。

城市宣传片应当属于影视广告的特殊一类。其产生源于由"国家营销"延伸而来的"城市营销"，即以经营企业的理念来经营一座城市乃至一个国家，城市宣传片即属于由企业形象识别（corporate identity）演变而来的城市形象识别（city identity）的一部分。通过城市宣传片来塑造城市形象，不仅能增强城市的内部认同感，也能够通过大众媒介让更广阔区域内的人群在较短的时间内对这座城市产生认识、加深印象。

我国的第一部城市宣传片是威海城市宣传片，拍摄于1999年。此后的十余年中，各地政府逐渐认识到城市形象塑造和城市符号传播对发展城市外部建设和强化城市内在结构的重要性，越来越重视运用多种传播手段塑造、提升城市形象。城市宣传片兼具影视作品和广告的双重属性，它呈现给受众悦目和有冲击力的画面，配以营造氛围、渲染情绪的音乐，同时借助创意独特的表现手法，极具观赏性。视听语言虽拙于说理却长于传情，让受众在享受丰富视听效果的同时很容易接受片子所要传达的意蕴和情绪，而不大会思考其中的逻辑关系，是一种颇为简洁有效的传播手段，因而成为塑造、提升城市形象的首选方式。迅速地从一个新生事物变得丰富多彩，数量大幅增长的同时拍摄手法和制作精良程度也大幅提高。

但目前的城市宣传片在制作中依然存在一些问题和误区，对宣传片的传播效果影响较大。

（一）北京城市宣传片一分钟、两分钟版

北京城市宣传片的制作高峰期出现在2008年之前，时值北京奥运会开幕在即，北京市政府借力奥运会推出了宣传片《北京2008》，由北京市旅游局出品，以宣传、提升北京作为国际城市的地位。作为一个系列，《北京2008》一共推出了三个版本，分别为一分钟版、两分钟版和十二分钟版。其中一分钟版分镜头见表1。

表1 《北京2008》形象宣传片一分钟版分镜头

镜头号	时间码	画面内容	音乐音响
1	00:00~00:06	片头字幕：北京形象宣传片一分钟版	无
2	00:06~00:07	故宫：正面全景	鼓声
3	00:07~00:08	故宫：以守门石狮为前景的宫殿前侧方全景	
4	00:08~00:09	故宫：宫门打开露出宫殿正面全景	
5	00:09~00:12	快速下移的镜头：故宫大全景	钟鼓
6	00:12~00:14	以殿前铜狮为前进的故宫太和殿前侧方全景	
7	00:14~00:15	故宫：汉白玉栏杆全景	
8	00:15~00:16	摇镜头：故宫太和殿内全景	
9	00:16~00:17	延时摄影：太和殿广场光影变迁	气势磅礴且具有民族风格的交响乐
10	00:17~00:18	故宫角楼及护城河	
11	00:18~00:20	航拍大全景：长城	
12	00:20~00:21	航拍大全景：长城雪景	
13	00:21~00:24	移镜头：门洞与垛口	
14	00:24~00:25	上摇镜头：长城地砖到全景	
15	00:25~00:27	快速推镜头：十三陵甬道	
16	00:27~00:27	十三陵全景	
17	00:27~00:29	天坛全景	
18	00:29~00:31	低角度拍摄雍和宫	
19	00:31~00:32	颐和园昆明湖镇水铜牛	

行进中的北京城市形象

续表

镜头号	时间码	画面内容	音乐音响
20	00：32~00：33	天安门广场升旗	
21	00：33~00：34	国旗护卫队走过白玉桥	
22	00：34~00：35	推镜头：天安门城门洞	
23	00：35~00：36	快速拉镜头：北京猿人塑像	
24	00：36~00：37	摇镜头：孔庙孔子塑像	
25	00：37~00：38	推镜头：十三陵殿内塑像	
26	00：38~00：38	快推镜头：地坛内通道	
27	00：38~00：40	快推镜头：地坛琉璃瓦至内景	加入人声合唱伴唱
28	00：40~00：42	朝阳中雾气蒸腾的山头	
29	00：42~00：44	屹立山顶的松树	
30	00：44~00：45	圆明园大水法遗址	
31	00：45~00：47	颐和园昆明湖及十七孔桥	
32	00：47~00：48	仰拍颐和园万佛阁	
33	00：48~00：50	故宫御花园内香炉雪景	
34	00：50~00：52	颐和园内亭桥雪景	
35	00：52~00：54	颐和园内雪景	
36	00：54~00：55	航拍大全景：北海公园	
37	00：55~00：57	航拍大全景：景山公园	
38	00：57~01：00	航拍大全景：中轴线全貌	

资料来源：笔者根据《北京2008》形象宣传片整理所得。

一分钟版宣传片采用的是最中规中矩也最为常见的宣传片拍摄手法：拍摄对象选择最有代表性的城市中心地标和最为著名的北京文化古迹如天安门、中轴线、故宫、颐和园、北海公园等，主要以大景别拍摄景观风貌，配以大气磅礴、具有歌颂意味的背景音乐。在一分钟之内使用了38个镜头，其中最长的镜头不到三秒钟，最短的镜头则不到一秒。这样的拍摄手法能够在短时间内对一个城市的主要风貌进行轮廓式的扫描呈现，但以大景别为主的画面语言和较高的剪辑率决定了它只能进行浮光掠影式的呈现，连对地标式符号较为细致的呈现都无法做到，更不用说对文化意蕴和城市形象的深层挖掘与表达，这也是由于它受到了时长篇幅的限制。一分钟版本虽然创意的新颖性不足，但每个镜头的拍摄都颇用心思，使用日常少见的画面构图和运动拍摄手法，结合电脑制作特效，提高了画面观赏性，视觉效果较好，因此能够达到"告知"这一层次的传播效果。

两分钟版本的前一分钟几乎重复了一分钟版本，只是画面顺序有前后调换；紧接着的十五秒内共罗列了爨底下村、胡同场景、北京电视台、国贸商业区、首都机场、水立方、鸟巢、国家大剧院、北京烤鸭、仿膳、梁祝茶馆、今风古韵、胡同游、龙庆峡、欢乐谷、十渡、皇城根遗址公园、后海冰场等18个大景别画面；随后则在十二秒内展现了逗鸟、踢毽子、地写毛笔字、舞剑、熊猫吃竹子、剪纸、耍幡、逛庙会、京剧刀马旦亮相、北京古玩城、皮影戏等11个场景；精品店、高档商场、北京科技馆、北京天文馆、育才小学、清华大学、北京大学、钢花舞龙表演、千手观音舞蹈表演、电影之歌演出、北京之夜大型演出等11个场景的顺序展示用了十五秒；最后则是一组经过快放且使用快切剪辑的北京夜景，如车水马龙的街道、熙熙攘攘的人群、起降的航班等，结尾在水立方与鸟巢的大全景画面上打出字幕——"体验北京，感受奥运"。这一版本虽然时长比一分钟版增加了一倍，但表现手法几乎没有区别，传播内容仅是在一分钟版本的基础上加入了更为现代化的画面，因而传播效果与一分钟版比较没有产生差异化。全片内容较多，画面剪切率较高，节奏变化不大，基本是对标志性符号场景的罗列展示，同样未能有深层次的意蕴表达。但因时长较短，观众尚能较为专注地看完全片，虽感繁杂但尚不至于视觉疲劳。

这两版宣传片虽然有着形式大于内容的弊病，但其可应用性较强，短时长方便插播在电视节目间隙、公交地铁视频系统乃至电梯、楼宇内的屏幕终端。

（二）北京城市宣传片十二分钟版

当十二分钟版本依然沿袭了前两个版本场景罗列、画面堆砌、背景音乐满铺的表现手法时，就出现了较为严重的问题。研究表明，在观看影视作品时，人的注意力一次最多只能持续五分钟，因此无论什么样的影视作品，都至少需要五分钟就出现一个兴奋点或情节高潮以维持观众注意力。即使观众能够坚持从头到尾看完，对里面重复罗列的众多内容又能有几分印象？作为一部十二分钟时长的长宣传片，完全有能力和余地通过设置情节、调整节奏、改变叙述方式等方法对北京文化和城市形象进行更有深度的阐释和传达，甚至能超越"告知"层次，承担起"传达"这一传播能量层级的功能。现有版本却未能做到这一点，不能不说是一种遗憾。现有的十二分钟版本既未能从深度和广度上有所发掘，在播出时也缺乏一分钟版和两分钟版的灵活性，更像是用于填补空档的"请您欣赏"，颇有鸡肋之感。

出现这种问题自然有制作者投入精力不足、贪图简便的原因，更多的则是受到制作方式固化、制作理念未能更新的影响。跟风是目前我国各类影视作品的通病，一如《超级女声》风靡全国后选秀类节目纷纷涌现，《中国好声音》热播之后唱歌类真人秀节目一拥而上，城市形象片一旦出现某一风格的优秀之作，就会引发大量类型雷同、制作重复固化的模式。《北京2008》系列即沿袭了北京申奥宣传片的风格。但申奥宣传片的目标受众是那些未曾到过北京、未曾对北京有先期了解的外国人，采用全景扫描式的表现手法有助于他们迅速认识这个城市，而《北京2008》的主要目标诉求并非吸引外国友人——北京奥运会半数以上比赛门票提供给国人，在奥运期间来北京旅游的也以其他地区的中国人为主。对于这一部分人来说，北京并不是完全陌生的存在，以两个短版本表现概况就已经足够，长版本应当做的是寻找北京城市形象的个性之美、解读城市符号的文化意蕴，以凸显北京与其他城市的差异。

在以画面加音乐为主的形象宣传片中，对城市建筑、景观风貌的大量展示，难以凸显一座城市的地域特色。采用同一模式拍摄形象宣传片的不同城市，其独特性与个性被同样的形式感削弱，观众在迅速切换的画面冲击下很难区分出其中差异。而同一模式的简单重复也会让观众对这一类形象宣传片产生厌烦心理。

(三) 形象宣传片的创作要点

形象宣传片既然属于影视广告中的特殊一类，就必须符合其创作规律。

广告大师罗瑟·里夫斯提出的USP理论指出，有效的广告必须向消费者陈述一个明确的消费主张，这一主张必须是独特的或是其他同类产品宣传中不曾出现或表现过的，这一主张必须对消费者具有强大的吸引力和打动力。此外，一则广告中只能有一个诉求目标，这样才能打动广告受众并在受众心中留下深刻印象。如果城市形象宣传片一味地求大求全，总是试图将城市的历史、现实、建设、发展等各种内容都塞入很短的篇幅，就势必不能以鲜明的记忆点在受众心中形成强有力的印象。

广告是一种商业宣传，因此它的传播目标就是"劝服"，劝服观看者对广告中的商品产生好感，劝服观看者购买其商品。早期的广告走的也是单纯进行商品展示与陈列的路线，但在今天，广告从业者已经明确知道了一件事：最具传播效果的广告展示的绝不是商品本身，而是附加其上的情感价值。正如露华浓创始人所说，他们出售的不是口红，而是希望。女性在购买口红之后的快乐并不来自那个实物，而是让自己的容貌变得更具吸引力的希望。同样，可口可乐出售的不只是那瓶深棕色的碳酸饮料，而且是"欢乐"；麦当劳提供的不仅是汉堡，还是"我就喜欢"的个性张扬。寻找到一个契合商品本身的附加价值，是一则成功广告的应有之义。对城市宣传片来说，就是要寻找到一座城市的独特意蕴。

在寻找到这一独特意蕴之后，还需要使用新颖而有创意的表现手法对其加以呈现。广告大师伯恩巴克曾言："广告最重要的东西就是独创性与新奇性。"如果缺乏有效的表现手段，即使寻找到了独特的城市形象也难以获得有效传播。

北京西城区在2012年制作了以"皇城山水、北京人家"为主题的宣传片，这一主题结合了北京的历史和现代的生活，将厚重的历史与琐碎的日常相勾连，其中意蕴与北京城市形象契合度较高。但这部时长三分钟的宣传片与五年前的《北京2008》表现手法如出一辙——大景别的城市场景罗列和一贯到底的背景音乐，甚至连画面上介绍字幕的出现方式都极为相似。

时隔四年，宣传片的拍摄手法却毫无变化，主题所确立的形象在拼接罗列的画面组合中也没有能够得到有效的呈现。以此模式制作的形象宣传片纵然画面精美却缺乏可看性和有效的传播性，无不沦为摄影界俗称的"糖水片"——徒有甜度，毫无营养。

此外，一个品牌的系列广告既应传播统一的品牌形象，又应针对不同目标受众确立细分的传播目标、设计不同的传播方式。尤其在当下这一数字传播时代，实现针对目标受众的精准性和定向性传播有助于确立广告设计的方向、明晰广告制作的思路、增强传播内容与受众之间的契合度，从而获得较好的传播效果。具体到城市形象宣传片这一特殊的广告形式，统一的品牌形象即是制作的各个宣传片应当传递比较统一的形象，在一定时

行进中的北京城市形象

期的宣传片制作中需要使用相对稳定的指导理念、视觉形象和宣传口号。让这一系列宣传片产生集团效应,强化传播效果。针对不同目标受众确立细分的传播目标、设计不同的传播方式,则是指城市形象宣传片应当按照不同的诉求目标划分为不同的类别。即使是同一系列中的多个形象宣传片,也应当有自己差异化的定位。城市形象宣传片的目标诉求是多元化的,如旅游宣传、招商宣传、节庆宣传、特色文化宣传等。如果未能明确传播目标、进行差异化定位,就会陷入大而无当的境地,在短小的篇幅中塞入过多的内容则会使作品冗繁复杂,最后得到的也只会是浮光掠影式的表达和杂货铺式的陈列。

在这一点上,北京丰台区的宣传片有着较好的表现。在确立了"丰收的沃土,成功的舞台"这一主题后,丰台区制作了两版宣传片,时长均为一分钟。一版为"历史篇",它将视角放在一位多年漂泊在外,直至满头白发才回到故乡的游子身上。片子展现的是老人下火车后回家的过程,他一路走过曾经熟悉的卢沟桥,凝视桥上的狮子和桥下的流水;走进宛平城,穿越狭长的门洞;走过小巷,看到街头玩"跳房子"的孩童,看到竹签穿起的糖葫芦和吹糖人。这无不展示着丰台的历史与传统。同时又巧妙地将火车南站、体育中心、总部基地等丰台区的标志性建设项目作为"归途见闻"穿插其中。与老人擦肩而过的人向他问好时脸上洋溢着的笑容则展现出丰台人的风貌。宣传片以老人走到家门口,孙子欢笑着扑入他的怀中,全家人围坐在一起作为结束,蕴含着传统的"落叶归根"和"团圆幸福"的意蕴。另一版为"现代篇",其视点人物为工作在丰台总部基地的一名年轻的女服装设计师。她在设计新服装找不到灵感而深感苦闷之时出门散心。一路走来的她在丰台世界花卉大观园中邂逅插花艺术,在陶然亭偶遇戏曲表演。这些成为她的灵感源泉,她设计出结合了传统戏曲元素的独特服装,在时装展示表演中大获成功。以这一情节为线索,该宣传片展现出丰台区花卉、戏曲、服装等重要产业和文化符号在今天的新发展。这两版宣传片通过加入视点人物和设置故事情节的方法加强了片子的观赏性,视点人物的选择各自切题,表现手法颇有新意。两个宣传片虽然都统一在"丰收的沃土,成功的舞台"这一主题之下,但视点不同、定位明确。历史篇重在展现丰台的历史与传统,现代篇重在表现丰台的现代发展。难能可贵的是,历史篇中呈现的历史是有传承的历史,现代篇中表现的发展是有源头的发展,古与今、历史与现在、传承与发展有机地融合在一起，展现出丰台的独特魅力。

最后还有一个较为重要的问题：广告的投放需要具有一定的持续性，以在受众心中形成稳定的品牌形象。在实际工作中，城市形象宣传片的制作与播出经常出现一段时间内扎堆、一段时间内空白的状况。如北京的城市宣传片制作在2008年的宣传高峰过去后就出现了断档，这非常不利于城市形象的长期传播。城市形象宣传片应被纳入城市形象乃至城市品牌建设的长期规划，有计划地安排制作和播出档期，科学使用经济资源和媒体资源，才能有利于构建并维系持续稳定的城市形象。

五 传达层次——长宣传片、纪录片和影视剧

传达层次对影视作品提出了更高一层的传播要求。视听语言具有表意的不确定性和线性传播特点，与文字语言相比逻辑性较低、严谨性不足，本身就比较难以进行说理性的阐释，如果篇幅较短则更难以进行深入展示。因此从篇幅上讲，时长三分钟以内的短宣传片一般缺乏足够的空间进行深层内容的解释与阐述，比较适合承担这一层级传播功能的影视作品主要有时长五分钟以上的长宣传片、纪录片和固定的电视节目。

（一）具有"阐释"功能的宣传片

一般来说，宣传片很少会承担"传达"层级的传播功能，这是由其创作目标、创作手法决定的。近年来，宣传片的拍摄逐渐摒弃了画外音念稿，更注重以画面本身打动受众。这虽然是使用视听语言理念上的进步，但视听语言本身拙于说理，缺失人声旁白之后说理、阐释的能力更是大打折扣。但这并不意味着宣传片没有能力承担"传达"层级的传播功能，在这一点上，《2008奥运会徽北京印——舞动的北京》宣传片则堪称优秀典范。时长五分钟的《2008奥运会徽北京印——舞动的北京》宣传片划分为五个段落，分别从不同的侧面展示、阐释了北京奥运会徽的设计意图和精神内涵。全片从一位老工匠寻找雕刻灵感切入，以"琢磨"为线索。第一段通过展示从远古洞穴岩壁上的人形刻画印记到制陶的底印、书画的印章，直至日常生活中通过盖姓名戳来签收邮件，表现了"印章"这一极富特色的事物在中国源流之久长、存在之普遍。第二段则由一群小朋友因为拍手游戏互相沾染手心印记、少女轻吻画页留下唇印、母亲亲吻孩子脸颊并为初生儿留下足印、签订国际合约时盖章等一系列形象传达了"印"所蕴含的表达爱

意、沟通和信任的形象。第三段落以两个在空山竹林中挥毫泼墨的年轻人为主要表现对象，宣纸上不断变换着字体的"京"字最终与北京奥运会徽的形象重叠，清晰地表达了会徽形态的含义之———2008年奥运会主办地及其艺术变体。第四段由一身红衣、舞动红绸的舞蹈演员引入，继而将新娘的红盖头、过年时张贴的红窗花、故宫的红城墙、做游戏时的红手绢、抖动的红空竹、秧歌的红扇子、车上挂的红色平安结、旋转的红风车、敞开的红宫门、摇动的红拨浪鼓、孩子穿着的红肚兜、跳跃的红腰鼓、金红四溅的钢花舞龙、放飞的红气球、红色荷花灯和鲜红的国旗等，一系列与"红"这一色彩符号相关的形象和会徽的局部特写进行叠化，既表现出中国人对"红"的偏爱、"红"在中国文化中的渗透之广，也点明了会徽色彩的选择原因。第五段则将历届奥运会上运动员奋力拼搏的动感片段与舞动红绸的红衣少女进行交叉剪辑，突出会徽名称"舞动的北京"中的"舞动"之意。最后，在一系列获得胜利的运动员高举双手庆祝的快速剪切之后，那个张开双臂呐喊的形象被凝固下来，定格为会徽形象，阐释出会徽形态的最后一重设计含义。每个段落配以适当的音乐，第一段简洁沉稳，第二段温馨抒情，第三段空灵曼妙，第四段热情洋溢，第五段激烈磅礴，且段与段之间过渡自然，毫无生拉硬接之感。整个宣传片不着一言，但段落划分明确、表意清晰，选择的具有传统特色的表现内容几乎都来自中华民族的集体记忆，感染力极强。整个宣传片构思精妙，对视听语言使用相当纯熟。在清晰到位地阐释"北京印"的设计理念之余，还通过蒙太奇的组接隐喻了"中国红、吉祥红""天地生璞玉，雕琢成大器""书法精妙之境应和自然之道"等沉淀于经典文化符号之中难以言传而又较为深刻的意境，甚至通过灵动的画面实体化了艺术创作过程中灵感突至的微妙一瞬，极大地丰富了宣传片的表意内涵和层次。可见宣传片要承担"传达"层级的任务，除了需要具有相对宽裕的时长以获得更多的表现余地外，更重要的是创作者需要掌握使用视听语言进行叙事这一技艺，并能巧妙地将本不具有实体的情绪、概念、精神转化为贴切的视觉形象，进而完成对深层内容的阐释。

（二）以"真实"谋传播的纪录片

与宣传片相比，纪录片似乎是为"阐释"和"传达"而生的。大多数纪录片时长为40~90分钟，最短也不会低于20分钟。时长的充裕让它能够有余地对要表达的内容抽丝剥茧、娓娓道来。宣传片的名称就为它打下了"宣传"的烙印，其制作带有鲜明的目的指向性。从好的一方面来说，宣传片主题鲜明、定位清晰；但"宣传"一词的强制与劝服意味也可能让原本就有戒心的受众产生更严重的抗拒心理。2011年1月17日，中国国家形象宣传片之人物篇亮相纽约时报广场。虽然构思完备、内容丰富、制作精良，但传播效果并不好。英国广播公司全球扫描（BBC-GlobeScan）的调查显示，广告播出后，对中国持好感的美国人从29%上升至36%，上升了7个百分点；而对中国持负面看法者则上升了10个百分点，达到51%。中国国家形象宣传片中出现了50余个中国面孔，众多而陌生的中国面孔在经历了近30天、每天20小时、每小时15次的密集投放之后，观者产生了紧张情绪：中国人来了，而且来了这么多。[1] 受众尤其是国际传播中的受众对传播内容的侵犯性非常敏感，一旦传播内容流露出改变对方观点的意图便会招致极大的反感。

纪录片却并没有这方面的困扰。自诞生以来，纪录片一直将展现真实作为自我定位，以真实事件、真实生活为创作素材。因而纪录片的"真实性"在长期培养的传播语境已经被受众接受，纪录片所呈现的内容也因为"真实客观"而较易被受众理解和认同。即使现今纪录片的制作越来越多地借鉴剧情片的表现手法，艺术加工程度不断加深，受众对它的信任度依旧较高。此外，纪录片相对严谨的制作方式、比较客观的陈述方式和较高的立意让它成为一个品位较高的片种，其受众素质较高，带有精英文化的印记。纪录片所能影响的恰恰是一个群体中较有话语权和影响力的人。因此近年来，纪录片的制作和传播已经纳入国家文化传播战略体系。而在北京城市形象和城市文化的影像传播中，纪录片更应担起重任。

近年来国内的城市在注重发展自身经济的同时，也注重打造自身文化形象，依托本地的自然资源与历史文化资源优势建构自身文化形象。在纪录片界，大题材、大制作的人文历史纪录片纷纷面世，其中具有代表性的是《故宫》《望长安》《大明宫》《西湖》《大秦岭》。这些表现历史文化的鸿篇巨制无一不以城市符号为重点表达对象，或以城市的历史文化为出发

---

[1] 孔璞：《学者调研显示国家形象片传播效果并不理想》，腾讯新闻，2011年11月16日，https://news.qq.com/a/20111116/000193.htm?pgv_ref=aio2012&ptlang=2052。

行进中的北京城市形象

点，或以城市的自然资源为依托，将本地优质的历史文化与自然资源以充满历史质感与人文深度的影像表现出来，从另一个侧面丰富了城市的文化构成，彰显了城市的文化底蕴。

借助纪录片传播北京城市形象并不是对北京城市建设外在形象的简单展示，它需要对北京的某一点独特风情和核心元素做出细致的梳理和深入的阐释。作为国家首都和建设中的国际城市，北京城市构成的复杂性为纪录片创作者提供了极为丰富的创作素材，不同的纪录片可选择的视角与主题也千差万别。针对不同题材纪录片的内容特点，对其传播策略做以下建议。

1. 借力重大题材纪录片

这一类纪录片往往与重大节事关系密切，如北京在2008年借力奥运会制作了一批奥运题材的纪录片，既有政府主导的大手笔大制作，也有民间纪录片创作者的独立作品。2004年中央新闻电影制片厂以"雅典奥运会火炬传递"为主题制作了《圣火传递在北京》，近地缘性和相同题材使它成为北京奥运会的预热之作。2008年，中央新闻纪录电影制片厂制作了2008年北京奥运会官方纪录片《筑梦2008》。以2008年北京奥运会主会场——国家体育场从设计竞赛、评选到建造完成的七年历程为全片的结构线索，穿插叙述了一个普通家庭因奥运而搬迁、跨栏运动员刘翔为奥运做准备训练、三名体操运动员为参加奥运进行参赛资格选拔以及一组特警战士进行反恐训练等故事，通过他们对奥运会的期盼之情和为之所做的准备、付出的努力，以点带面地折射出北京人民乃至全国人民迎接2008年奥运会的热情景象，影像化地表达了"同一个世界、同一个梦想"这一北京奥运会主题，并展示出北京从申奥成功到奥运临近这七年的建设发展与变化。导演并未使用太多的结构与叙事技巧，但片中呈现的筹备奥运会过程中无数人的辛勤付出本身就足以令人感动。作为国际奥林匹克运动史上唯一一部跨越7年记录奥运会筹备过程的影片，这部颇受国际奥委会重视的纪录片在为北京奥运会预热、传播北京城市形象上做出了不小的贡献。

此外，中央电视台也推出了两档大型系列纪录片——《我们的奥林匹克》和《一个城市的奥运记忆》。前者以人入手，讲述与奥运有关的人物故事，并以奥林匹克运动在中国的百年历程为参照，将百年历史中的点滴总归至2008年奥运会及其举办地北京；后者则以北京奥运16天来发生的新闻焦点与精彩的故事为依托，呈现这16天为北京和中国留下的珍贵记忆。两部片子都在讲述奥运故事的过程中不留痕迹地完成了对奥运会举办地北京的形象传播。《我们的奥林匹克》在2008年11月举办的第26届国际体育电影电视节上获得奥林匹克精神价值单元的最高奖——荣誉花环奖，说明这两部片子所呈现的内容与蕴含的精神已经得到了国际上的认可，北京城市形象也随之获得了国际上的传播。

2008年底，北京电视台播出了一部为纪念改革开放30周年而制作的16集纪录片《北京记忆》，片子播出后社会反响极强。虽然肩负着纪念献礼的责任，但《北京记忆》没有将目光锁定在大事记上，而是寻觅、梳理30年来埋藏在北京人心底的共同记忆。在30年的宏大跨度中提炼出北京独特的城市气质和变革历史。个体化、微观化的视角让这部纪录片亲切感十足，每一个北京人都能在其中寻觅到自己生活的痕迹，进而产生强烈的认同感与归属感；而不曾生活其中的人从中看到的不是一座没有温度的城市，而是充满人情、人性和人文的北京。北京的城市形象因为一部在细节和情绪感染力上都成功的片子得到了非常好的塑造与传播。

借力重大节事制作关联题材的纪录片是短时间内提升城市形象、传播城市文化符号的有效手段，而重大节事大多也是官方行为，因此政府在此过程中应当充当引导者、助力者的角色。北京作为中国政治地位最特殊的城市，在节事活动上有着天然的优势，以此为题制作纪录片，能够利用这些重大节事本身具有的影响力，达到节事推广和城市文化传播的双赢。

2. 以厚重历史为基础，打造文化北京形象

北京建城至今已有三千余年历史，辽、金、元、明、清五个王朝都在此建都。坐拥6项世界遗产，是世界上拥有文化遗产项目数最多的城市。丰富的历史传承积累而成的这些城市文化符号正是北京天然的形象名片。通过纪录片对其进行展示，具有人文地理和文化传播的双重功能，是彰显、传播北京文化内涵的重要途径。

近年来以北京历史传承和文化古迹为题材的纪录片屡有优秀之作，典型代表有《故宫》、《颐和园》和《圆明园》。其中，《故宫》以北京最具知名度的城市符号为题，是中国历史题材纪录片的代表作，12集的纪录片几乎使用了所有已知的影视创作手法，如跟踪记录、口述历史、情景再现、文献挖掘和整理、各类空镜和静物等，以及借助数字技术制作的三维电脑

行进中的北京城市形象

动画，最终制作出电影级别的瑰丽画面。从故宫的修造历史、建筑艺术、使用功能、馆藏文物以及从皇宫到博物院的发展历程等角度全方位地对这座皇家宫殿进行了展示。更重要的是，《故宫》所关注的不仅是建筑本身，更以建筑为核心，结合宫廷生活和人物命运讲述明清以来的历史事件，使之成为北京乃至中华民族近现代史的缩影。《故宫》开创了主题事件化、事件故事化、故事人物化、人物细节化、细节画面化的制作理念与拍摄手法，随后的两部纪录片《圆明园》与《颐和园》均不同程度地受到了《故宫》的影响。这一风格题材的纪录片具有较高的观赏性和文化性，成为北京千年古都的图像化展示。

历史积淀不仅表现在具有实体的地标性符号上，更在于不具实体的文化符号中。这是目前尚未得到重视的纪录片题材。北京拥有国家级非物质文化遗产50个，如京西太平鼓、京韵大鼓、牙雕、漆雕、玉雕、景泰蓝、弓箭制作、风筝制作、抖中幡、抖空竹、庙会等，更不用说那些散落在城市各处的技艺传承。这些都是北京文化的一部分，是北京形象的组成要素。若能以此为题材进行纪录片创作，将会使北京文化形象变得更为丰富、立体。2005年和2013年先后诞生了两部有关国粹京剧的纪录片，前者名为《粉墨春秋》，共26集，由张元执导；后者名为《京剧》，共8集，由蒋樾、康健宁执导。《粉墨春秋》工作组经过半年多的筹备，走访了10余个城市，采访了近130个亲历者和见证人，考据严谨、制作精良，并有许多首次披露的观点和史实。不仅较好地还原了京剧的发展历史，更蕴含着与京剧相伴的北京生活史。片子播出后风评较好，并得到了戏曲界人士和爱好者的肯定，对京剧剧种和其诞生地北京均起到了良好的传播效用。《京剧》的播出反响却远不如预期，就画面而言，《京剧》不可谓不用心，但在文本、史实和观念上都出现了差错。辞藻华丽的解说词让观众不能适应，拍摄思路比较琐碎，更有较多的知识性、史料性硬伤，这让《京剧》成为近年来争议性最大的纪录片。如此广泛的争议出现说明我们目前对城市非物质文化的了解和保护力度远远不够，在处理有"国粹"之称的京剧题材时都有如此之多的纰漏，更何况那些知名度远不如京剧的非物质文化。这警示政府和纪录片创作者应当更加重视这一领域，不仅是出于丰富创作题材的考虑，更重要的是以此为契机加强对非物质文化遗产的研究和保护，维系北京文化的丰富性与多样性。如果这些珍贵的艺术与技艺逐渐失传，所谓的北京文化与北京形象也将被渐渐掏空成为一个虚晃的架子。同时，出现大范围的争议意味着文化题材和纪录片的关注人群变得更大了，这对北京文化与城市形象的传播是一个好消息。通过这一题材的纪录片制作将能够让更多的人了解这些可能断了传承的文化，帮助保护这些北京文化的有机组成部分。

3. 以多元视角塑造立体化的北京形象

以政府和官方机构为依托、从大处入手的纪录片非常善于塑造北京作为文化古都和现代化大都市的形象，但这并不是北京形象的全部。众多纪录片栏目和独立的纪录片制作者低角度差异化的视角则能够让北京的城市形象从单一走向丰富与多元。

央视新闻频道制作过几期有关生活在北京的人们的纪录片。在《浮尘浮城》中，节目以漫游的方式采访漂泊在北京的各色人等，他们对着镜头倾诉自己的生活和精神状态，也描绘着尚留存或已被搁置的梦想。《后海浮生》则将镜头对准生活在北京另一地标——后海边的几个人物，有婚姻失败的酒吧女老板、生活在胡同里的大妈、怀揣音乐梦想的酒吧歌手。将他们原始的生活状态展露在观众眼前，也让这座城市最真实和接地气的一面展露在观众面前。这是真正生活在北京的人，是人在北京真实的生活，是构成北京城市形象的基底。这样的纪录片用人及其生活迅速拉近了观众和内容的距离，展示着北京这座城市的复杂与落差，以及它所具备的包容度和多元性。《迷失798》则将镜头对准了北京最著名的艺术家聚集地——798艺术区，是对自由艺术家生活状态的记录。这些艺术家有从外地来京的，也有从国外回来的，他们在798艺术区里靠卖画和举办各种商业活动维持画廊的生存。艺术和商业的冲突让艺术家们摇摆不定，在北京自由艺术已经逐渐被城市的主流接受并成为北京城市文化的新的组成部分。《前门外》则以大栅栏拆迁时老字号们从困扰到另寻新址的过程反映了北京城发展建设过程中的一个侧面。

更多的纪录片制作人也都在以自己的视角审视着北京的形象，《远在北京的家》《北京弹匠》《高楼下面》等纪录片将各个时代的底层民众拉到了大众的眼前，这些保姆、弹棉花的手工艺人、保安，各有各的人生故事，他们来到北京，生活在北京，并试图在这里实现自己的希望和梦想。由德国导演George Lindt与Susanne Messmer拍摄的《北京浪花》，描述着北京地

行进中的北京城市形象

下摇滚乐的生存现状，也记录着 21 世纪初期的中国首都经济与文化的高速发展。《煤市街》将目光投向面临拆迁的煤市街居民，他们遭遇的真实的北京在高速发展城市建设时引发的问题。法国纪录片导演 Bernard Louargant 拍摄了《北京的一天》，通过采访市民们对旧社区、胡同和四合院等地区进行拆迁的看法，揭示出市民反对拆迁的深层原因：他们并不反对发展和建设，而是担心附着在老建筑上的北京传统生活方式和文化随之消散，担心北京在高速发展的过程中丢失了自己的特质。日本 NHK 电视台制作的《北漂一族》则将北漂们面临的经济压力、住房压力、面子压力一一道来。

更多的纪录片不能一一赘述，它们每一个反映的虽然只是北京形象的一个点滴，甚至只是一个注脚，但当综合起来的时候却构建起真正鲜活而有血有肉的北京形象，甚至在催生与塑造着新的北京文化符号。这些较少附着价值诉求的纪录片也恰恰是在国际传播中最不易遭受阻碍的一类。对这一类纪录片的创作进行引导和鼓励，有助于推动北京城市形象和文化符号跨文化、跨国界传播。

在明、清两朝均为帝都的历史使北京的形象凸显高贵端庄、气势恢宏，但北京的形象还有着截然不同的一面——普通民众的市井生活。铺散在气势非凡的皇宫和王府四周的是大片的四合院与胡同；在皇家贵族文化之外，平民文化的根须蔓延到每一个院落和胡同的角落，形成了北京文化中最为坚实稳固的部分。皇家文化、贵族文化、平民文化共同构成了具有多个侧面的北京文化。

（三）深入草根的"京派"电视剧作品

大部分宣传片和历史文化题材纪录片能以精美的视觉奇观与精致的结构来呈现端庄大气的北京形象，一部分将目光投向普通民众的纪录片则已经触及北京文化中的市井一面，但对北京平民文化符号——"京味文化"传播最为有力的则是"京派"电视剧作品。

地域特色鲜明是近年来现实题材电视剧的一大特点，以各种地域文化为基础或背景产生了若干地域流派，如"京派""海派""东北派"等。其中"京派"电视剧产生了不少代表之作，如《贫嘴张大民的幸福生活》《浪漫的事》《奋斗》《血色浪漫》《四世同堂》《空镜子》《我的青春谁做主》《北京爱情故事》等。但电视剧何以成了最适合展示京味文化的影视文本呢？

所谓京味文化，指的并不是帝都的文物或帝王的遗迹，而是平民的文化和生活艺术，是老字号、四合院，门槛、门墩，遛鸟儿、走票，下棋喝茶、胡侃神聊，以及由这种生活养成或者说是养成这种生活的性情格调。这是一种平民化的知识趣味，看重的是城与人的精神气质、闲逸情调、优游态度、知足常乐，享受最凡俗的生活。[1] 京味文化是一种世俗生活的审美化，其根基深植于世俗生活的每一个点滴，因而很难以空泛的形式对它进行概括展示，它必须在琐碎的生活环节、在吃喝拉撒睡的生活过程中才能够得到真切体现。在世俗生活中寻找趣味，进而升华为一种精神，正是京味文化的特色。是以要展示京味文化就必须对生活本身进行足够呈现，这也是为什么小说和话剧成为京味文学的主要体裁。电视剧篇幅较长、以故事情节为重的特性为这种展示提供了足够多的情节化、细节化空间，能够对某一文化特点的生活源头、发展原因乃至其在百姓生活中的地位与意义进行深入触及和阐释；而电视剧自然化、生活化的表演方式则与京味文化的特点非常贴合。

以电视连续剧《贫嘴张大民的幸福生活》为例，这部剧让传统京味文化中"贫"的特点深入人心。画面中胡同、大杂院、筒子楼等代表性影像构成了极具京味特色的影像空间。生活在其中的主人公张大民有一张利索的嘴皮子，操着一口麻溜的京片子。作为一个处在社会最底层的人物，张大民的生活中充满着琐碎的煎熬和苦难，但他并不是一个传统的悲剧人物，他的身上有着对生活坚韧的热爱和乐观的精神。他凭借自己不多的资源和小人物特有的生活智慧进行着挣扎和努力，即使"一口粥也要咂摸出滋味"，最终在贫瘠的物质条件下寻找到幸福。在20集的电视剧中，京味文化中"贫"的意义经由张大民这一角色得到了充分的阐释。这种"贫"，是嘴皮子上的调侃和油滑，是社会地位低下、经济状况窘迫导致的圆滑与无赖，更是对贫困生活的精神反抗，是苦闷情绪的宣泄渠道，也是让人在残酷的现实中能够继续乐观勇敢面对苦难的生活态度。

除了以传统京味文化作底的电视剧，近年来还有一大批以当代青年人为表现对象的新京味电视剧广受好评，如《奋斗》《我的青春谁做主》《北京爱情故事》《北京青年》等。这些电视剧中老北京的传统影像被弱化甚至

---

[1] 赵园：《北京：城与人》，北京大学出版社，2002，第15页。

不见踪影，林立的高楼、炫目的霓虹、繁华的街景、时尚的酒吧和咖啡厅则构建出一个更为现代的北京影像空间。其中的人物也不再是清一色土生土长的老北京人，而是主要讲述新生代北京青年和"北漂"青年的生活状态，与父辈们相比，接受现状、顺应现实的特质在他们身上消失了，个人意识与经济观念凸显，但整体的形象塑造依旧延续着积极、自信、不服输的性格特征。这是长期生活在皇城根下自然而然的优越与自豪，也是老北京文化中乐天精神在新时代的延续。其语言也不再使用纯粹的北京话，但保留了北京话的幽默，加上台词里带着的京韵京腔，让这些电视剧散发着辨识度极高的新京味。这些剧集的热播让更为接近现实、立体丰满的北京形象迅速被观众接受，进而建构起关于新北京人和现代北京形象的认知。

展示与塑造充满人情味儿的北京平民文化是北京城市形象中不可缺少的一部分。作为一种典型的大众文化读本，电视剧所塑造的紧贴现实的影像空间与剧情故事有助于将世俗化、生活化、人情化的北京形象展示给观众，并且较易被观众所接受。

六 赋予层次——电影、电视剧

人类的认知具有一贯性，因此强化符合既有认知的观念要比注入一个全新的认知相对更为容易。是以赋予层次成了城市形象传播中最高也是难度最大的一个层级，因为它的传播目标乃是要劝服传播对象接受并认同一个不属于城市既有内涵的新形象。

要达成这一目标不能采用简单粗暴的概念灌输，人类在面对可辨识的观念传播时往往抱有较高的警惕性和抗拒心。从传播的角度来看，最适宜承担赋予层级传播功能的影视题材当数电影和电视剧。

（一）影视剧在塑造城市形象中的"晕轮效应"

电影和电视剧的内容具有很强却又较为隐蔽的闯入性。受众在观看影视作品时往往只有单纯的观赏心理，观念的防备性较低。在观看影片和电视剧的过程中很容易无意识被动地接受渗透在影视作品中的观点和价值理念。此外，电影和电视剧在城市形象的传播中具有很强的晕轮效应，喜爱一部影片或电视剧的观众会对其中涉及的道具、人物服装、饰品、场景等产生连带好感，乃至出现模仿其中人物特点、购买片中同款产品、向往故事发生地等的积极接受行为。这种效应支撑着电影和电视剧重要的衍生产业——周边产品产业。为城市形象赋予新的内涵并使它被观众接受也可看作一种特殊形态的影视周边产品。通过影视作品赋予一座城市某种新的形象,如浪漫、时尚、养生、归隐等,能够有效提升城市的知名度、美誉度和吸引力。这种吸引力直接表现为旅游热度上涨,有调查显示,在观看影视作品的人中,有一半以上产生了到影视拍摄地旅游的愿望。[1] 而引发愿望的动机则是"印证",即人们看完影视作品后产生旅游愿望更多是受电影或电视剧的影响,想去影视拍摄地亲自印证并亲身感受。[2] 譬如杭州的西溪湿地虽然早就成为国家批准的第一个湿地公园,水清草密、淡雅静美,还有宋高宗留下的一段佳话,人文元素与自然风光兼备,但一直没有很高的知名度。直到影片《非诚勿扰》中葛优扮演的秦奋在西溪湿地泛舟行船、看房买房的一段情节赋予了西溪湿地"成功人士的归隐地"这一形象,让西溪湿地一夜之间名声大震,成为杭州的新兴地标。甚至有不少影迷跟随秦奋的脚步去西溪湿地附近看房买房,直接拉升了西溪的房地产价值。西安虽然一直具有较高的知名度,但《长安十二时辰》的播出更是迅速助力这座千年古都吸引了众多年轻"粉丝",一举晋身为中国著名"网红"城市,就连剧中角色吃过的食物、用过的器具也都成为众多"粉丝"竞相体验的对象。

(二)借助影视剧建构能力的城市形象传播策略

借助电影电视剧赋予北京城市形象新内涵是一个总体目标,就具体传播策略而言,主要是植入式传播。

这是通过电影电视剧传播城市形象、赋予城市形象新内涵的主要操作方式。植入可以体现在影视作品的各个层面,从场景到台词均可进行植入。场景植入最为普遍也最为直观,即将影视作品中故事的发生地放在进行植入的城市中,并选择当地标志性的景物进行环境呈现。出于对视觉效果的考虑,影视作品的制作者往往会尽力在大屏幕和荧幕上呈现较为优美的画面,观众在观看影视作品的过程中很容易被美好的画面所吸引,进而对这个城市乃至一个地区产生好感。譬如拥有"100%纯净"风光的新西兰原本

---

[1] 孙雪梅:《基于影视旅游动机的城市居民出游意象研究——以天津市为例》,硕士学位论文,天津商业大学,2012。
[2] 孙雪梅:《基于影视旅游动机的城市居民出游意象研究——以天津市为例》,硕士学位论文,天津商业大学,2012。

行进中的北京城市形象

知名度并不高,但作为"指环王"三部曲的外景地,其瑰丽壮美的风景伴随着影片的上映在世界范围传播。据新西兰旅游局统计,"指环王"第一部上映后的几年中,新西兰入境旅游人数以每年近3.5%的速度增加,其中不乏出手大方的"指环王"迷。① 台词植入则能将不适宜用画面展示的历史、人文、典故等传达给观众,如《非诚勿扰》中仅通过看房小姐的一小段台词就对西溪风光特色和"西溪且留下"典故进行了清楚的介绍。

北京在城市形象和文化符号的植入方面已有尝试。2010年,北京市旅游局与华谊兄弟传媒股份有限公司达成战略合作关系,慕田峪长城、欢乐谷、潭柘寺、紫竹院公园、798艺术区等地作为外景地出现在了《非诚勿扰2》中;继而开发了"北京旅游'非'线路",将影片中出现过的景点进行打包销售。此次尝试直接掀起赴北京旅游的热潮,甚至连北京本地观众也开始重游这些景点,且以情侣游为主。② 这无疑得益于《非诚勿扰2》为这些景点和北京城市形象赋予的浪漫元素。

在热门电影电视剧中进行具体场景的植入较为简便易行,但热门的影视作品中往往会涉及多个区域的形象。如《非诚勿扰》中除了西溪还有北海道,《非诚勿扰2》中除了北京还有海南岛。这就分割了某一特定城市形象的呈现空间,解决之道则是进行独占式的情境植入。所谓独占式的情境植入,即是将整个影视作品的情节全部放在某一特定城市中进行,观众在观看的过程中完全沉浸于对城市多角度多方位的展示,并将故事所具有的内涵、意义与城市的形象完全联系在一起。这种植入可借力与城市契合的影片主题进行,找到城市与影片主题的共通点,进而让影片找到现实的落脚点,也让城市形象得到具象的呈现。如电影《叶问》即将民族气节和民族精神与广东佛山这个武术之乡做了很好的主题结合。此外还可以在小成本电影中进行独占式的情境植入。一般小成本影片制作经费有限,多个城市的情境转换会增加制作成本,因而其更愿意将故事局限在某一特定城市进行。而近年来很多小成本电影制作精巧、表现抢眼,往往能获得以小搏大的传播效果。譬如《失恋33天》中北京城市形象的独占式情境植入就属

---

① 《〈指环王〉带来新西兰小镇旅游热》,搜狐旅游频道,2004年3月4日,http://travel.sohu.com/2004/03/04/11/article219291122.shtml。
② 《〈非诚勿扰2〉上映 北京三亚旅游双升温》,中国青年网,2010年12月23日,http://news.youth.cn/gd/201012/t20101223_1439195.htm。

于此类。这部影片以从事高端婚庆策划的年轻女孩黄小仙失恋后33天内的生活为主要内容,而整个故事的发生地都在北京。《失恋33天》的投资加上宣发总成本不过1000万元,是标准的小成本影片,影片上映后票房却迅速破亿元。影片里两位主人公轻松幽默的京腔对白,人物设置讨巧,情节贴近生活,让观众尤其是年轻观众感同身受,引发了观众的情感共鸣。由众多影迷发起的一场"搜寻《失恋33天》场景拍摄地"的活动则在网络上蔓延,今日美术馆、东方君悦大酒店、东华门大街、北京电影学院、新光天地、三里屯SOHO、三里屯Village、金融街等地标符号场景被一一找出。片中出现的众多餐厅也没有逃过影迷的追索,雕刻时光咖啡馆、鹿港小镇、隐泉日本料理、莫斯科餐厅、鸟亭、重复咖啡、四合轩西餐厅、万达铂尔曼大饭店、藏书馆咖啡成为影迷们向往的约会场所,甚至有人在此基础上制作了《失恋33天》约会美食指南。

可以看出,影片成功地提升了片中各场景的附加值。这些场景不再是单纯的景观和地点,更是美好恋情的发生地;在这些餐厅里消费的也不仅仅是食物和饮料,而是个性与品位。它还为北京的城市形象赋予了新的内涵,这里不仅仅是一座存留着千百年时光遗迹的古老城市,不是由高大建筑构成的水泥森林,而更充溢着时尚、浪漫和温情。

在具体的操作过程中,单独的场景植入和独占式的情境植入需要合理安排,决策者更应具备对相关影视作品制作的敏感度。

(1)一定播出周期内的规模化植入

在优秀的电影和电视剧中进行植入,能够让观众较为容易而迅速地接受附加在城市物质实体之上的新形象。这种新形象的传播与电影和电视剧的播出周期密切相关,在影视剧热播阶段,影视作品的内容和其中夹带的城市形象能收获较高的关注度甚至引发热议,但随着电影下档和电视剧播出的完结,新的影视剧会将观众的注意力引向别处。如果通过影视剧赋予城市的形象是较新的,那么仅凭单部影视剧则难以让这种形象与城市在观众心中形成稳定的对应关系。通过在一定播出周期内一座城市在多部影视剧里的规模化植入,能够反复强化某种新形象与城市之间的关联;多部影视剧形成的规模效应能够反复向受众传递城市所具有的某一形象,最终有助于在受众心中形成两者间稳定的对应链接。

譬如韩国的济州岛,最初只是以韩国第一大岛和韩国最高山峰汉拿山闻名，但让它获得"去韩国必去济州岛"地位的并不只是美丽的自然风光，而且是因为一系列韩剧中的浪漫故事都发生于此。《大长今》中李英爱驻足过的独立岩、照料伤员时取景的松岳山阵地洞窟都已成为热门景点，《宫》的热播让人记住了那些来自济州岛泰迪熊博物馆的泰迪熊毛绒玩偶，韩版《花样男子》的取景地济州岛凯悦酒店成为旅客入住的热门之选，《我的女孩》的女主人公出生和成长在济州岛。而在更多的热播韩剧如《秘密花园》《一枝梅》《恶作剧之吻》《冬季恋歌》《人鱼小姐》等中，济州岛的风光无不成为男女主人公谈情说爱时的唯美浪漫背景。伴随着大批韩剧的热播和跨国传播，剧中浪漫爱情发生地济州岛在不同剧集的呈现下，最终被塑造为无数青年人心中的恋爱圣地，拥有很高的知名度。

（2）找准植入点，提高贴合度

借助电影电视剧赋予一座城市形象新内涵虽然是一种卓有成效的手法，但也绝不能任意而为。植入的内容应当尽量隐蔽地融入影视剧本身，如果没有找到合理巧妙的植入点而让观众意识到这是一种宣传和广告，则会让观众感觉自己受到了愚弄继而产生强烈的反感情绪。

此外，影视剧所赋予城市的新内涵应当与影视剧内容和城市自身条件两方面都有较高的贴合度。贴合度越高，受众对新内涵的接受度也会越高，反之则不然。试想如果《非诚勿扰2》中主人公前去度假的不是水清沙细、椰林树影的三亚海边，而是以重工业或制造业闻名的城市，则不但不会有助于塑造后者的城市形象，反而会因极大的反差而变得滑稽。

七　结语

基于城市文化符号的城市形象传播是一项长期的、需要科学计划的工作，在借助影视作品进行传播时，不同影视作品受题材、篇幅、传播方式、目标人群等因素影响各有其优劣。而在不同时期进行的城市形象传播，又因短期目标差异而在三个传播层次上各有侧重。这就要求传播方案的制定者能以专业、科学的眼光进行传播规划。明晰城市定位，确立传播目标，对各有所长的多种影视作品进行整合，以一种有效、连贯、多层次的方式向特定的目标受众传达清晰、明确并具有一致性的城市形象，是北京文化符号通过影视媒介进行传播的应行之道。

智媒时代北京城市国际品牌形象提升路径研究

孙铭欣[*]

随着中国经济的迅速发展和国际媒体对中国关注度的显著提高，中国城市形象的国际传播也逐渐成为一个热议的话题。党的十九大报告指出："推进国际传播能力建设，讲好中国故事，展现真实、立体、全面的中国，提高国家文化软实力。"这不仅是"走出去"在新时代的纲领，也为更好地"走出去"提供了方法。打造城市国际品牌形象是一项长期的系统工程，其首要任务是传递文化、改变认知，而这一过程与受众对其周围世界的解读紧密相关。由于各类社会群体的文化背景、价值观和个人经历不同，其对城市文化的理解存在差别。即使中西方受众生活在同一城市，他们对城市形象的解读也会存在差别。

北京作为中国的首都，在当今世界的地位和影响力日益提高，其国际化形象在海外受众中的认知度也普遍提高。但北京在全世界的形象并未如实反映其发展现状，"历史古迹""传统文化"成为北京最具外显特征的元素。这些元素象征着悠久的历史渊源与鲜明的地域特征，但也让北京的"创新""科技""国际化"属性难以凸显。因此，在智能媒体时代，北京城市国际形象塑造需要以多层次、多角度、多媒体的方式进行立体化构建。

一 新媒体与城市品牌形象的构建

城市形象是一个包罗万象的综合体，相关构成要素不仅纷繁复杂，还蕴含着一个民族的内容，代表着民族的文化精神底蕴。针对城市的理解，

---

[*] 孙铭欣，北京工商大学艺术与传媒学院广告系副主任、副教授、博士，主要研究方向为网络与新媒体。

行进中的北京城市形象

不同的学者有着不同的定义,城市一般包含道路、城市边界、区域、城市节点以及城市标识物等,城市形象也可以理解为政府形象、经济实力、科技教育水平,这些都可以塑造一个城市的外在形象,能够增强城市居民自豪感与凝聚力,良好的城市形象更能够增强城市的感召力和吸引力。

城市形象是无形的软实力,如何打造具有一定品牌感召力的创新型城市,需要新媒体给予积极正面的城市形象传播,积极应对新问题和新挑战,探索新媒体环境下城市形象传播的优化方式,更好地促进城市现代化的发展。

(一) 新媒体环境下城市品牌形象构建的必要性

城市形象是城市经济发展的内在原动力,城市形象也可以理解为对城市总体的、抽象的、概念性的认识和评价,即对城市内在综合实力的全面评价,也可以看成是现实和未来发展的一种全面理性和感性的再现。新媒体迅速发展的今天,城市形象的推广和传播对社会经济、生活等方方面面的影响与渗透,正在向着更深、更广的方向迈进。

新媒体时代下,城市形象也可以在互联网上推进,以互联网为展现方式,会给人一种全新的城市面貌感知,利用新媒体形式能够使城市形象得到有效的传播,提高城市的美誉度。新媒体传播形式使城市拥有了一条可持续发展的形象传播之路。

(二) 新媒体助力城市品牌形象的构建

互联网和移动互联网迅速发展下,城市形象可以借助新的媒体形式,突破传统时间和空间的束缚,通过文字、图片、视频等不同类型的传播方式,不断整合城市数据,汇集成极其庞大的数据群,借此使城市形象传播更加迅速。

1. 依托大数据实现对城市品牌形象的精准定位

互联网模式的传播出现了互动模式,该模式能够提供海量的数据,构成"大数据"的共享信息,帮助人们及时了解城市,并能够通过第一手资料进行创新,积极致力于城市品牌形象的塑造。

例如,新媒体形式的数据共享群能够很好地传播城市形象,其可以依据用户的偏好获取相关内容,同时将数据进行划分,及时掌握城市品牌形象传播的动态,促进城市品牌形象迅速传播。在城市宣传的过程中依据数据共享群中有关数据、文字、图片等内容,可以大大提高人们对城市的关注度，能够实现对区域性的人员进行密集性宣传，最终实现高效率、低成本的宣传，达到城市品牌形象传播的目的。

2. 利用新媒体对城市品牌形象进行多层次、多维度的传播和塑造

新媒体形式下的传播者能够积极地评价城市，并对城市的评价内容进行迅速传播。城市形象内容可以从多个方面进行展示。例如可以从文化、技术、名人、经济、旅游和节事等出发，通过官方和大众新媒体圈进行城市形象创新传播。

一方面，官方新媒体圈以及数据共享群创新城市形象，引导城市进行传播，该种形式能够将相关信息进行有效的识别，积极地宣传城市的正面形象。另一方面，大众新媒体圈通过上传相关信息进行形象宣传，促进城市形象中正面的信息快速传播。新媒体圈的积极引导和迅速推广，能使城市信息更加准确，使信息的扩散度和趣味度不断增强，有利于城市形象传播的顺利进行。多媒体形式的传播使受众对城市形象产生一定的情感依赖，有助于城市形象的塑造，帮助城市通过多媒体形式创造新的形象。

3. 新媒体智慧库推动城市形象发展

多元化发展的新媒体时代，传播者需要将相关信息迅速融入媒体环境中，运用新媒体技术创新城市形象并促进城市快速发展。互联网时代下，城市形象的创新与发展需要借助互联网，通过"智慧互联网"的方式，快速处理相关海量信息，通过智慧库推荐相关信息内容，逐步推送相关城市信息。例如，可以设置"猜你喜欢""兴趣推荐"等智能推送内容，通过新媒体将这些内容进行传递。

城市形象的传播离不开新媒体智慧库，新媒体智慧库能够给受众以全新的城市形象感知和体验，全面推进城市形象的传播，推动城市的快速发展。先进的服务型技术的运用可以实现城市创新的一对一个性化服务，根据受众的需求进行有目的性的城市信息内容传播，使用户对城市形象中需要的信息内容进行传播，根据内容使受众掌握一定的信息，从而按需定制、按需分配、按需推送，这样才能使城市更好地发展。城市形象传播还需要利用一些新型的传播媒介和形式，如车载网络、家庭网络、智能家居等，通过民众身边的一些零碎繁复的信息获得渠道，实现城市形象的快速传播。城市形象传播还需要调动民众的力量，利用民众信息传播的主动性，让民众在新媒体形式下进行信息的宣传和塑造，促进城市形象的创新性发展。

(三) 整合传统媒体与新媒体优势，多维构建城市国际形象

网络信息时代，传播不可忽视网络与互动模式，通过媒体可以采取整合广告、公共关系、活动营销、社会网络营销等方式，并且通过综合运用网站、微博、微信等新媒体平台，充分运用这些平台展示城市形象，将城市形象进行多维度的展现。

创新的城市形象可以利用互联网平台，创造与民众良好互动的形式，这样才能促进城市形象传播。城市可以举办一些展现城市形象的特色主题活动，例如戛纳电影节、萨尔茨堡音乐节、2004欧洲文化之都——创意城市里尔都是很好的例证，能够在展示的过程中迅速创新城市形象，通过一系列的符号和有特性的内容来传播城市形象，积极挖掘城市中崭新的内容，利用传播时机增强传播效果，这样才能帮助城市迅速占领广阔的发展空间，才能达到事半功倍的传播效果。

此外，城市的品牌形象传播还可以根据当地区域性的人文精神，让大众更好地感受文化的魅力，激活创新元素，塑造城市文化，让文化内容促进城市品牌形象的创新，通过城市文化和城市感染力，再结合多媒体进行传播，例如可以通过文化符号进行传播，以文化为主线，打造多样化的城市文化街道，积极发展充满活力的城市经济，这才是城市传播的真正目的。

由此看来，对新媒体的灵活运用能够在城市品牌形象传播上实现创新，并使创新有超乎想象的力量，帮助城市提升扩展能力和创新能力，使城市形象更好地迅速传播。一些区域性国际城市已经尝试通过新媒体信息技术实现城市形象的迅速传播，通过多媒体能够展现一个城市和民族的文化精髓，能够映照一个民族的文化内涵。不少区域性国际城市通过新媒体技术使文化和艺术有效地融合和凝聚，凸显城市独特的文化符号，成功地塑造个性鲜明的城市品牌形象，促进城市经济的快速发展。从宏观上来讲，也很好地促进整个国家经济的快速发展。

二 北京城市国际品牌形象传播存在的主要问题

随着移动互联网和社交媒体的快速发展，城市形象传播经历了从以政府为主体的宣传到以市民为主体的自发传播，从官方话语体系过渡到民间话语体系。但是在构建新媒体传播矩阵、提升北京城市国际形象的过程中，无论是在内容生产、传播方式还是在营销层面，仍存在一些亟待解决的问

题,现梳理如下。

1. 传统城市形象宣传片表现手段单一且传播效果不够理想

在传统电视媒体主导的环境下,城市宣传片是城市宣传的主要手段。宣传片以航拍远景拍摄为主,镜头展示单一,对比不同年份的宣传片,其描述的内容也大同小异,内容展现相似。在政府的推动下,宣传片的投放虽拥有诸多资源,但是千篇一律的城市短片,容易造成受众的审美疲劳。

从宣传内容上看,宣传片展现内容宏大,与受众距离较远,难以引起受众的共鸣。宣传片通过展现城市的历史文化古迹、城市商务区建设、自然风景景观来凸显城市的文化底蕴,经济建设与优越的自然环境,这些方面的展现虽然有利于让人们更好更全面地认识北京,有利于树立城市文化自信,但是与受众的日常生活相关性较低,政府常年的城市宣传逐渐发展成了单向传播。

从投放渠道上看,城市宣传片主要通过传统媒体进行投放,但是随着互联网的发展,网络越来越成为人们获取信息的主要渠道,忽视网络投放的宣传片,传播渠道变窄,失去了许多潜在受众。在网络上查询北京城市宣传片,相关视频下的评论都是积极正面的,受众对宣传片的内容大多比较认可。由此可见,缺乏政府主导的网络宣传难以在互联网媒体上激起涟漪。此外,传统城市形象宣传片的内容雷同多,缺乏创新,让受众产生审美疲劳。

2017~2019年的北京城市宣传片缺乏创新,内容素材有待更新。从表现形式上看,近三年的城市宣传片都以相同的展现手法运用镜头,没有整体的故事主线,镜头叙述内容单一,背景音乐相似度高,均给人以宏大的视觉印象。

可以说,传统媒体环境下的城市形象传播往往由政府主导进行推广宣传,达到招商引资、吸引游客、人才引进、政策宣传等目的。在铺天盖地的城市宣传片中,最不缺的就是那些宏大的航拍场面,千城一面的城市形象让人多少有些审美疲劳,更谈不上引发共鸣。随着大数据技术和算法的日趋成熟,在城市国际形象的塑造和推广层面需要利用新技术实现超乎想象的效果。

行进中的北京城市形象

2. 政务新媒体定位不够清晰，缺乏对北京城市品牌形象传播的统筹协调

中国互联网络信息中心发布的第 41 次《中国互联网络发展状况统计报告》显示，2017 年，我国在线政务服务用户规模达到 4.85 亿人，占总体网民的 62.9%。报告指出，我国政务服务线上化速度明显加快，网民线上办事使用率显著提升。

但与此同时，快速发展中的政务新媒体也出现了一些问题。记者注意到，一些政务新媒体的"雷人雷语""神回复"并非罕见。一些政务新媒体账号长期无人打理，导致账号被盗并用来推送广告；一些政务账号发出"你不说话没人把你当哑巴""我仿佛听见了一群蚊子在嗡嗡嗡"等"神回复"，则是外包给智能回复软件所致；还有的政务新媒体账号"忘却初心"，在与网友的后台交流中存在只顾"卖萌"却不解决诉求等问题。

作为政民对话交流的可互动媒体，政务新媒体是线下政府服务和职能的线上延伸，同时也是塑造北京城市国际形象的重要组成部分。本文统计，目前北京地区共有政务新媒体账号 930 个，但各自为战的情况比较严重，合作意识与统筹协调需要加强。一方面，当前北京地区各新媒体账号功能定位趋同，存在同质化竞争与重复设置的倾向；另一方面，新媒体账号传播内容并未以受众需求为导向，呈现方式较为单一，尤其缺乏打动国内与海外受众的内容产品、旗舰级账号和标志性内容，对北京城市国际形象的塑造和传播效果尚未体现出来。

众多政务新媒体账号积极开展北京城市品牌形象传达服务，进行信息公开，基本上可以满足人们对城市特色信息以及生活信息的获取需要。但是，类似账号一旦出现大范围的功能重叠，会导致信息传播过于分散，对用户群体而言，则需要同时关注诸多账号才能获取足够信息，这种做法无疑间接加大了民众获取信息的难度。

3. 对于利用新媒体矩阵构建北京城市国际形象的观念尚需革新

目前，以"两微一端一抖"为主题的北京新媒体发布平台，在内容创新性和对北京城市形象国际化宣传力度上尚显不足。

首先，在利用新媒体构建北京城市国际形象的观念上，无论是传播者还是平台方，都仍处于以政府为主体、以官方媒体为执行者、公众被动接受的传统模式。媒介环境的变革日趋激烈，近几年短视频的快速发展，给媒体环境带来了新的冲击：官方、民间话语权开始分野，民众对城市形象的认知逐渐降维、极化。专注城市美食、旅游、文化的本地账号大多只被本地人和该城市的爱好者所关注，很难产生全国性的影响力；城市形象负面事件则更容易在民众愤怒情绪的裹挟下冲破传播渠道壁垒，引发严重的舆情事件。

其次，内容生产、传播和更新不够及时，大部分新媒体账号只能保证在重大活动期间的更新达到要求，其余时间更多处于闲置状态，从一定程度上来说容易造成资源的浪费，更新不及时对稳定舆论环境不利，容易滋生谣言，也会在一定程度上降低用户黏性。

4. 新媒体业务未以用户为中心，城市形象传播效果难以评估

利用新媒体扩大城市形象宣传影响力和增强粉丝黏性的方法还有待改进。新媒体宣传与传统的纸质媒体宣传和互联网宣传还是有一定差别的，继续保持传统的写作模式已经不能适应新媒体时代城市形象宣传的需要，需要一种轻松、幽默、创意、个性的语言方式来刺激新媒体保持永久的新鲜活力。所以，要想在新媒体城市品牌形象宣传上取得良好的效果，传播内容和方式的创新是至关重要的因素。

以"文明北京"新媒体账号为例，其对北京城市形象的宣传主要集中于生态环境、社会文化等方面，政治、经济方面基本不涉及，形象宣传角度不够全面。同时，该账号的信息宣传以图文形式为主，缺乏能让用户产生新鲜感的形象宣传方式，导致用户黏性较弱且缺乏归属感，每篇推文的阅读量不过几百。

"北京残联"新媒体账号能够根据北京城市品牌形象的特点，制作一图解说、H5海报、短视频、语音等不同形式的新媒体产品，城市品牌形象宣传手段较为丰富。在各区残联新媒体账号中，能够运用多种新媒体手段进行信息传播的是"西城残联"和"海淀残联"新媒体账号。但由于经费和人员等因素的限制，其他各区微博、微信的信息呈现方式大多仍为图文形式，较为单一。同时，由于部分残疾人群体存在较少使用智能手机以及不使用智能手机的情况，这部分人无法订阅和关注"北京残联"以及各区残联的新媒体账号，客观上制约了北京城市品牌形象的推广和发展，更制约了这部分残疾人获取各类新媒体信息的能力。

5. 用户互动性较差，新媒体运营人员专业素养有待提升

媒介环境的变革日新月异，受众的注意力成为稀缺资源，想要在众多

的新媒体平台中脱颖而出，就必须注重与用户的互动。目前，北京地区微信、微博、抖音等新媒体账号将主要的精力置于信息的编辑和发布上，在与用户有效互动、提供精准服务和实时反馈层面尚有很大提升空间。对政府的新媒体账号来说，用户的互动和反馈大多是提出意见和建议，如果不及时反馈和跟进服务，容易丧失政务新媒体账号的公信力和影响力，从而影响北京城市国际形象的塑造。

当前，新媒体发展对北京城市品牌形象宣传工作提出了更高的要求。受编制和资金限制，从事新媒体管理、运营和编辑的人才存在严重不足的问题。调研结果显示，部分政务新媒体运营人员素质不高，并不具备相应的新闻传播专业素养，出现答非所问、空洞说教、生硬冷漠回应用户的现象，同时，部分新媒体账号也存在擅自发布个人观点、意见及言论的情况，这些都不利于北京城市品牌形象的传播与发展。

目前，北京教育音像报刊总社的"两微一报"三个内容平台的运营仅有四名编辑人员，需要负责内容策划、采编、审校、排版、推送、用户运营、活动策划、落地执行等全流程，在遇到重大选题策划或紧急任务时，存在人员紧张的现象，无法更加全面地开展重大活动，不利于北京城市品牌形象的传播与推广。当前该机构的新媒体账号运营模式还是以市教委官方要求发布的内容和教育热点新闻的二次编辑加工为主，深入一线的采访频率和次数都相对较少，缺乏一手新闻信息来源，亟须进行相应整改。

以北京市生态环境局为例，生态环境工作任务繁重，宣传工作节奏快，北京市生态环境局宣教处人员紧张，局官方政务微博"北京生态环境"现仅有一名工作人员负责日常运营，还要负责微矩阵、网宣团队组织调度及部分新闻宣传工作，此外各区生态环境部门均存在人员和资金紧张问题。

三 智媒时代北京城市国际品牌形象提升路径

（一）利用短视频平台"出海"，助力北京城市国际品牌形象提升

为提升国际知名度、扩大全球范围内的影响力，越来越多的国内媒体纷纷迈出国门，积极探索加强国际传播能力建设的途径与方法。当前，国际传播环境正在发生转变，传媒业正朝着数字化、网络化转型，传统媒体的发展模式受到挑战，基于互联网的社交媒体创造了一个全新的国际传播平台与传播模式。依附于互联网而存在的社交媒体是大量网民聚集的内容

生产与互换平台,并已经成为世界主流媒体进行对外传播的必争之地。国际传播的目的是让世界更好地了解中国,消除国外民众对中国存在的一些偏见和误解。因此,要想达到传播效果,媒体必须延伸到目标受众群体中去,通过海外社交平台接触国际用户,提升国际影响力,塑造良好的国家形象,是我国媒体采用的最直接最便捷的方式。中国媒体开始运用 Twitter 等国外社交媒体讲述中国故事、开展国际传播。

中国是媒体大国,但还远远达不到媒体强国要求标准。在传统的国际媒体传播格局中,我国媒体话语权单薄,议程设置能力不强。相关调查显示,当代海外受众通过西方媒体了解中国的信息获取率高达68%,仅有22%的受众借助中国媒体了解中国。随着互联网社交媒体的蓬勃发展,传统媒体的传播势头有所减弱,为中国媒体提升国际传播能力、增强话语权、抢占舆论主阵地提供了难得的机遇。为彻底改变"西强我弱"的国际传播格局,在国际舆论舞台上争取更多的话语权,中国媒体应该清楚地认识到社交媒体得天独厚的优势,加强对海外社交媒体平台的积极探索与有效运用,更有力、高效地传播中国声音、讲述中国故事、积极布局海外社交平台,是中国加强国际传播能力建设的必经之路。

总体上,中国媒体加入海外社交媒体的时间相对滞后。Twitter 创办于2006年,在平台上线第二年,国际知名媒体路透社、CNN、纽约时报等就已开始开通账号入驻 Twitter。人民日报、新华社、央视新闻则在2011~2013年相继开通账号,比国际主流媒体晚了4~6年,由此可见中国媒体开展海外新媒体传播行动的滞后。环球时报与中国日报在2009年开通 Twitter 账号,是较早一批入驻 Twitter 的中国媒体,但是它们在账号开通初期并没有安排充分的人力、物力、财力在系统化账号运营上,发布的信息相对有限(见图1)。

2006年	2007年	2009年	2011年	2012年	2013年
Twitter 上线	路透社、CNN 和纽约时报开通Twitter	环球时报和中国日报开通Twitter	人民日报、AFP开通Twitter	新华社开通Twitter	央视开通Twitter

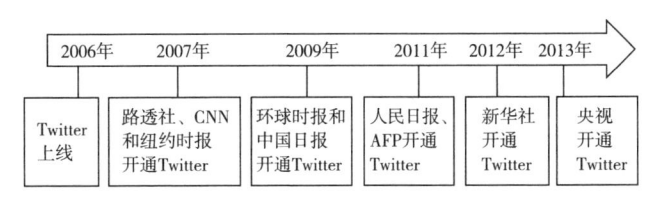

图1 各媒体 Twitter 账号开通时间轴

资料来源:笔者整理所得。

行进中的北京城市形象

对比五家中国媒体账号，各媒体账号的粉丝数存在较大差距（见图2）。尽管新华社加入Twitter的时间较晚，但由于是国家级别通讯社而在全世界享有广泛知名度，账号开通以来粉丝数较其他几家媒体增长迅速。其次，截至2017年12月31日，央视Twitter账号"CGTN"拥有600万粉丝，人民日报Twitter账号"PDChina"有437万粉丝，而中国日报和环球时报账号粉丝数相对少很多，分别是156万和46万。虽然中国日报、环球时报早在2009年就率先注册Twitter，但开通初期没有投入人力、物力进行规范化、系统化运营，粉丝数远远落后于其他三家媒体。尽管有很多中国媒体在Twitter上开通了官方账号，但其粉丝数量远远不及美国社交媒体，由此可见中国社交媒体在海外传播并不顺利。

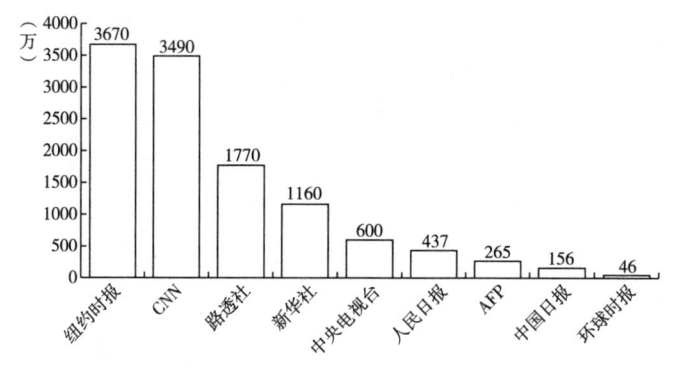

图2 截至2017年12月31日九家中外媒体Twitter账号粉丝数
资料来源：笔者根据Twitter信息整理所得。

随着5G的开发与Wifi信号的覆盖范围扩大，趋于碎片化的短视频成为这一阶段贴合用户使用习惯的传播方式。城市形象的特性与个性逐渐形成，辨识度成为城市形象的补充指标。伴着《西安人的歌》，西安摔碗酒在抖音上爆红；穿楼而过的重庆李子坝轻轨站成为新晋热门打卡地点，重庆为此特意加建观台，方便用户拍摄打卡。可以说，抖音、快手、微博等App已经成为塑造城市形象的重要工具。因此，支持我国自己的传播平台在海外发展是一种更为稳妥和长效的做法。

当前，我国的短视频App积极布局海外市场，并且下载量在北美、日本、印度、巴西、东南亚等多个国家和地区实现了突飞猛进的增长。上线后的抖音短视频国际版"Tik Tok"迅速在多个国家收获良好的市场反馈：2018年第一季度，Tik Tok 苹果应用商店全球下载量排名第一位；2018年7月，抖音短视频在其官方头条号发布数据称，抖音全球月度活跃用户数超过5亿人次。2018年苹果和谷歌应用商店综合下载排名显示，Tik Tok 在日本、印度、德国、俄罗斯、印尼、泰国、越南、马来西亚、菲律宾、墨西哥、新加坡、韩国、西班牙、土耳其等十余个国家均进入移动应用下载量排名前10位的行列，并在日本成为年度下载排名首位的移动互联网应用。北京字节跳动科技有限公司的数据显示，截至2019年第一季度，Tik Tok 的75个语种产品已经覆盖全球超过150个国家和地区，全球下载量已超过10亿人次。这意味着 Tik Tok 已成为我国企业推出的国际化程度最高的移动互联网应用产品和社交媒体平台。

根据应用市场研究公司 Sensor Tower 公布的2019年第一季度的全球应用下载量排名显示，Tik Tok 是下载量最高的应用软件之一，在全球范围内拥有5亿多名用户，是近年来用户使用率最高的社交软件之一。究其原因，主要是传播内容与海外用户的喜好较为契合。

抖音海外版 Tik Tok 的全球化扩张之路

Tik Tok 是中国互联网企业字节跳动推出的一款专门面向国际市场的社交类短视频平台产品，也是承载字节跳动公司国际化战略的核心产品。2017年8月，随着字节跳动公司国际化战略的正式启动，Tik Tok 在多个国家的应用商店同步上线。因其原型为字节跳动公司在中国市场运营的社交短视频产品"抖音"，Tik Tok 也被称为"抖音海外版"。

与国内版抖音相似，海外版抖音 Tik Tok 的用户群体以24岁年轻用户为主。Tik Tok 平台上的内容与国家本土文化、风格以及用户喜好也十分契合。在 Tik Tok 平台上最受泰国用户喜爱的内容是舞蹈类、搞笑类以及场景演绎类，这些视频内容与泰国本土文化十分贴近，也易受到用户的喜爱。不仅如此，平台还会根据各个国家的重大节日推出不同的挑战赛玩法以及相应的拍摄道具或贴纸，吸引用户广泛参与，提高了用户在平台上的社区认同感。

另一方面，Tik Tok 平台同样会邀请与平台调性以及本土文化相符

行进中的北京城市形象

合的本土明星网红入驻，这样能够及时打通平台与普通用户之间的隔阂，使用户快速适应平台，很好地做到了内容生产中心化、信息通路去中心化。在韩国，平台选择了舞团1MILLION Dance Studio进行推广合作，此舞团在当地年轻人群体中有着超高的人气，他们发布的内容也容易受到用户的追捧；在日本，Tik Tok邀请日本超人气歌手彭薇薇等进行软件推广活动。此外，强大的算法推荐机制及人工智能技术，提高了用户黏性。Tik Tok同样使用强大的算法推荐系统，将视频内容精准投放给用户，增强用户黏性。通过算法推荐系统分析用户画像，并且根据用户的使用行为满足用户个性化需求。这一点在抖音国际版中尤为明显，由于不同国家的文化差异，后台系统更需要将本土文化及用户进行详细分类，从而做到内容的精准投放。

这些平台的海外布局通常被认为是较为单纯的商业行为，且国外受众在使用时往往仅出于兴趣，意识形态的抗拒性较弱，有利于降低传播门槛、提升传播效果。在此背景下，北京可考虑与相关短视频平台达成合作协议，支持相关平台的海外布局，同时借力加快海外开拓的步伐，进行北京城市品牌形象的国际传播。

1. 加强内容筛选与监管，大力传递弘扬中华文化的内容

早前的国家形象短片以专业生产内容（PGC）为主，无论选题内容、叙事手法还是拍摄手法都是精心专业制作。例如，2008年北京奥运会上的4分钟宣传片《新北京，新奥运》向世界展示了中国的新面貌；《人民日报》也于2018年推出系列短片《中国一分钟》，以"今天的中国，每一分钟会发生什么"为切入点，通过专业制作将中国如今经济、政治、社会、文化的新气象呈现在大众面前。而以用户生产内容（UGC）为主的短视频，其视频时间更短、内容切口较小、主题更为集中，可以将宏大的国家话题具象化，使海外用户可以更加直观地感受到中国的文化魅力与各地的风土人情。

另外，虽然抖音和快手的海外版在各个国家下载数量颇为可观，但也不可避免地出现了视频内容的质量问题。一方面，平台应该不断优化视频内容筛选机制，在海外运营的过程中将有利于国家形象塑造的内容给予更多的推荐与曝光，同时不断优化算法推荐系统，根据用户画像将优质内容

精准送达用户，以达到良好的传播效果。另一方面，也要强化内容审核机制，坚决杜绝有损国家形象的内容出现，通过弘扬中华传统文化等内容呈现国家正面形象。

2. 深耕内容运营本土化，提升受众接纳程度

抖音、快手、微博的国际版秉承全球化产品本土化运营的理念，在各国都有相应的内容基础和用户基础，国家形象的塑造传播更离不开当地各方面的支持。未来海外版社交平台应该更加深耕内容运营本土化，用优质的内容、轻松的叙事、更具特色的传播方式引导受众，塑造正面的国家形象。

在这样一个互联网交互发展的高速时期，媒介逐渐成为构建社会环境信息库和宣传城市形象的重要载体，在这个过程中，媒介技术得到了发展，媒介环境与媒介形态也发生了改变，大众媒体、移动媒体、网络媒体等开始包含在媒介形态大范围内，人、媒体、自然和社会开始作为媒介形态整体出现。围绕媒介的整体形态互动视野和以移动端视频为主线的互动开始成为促进城市形象发展的有力方式。

城市形象是一种地理意义上的场域，它是各种因素作用于社会公众，并使社会公众形成对某城市认知的印象总和，也是带有精神意义的城市名片，是情感内容和价值内容的双重显现，同时还是被赋予了特殊想象的现实投影，承载着一个城市的文化底蕴和对外交流的信息标签。现在城市形象受到越来越多的关注，伴随着全球城市化的推进和蓬勃发展，城市竞争已经成为国家产业竞争的焦点之一，保证城市形象建设的独特性，不仅能够使城市产生强大的凝聚力，还能提升城市的交流性、信息流等，使城市保持一定的竞争优势。以城市形象为核心的城市竞争力可以拓展城市的发展空间，使城市保持持续快速发展的竞争优势。随着我国城市化进程的加快，城市开始成为经济整体中相对独立的一个单元，并在其中发挥着越来越重要的作用，各地政府高度重视构建城市品牌形象，通过挖掘竞争优势，打造自身特色经济，在高度媒介化的社会中传播良好的城市形象。

城市形象是城市的广告牌，当一个城市可以坚持不懈地进行城市形象塑造和建设时，提高知名度可以产生巨大的吸引力，吸引外部资金，促进自身发展，城市形象的策划对城市本身在全国地位的提高、名气的提升有

行进中的北京城市形象

很大的作用。要想利用短视频平台提升北京城市国际品牌形象,可以从以下几种类型进行尝试。

(1) 美食类城市形象短视频

在传播的内容形式方面,北京新媒体可以利用地区差异、风土人情、景点差异等多元内容打造特色化的城市形象标签。在此标签中,美食为载体、短视频为中介,二者相互协作,成为城市形象短视频中最主要的类型。当前比较具有代表性的有西安的"摔碗酒"、成都的"钵钵鸡"、兰州的"牛肉拉面"等,这些短时内容在美食类短视频中热度最高,不仅提高了当地的知名度,而且塑造出"美食城"的城市形象。北京可以从"烤鸭"及各种京味小吃入手,打造国际美食之都的城市形象。

(2) 语言类城市形象短视频

语言是文化的重要组成部分,而中国各地区的方言带有明显的地域特色和明显的族群文化特征。以抖音短视频为例,"用方言配音影视剧经典片段""一本正经飙方言"等话题在抖音短视频上掀起一股热潮,并且这些话题吸引了同区域网友的评论互动,增强了彼此的身份认同,形成了集聚效应,也让其他地区的观众增进了对本城市文化的了解,提高了城市知名度,而且增强了城市的吸引力和文化竞争力。在方言文化中,东北方言以其极具"洗脑"特色的语调成为东北地区城市的形象标签,东北人成为"直率""幽默"等形象的代言人,"杠杠的""干啥"等词语成为网络流行用语,实现了东北地区城市文化的输出,让人们更加了解东北,东北的其他内容也在这个过程中得到了传播。北京可以效仿东北在语言短视频上的相关特色,将"吃了么您内"与各个儿化音的特色短句结合在一起,带动全国各地区的模仿风潮,从而进一步深化北京在全国乃至全世界的城市印象。

(3) "网红"类城市形象短视频

打卡城市的网红景点、网红店铺成为年轻人的一种潮流,也形成了城市形象新符号。在短视频的传播机制中,优质内容得以发挥传播价值,形成爆款,并且通过爆款吸引大量自媒体前去打卡旅行更带动了其他游客参观游玩,催生了新的城市网红元素,实现了自下而上的城市形象的重构或升级。一方面,传统的旅游景点通过剪辑、特效合成以及各种潮酷的滤镜效果为城市形象增添了新的魅力元素,"魔性"的背景音乐新潮且契合传播内容，二者的结合可以把传统文化、旅游景点寓于新的传播形式当中，如西安兵马俑的拍灰舞、西安大雁塔的光影秀，既打破了大众对西安的刻板印象，又利用现代化与文化气息完美结合的商业景点创造了新的城市文化符号。在此背景下，北京可考虑与相关平台达成框架合作协议，支持相关平台的海外布局，同时借力其海外发展的步伐，进行北京城市品牌形象的国际传播。

（二）利用大数据技术实现北京城市形象宣传内容的革新

在传统媒体以电视媒体为主导的环境下，北京城市品牌形象主要依靠宣传片进行宣传。城市宣传片一般以政府为主导进行制作推广，在政府的支持下，宣传片往往制作精良、内容丰富，多维度展现城市魅力，投放媒体资源质量高，具有独特的优势。从2017~2019年的北京城市宣传片来看，在内容上，通过展现北京市民生活的变化、历史古迹、世界各地的游客、具有现代化都市气息的整体城市设计等，表现北京飞速发展的经济和厚重的历史文化底蕴、日新月异的民众生活变化，向受众传达了北京的多面形象。不仅如此，宣传片从镜头设计到每一个镜头内容的编排都十分用心，宏大的航拍镜头展示城市的山川之美，细腻的居民城市生活在镜头下体现出安静祥和之美。在2017年的北京城市形象宣传片中，开头以动画的形式演绎故宫的发展，形式新颖。整体来讲，宣传片是一张十分能拿得出手的城市宣传名片。

但随着新技术的快速发展和人们碎片化的触媒时间，传统的宣传片等传播效果有限，亟须利用大数据、人工智能以及AR/VR等技术对北京城市国际品牌形象进行有力提升。

首先，利用大数据收集与分析用户的社会属性、生活习惯等，深度挖掘和提炼国内、海外用户对北京印象的关键词，在内容制作上从面面俱到到单点突破，实现内容爆点化；其次，针对不同用户群体，如居民、消费者、投资者、旅行者等将城市形象传播进行细分，制作出符合用户需求和期望的北京城市国际品牌形象系列内容产品，从而将用户粉丝化，再将粉丝社群化。

传统的城市定位主要通过搜集城市历史特点、城市定位发展等资料，分析城市自身优势，通过问卷法、文献法和访谈法，提炼出城市的核心概念。资料的有限性和调研人数的限制性，让传统的城市定位难免

行进中的北京城市形象

与受众的想法产生偏差。在大数据技术的发展下,城市定位的方法也发生了变化。

在大数据理论及其应用发展越来越完善的今天,城市所拥有的数据资源也越来越重要。对城市核心概念的提炼,不再仅仅局限于城市自身的资源,更多的是注重外界对城市的看法。新媒体环境下,网络平台的发展打破时空壁垒,促进了文化交流,我们也能听到来自海外的声音。基于此,应对世界范围的用户进行分析,从其对北京的印象的角度出发,找到更加准确的北京城市形象定位。

我们应该利用大数据,收集与分析居住在北京、生活在北京、游玩在北京的用户不同的社会属性、生活习惯、触媒习惯等核心因素,对不同的受众进行分析,深度挖掘和提炼国内、海外用户对北京的印象的关键词,将核心关键词提炼出来,以达到引起受众共鸣的目的。

一般来讲,城市形象的目标受众主要分为三类,分别为城市居民、城市投资者和城市旅游者。三种不同身份的受众,会对城市形成不同的印象。针对来北京活动目的的不同,侧重不同的北京城市印象宣传,也会对三类不同的人群产生不同的影响。

在人们复杂的日常活动中,三种身份有时相互交织,在一定情况下相互转换。在大数据技术的发展下,每一类目标受众都应该被细分,并且有针对性地对他们投放侧重点不同的城市宣传广告,让每一种希望了解的需求被有针对性、高效率的满足。

在大数据背景下,首先筛选出不同类型用户进行分类,深度挖掘不同类型用户的媒体使用情况、行为习惯等,分析用户网络行为轨迹,提炼出每一类型用户的基本特征,以及不同用户对北京的印象。针对不同的提炼结果进行有针对性的媒体投放宣传,从而让每一类用户都能更好地了解北京。

基于广泛的数据分析提炼出的城市印象具有普遍性,更易引起受众的共鸣。传统媒体环境下的宣传片,依靠千篇一律的镜头,内容表现形式单一,容易造成审美疲劳。在新媒体的发展下,传播的手段也变得多元化,H5、微信公众号、抖音短视频、Vlog等手段十分流行,受到年轻消费者的喜爱。通过大数据分析,获得目标受众媒体使用偏好,有针对性地投放,才能获得更好的传播效果。

例如,"央视新闻"主动贴近时代潮流,深入挖掘年轻人媒体偏好,推出康辉 Vlog 播报大国外交新闻系列,获得了很好的传播效果。据统计,康辉 Vlog 系列中,单篇微博 Vlog 点击率最高达 155 万次,甚至登上了微博热搜,引发大量网友关注,不少网友表示,自己竟然开始追看《新闻联播》了。从内容上来看,康辉 Vlog 的内容添加了新闻播报人和受众的互动。比如康辉在开头和大家的问好,用平白生动的语言描述自己的工作环境和采访流程,带领观众们参观了作为一名新闻记者的幕后工作流程,拍摄期间其他国家记者或政府工作人员的花絮和搞怪行为,让整支 Vlog 趣味性十足。在进行正式新闻报道的时候,具体内容和镜头与正规新闻报道差异不大,只不过主持的镜头由原本的别人拍摄,变成了自己手持拍摄,这样一条增强了趣味性的播报,拉近了新闻与受众的距离,并且更好地传播了新闻的内容。可以说,大数据的加持,能够让媒体机构充分了解年轻群体的喜好,Vlog 式的报道让央视新闻年轻化,真正走进年轻群体,让年轻群体也追起新闻。

对于北京城市宣传来说,传统宣传片并不是没有意义,在当今社会,老一代的人仍信赖传统媒体。对于传统媒体主要受众,在传统媒体权威性、专业性的影响下,电视宣传片仍具有不可替代的意义。但是北京的城市宣传也可以通过多元化形式进行,从每个人的目的出发,通过侧重点不同的描述,吸引不同目的的人群。例如,针对旅游者可以偏重传播北京厚重的人文历史、文化古迹和自然风景的相关信息,增加城市的人文气息,提升北京市作为旅游城市的价值;针对居民可以偏重传播北京的新发展、新的便民服务等,北京人的地域认同感与自豪感,让北京人更爱北京城;针对投资者可以更偏重传播北京城市经济新发展等,为北京经济建设投资发展吸引大量资金。

(三)构建"政府搭台,民众唱戏"的短视频内容生产和传播格局

在当前媒介环境下,短视频已成为塑造城市新名片、传播城市国际品牌形象的新风口。据研究,我国适合利用短视频推进国际传播的城市主要有三类:举办国际会议的城市、传统文化浓厚的城市和"一带一路"沿线城市。北京符合前两个特征,非常适合利用短视频传播。

在传统媒体环境下,北京城市宣传的主体是北京市政府。政府是具有权威性、垄断性的组织,个体企业无法与之比拟。北京的城市形象宣传过

行进中的北京城市形象

去常由政府负责，民众难以参与和加入。但是随着大数据的发展，人人都可以获得丰富的信息。新媒体环境下，自媒体平台的搭建，使得人人都可以发声，政府不再是城市宣传的主体，企业、个人等都可以是北京形象的传播使者。

1. 利用用户粉丝化、粉丝社群化，发挥个体对北京城市国际品牌形象塑造的影响力

随着大数据的发展，尤其在移动端短视频发展阶段，众多的自媒体内容生产者是城市形象的定义者、热点的制造者与推动者，群众参与城市形象相关的内容创作，也是城市形象的具体阐述者。

北京城市国际品牌形象宣传可以通过培养粉丝，利用粉丝自身的传播力，将用户粉丝化、粉丝社群化，充分发挥自媒体时代每一个个体的影响力，利用人际传播，扩大北京城市国际品牌形象的影响力。

但是这一切的基础，都是北京城市形象在每个受众心中的建立，什么样的北京城市印象更吸引粉丝，什么样的北京城市活动能让用户愿意为其进行传播，则需要找准城市新定位，用更新颖、更贴近目标受众的手段与其交流。北京城市形象只有在受众心中建立起来，才能达成期望，不可操之过急。

2. 利用人际传播，抓准时机制造引爆点

如今，信息技术的发展加速了媒介形态的变化，新媒体的发展日新月异，不同的新媒体对当前各大城市发展的影响有所不同，而短视频在城市形象的塑造和传播方面贡献最为突出，受众只需要利用碎片化时间，通过短暂的视频画面就可以直观地了解一座城市，从而在心里形塑出一张完整的"城市名片"。随着对"城市名片"的印象不断深化，受众会逐渐对该城市产生一种特殊的情结和兴趣，进而努力将这种情结和兴趣转化为现实前往的动力。

科学发展带来的不仅是技术的变化，也是思维方式的变化，政府应该顺应新媒体时代的传播规律，适应新时代的思维方式，实时关注热点事件并迅速反应，贴近新时代用户，在内容上以趣味故事替代概念输出，在叙事上以演绎替代复述，需要利用新技术建立起一个精准、有效、智慧的城市国际品牌形象传播系统，强化城市品牌。与此同时，需要借助"引爆点"理论，制造流行、创造流行，在短时间内快速树立北京城市国际品牌形象。

"引爆点"理论由美国的格拉德威尔提出,该理论包括三部分。第一法则是关键人物,包括三类人,即联系员、内行和推销员;第二法则是附着力因素,这条法则讲的是流行物本身所应具备的要素,它应该具备能让人过目不忘,或者至少给人留下深刻印象的附着力;第三法则是环境威力法则,意思就是发起流行的环境极端重要。注意,不是重要或者很重要,而是极端重要,甚至一个微小外部环境的变化,就能决定流行或者不流行。

以"央视新闻"微博账号为例,央视新闻近年来越来越贴近用户,注重对话的形式,而不再是一味枯燥地播报新闻。央视新闻微博在康辉Vlog推出第一期后,针对用户留言康辉的"Vlog"发音错误,还专门推出了一条关于"Vlog"读音的视频推送,并配以文案希望康辉学习。在微博平台上,传播主体与粉丝互动,有利于加强粉丝黏性,改变对话的形式,也增强了受众的参与感,让受众感觉新闻是贴近生活的。

不仅如此,AR、AI等新技术的发展应用范围越来越广,它们可以打破时空界限,让用户更加真实地感受到想要传达的信息。《如果国宝会说话》系列短片利用AI技术,实现只需要对国宝进行简单的拍照,国宝就能在系统里"活"起来,可以开口说话,摆出简单的动作,趣味性十足。在视频内容中,一个个严肃、枯燥的历史事件成了各位文物"戏精"口中的小段子,内容上的历史演绎、行为上的互动、多个媒体平台的投放,让《如果国宝会说话》短片大火。人工智能在无声无息间改变着我们的生活,由此可见,借鉴到北京城市宣传中,利用AR、AI技术,也可以帮助我们用更加新奇有趣的方式传播北京城市形象。

换言之,短视频传播在建构城市形象的同时,在一定程度上刺激了城市旅游业的发展,进一步促进了城市历史、文化和生态资源的开发,有利于城市经济社会的可持续发展。短视频吸引人的并不只是它生动的画面,还有穿插其中的背景音乐,以及视频画面与音乐节奏的完美契合。短视频的兴起让城市形象传播在以政府为主体的宣传渠道之外开辟了以市民为主体的自发传播渠道,打破了以往城市形象传播体系下政府主导模式的单向性,在给每个主题平等的媒介话语权的同时,从图文到视频的形式升级,也满足了个人的表演与互动欲望,极大地调动了个人参与城市建设与传播的积极性。

这些短视频涉及内容大多为美食美景、公共服务、市民生活等,与传

行进中的北京城市形象

统城市宣传广而大的视角不同,短视频平台从个人视角出发,关注的大多是普通人衣、食、住、行的日常生活,小而精的作品改变了以往有组织地拍摄的城市宣传模式,为城市形象构建开辟了新的路径。现代城市形象的营销必须包含对城市生活质量的展示,因为城市生活的直接体验者是城市的使用者,而城市使用者对城市的态度直接受到他们对城市的感觉的影响。

短视频将视角下移到普通人身上,将城市中的日常生活展现在公众面前,最容易让人感受到这座城市的人情趣味。城市形象的特性与个性逐渐形成,辨识度成为城市形象的重要衡量指标。而抖音数据显示,目前在该平台播放量最高的前100名城市形象视频创作者,个人账号占比超过八成。这些短视频社交媒体平台的内容生产者是一群有文化、有审美、有创造力的人群,他们乐于分享镜头捕捉到的城市之美和地方特色文化,是当前进行城市形象传播不可忽视的生力军。

从海外视频平台来看,内容生产者如李子柒,在YouTube上的粉丝量超过1000万个,已聚集起忠实粉丝群并向着品牌IP的方向发展。从国内案例来看,西安通过短视频传播实现了城市形象的重塑与翻红。抖音通过宣传扩大了西安话题的传播范围,各种奇观影像吸引了大批游客,人们在现实中体验、模仿抖音上的短视频影像,并再度复制,使更多游客竞相到西安旅游。这增强了用户黏度,用户乐于参与及分享有关西安的话题,原影像和模仿影像同时传播,更提升了西安的话题度和人气,西安顺利从千年古都一跃成为"网红之城"。这为打造一个全新的城市形象提供了强大的后备力量。十三朝古都西安有着大量彰显其深厚历史底蕴的文化元素,如秦始皇陵兵马俑、钟鼓楼、大明宫等都曾是西安吸引游客的胜地,但在抖音的影响下,人们开始关注名胜古迹之外的事物。

西安大唐不夜城曾在抖音刷屏,起因是视频里美若天仙的"不倒翁女孩",盛唐时期的妆发,光芒四射的笑容,惊险却轻盈的动作,配上电影《神话》的主题曲,不失为一场视听盛宴。不少人特意千里迢迢赶来围观,还在网上引发了一波跟风模仿的热潮。大唐不夜城因此成为游客争相"打卡"的"网红"景点。

而在大唐不夜城,像"不倒翁女孩"这样的"网红"并非个例。大唐不夜城街区推出"西安年·最中国"活动后,接连出现了多个因街头表演而走红的"网红",如"石头哥"、神秘的"悬浮兵马俑"和"李白"等。

除"网红"人物外,"摔碗酒""毛笔酥""肉夹馍""羊肉泡馍"等网红美食都在助力西安"网红抖音之城"的城市形象传播,其中具有代表性的"摔碗酒"视频,8条热门短视频播放量总和超过3亿次,"毛笔酥"的热门视频播放量也高达5600万次。除此之外,抖音上的爆款歌曲《西安人的歌》播放量超10亿次,超过100万人将这首歌用作视频背景音乐。抖音上线具有西安本土特色的民俗歌曲,让歌曲中的传统文化元素走进公众视野,是对传统文化的传承和弘扬;在对西安的传统文化元素进行二次建构的同时,将流行的时尚元素与经典的传统文化相结合,也为抖音和西安博得了更多的正面评价。这是抖音对西安城市形象建构的又一传播策略,从自然文化遗址和文化景观到"网红"符号,西安又一次完成了蜕变。西安正是通过多方面、多层次的文化活动,全方位、立体式地使用西安相关的文化符号,在公众心中建构出了一个历史深厚、科技感强、走在时尚前沿的现代化城市形象。但同时,人并非外在世界的被动接受者,而是在和外部环境的相互作用中重新建构自己对外部世界的认知。

抖音App上的短视频是年轻人按照自己的喜好记录的他们认为独特的城市景观和城市体验,这种新的方式虽然不一定全面,但往往能够激起网民的共鸣。通过一段时间、一系列主题视频的展示,用户对西安逐渐产生好吃、好玩、好看的心理印象。

传统的城市形象传播以政府为主体,单向度倾向严重,常常只关注"说"而忽略"听",在反馈机制上有明显的迟滞。叙事上更多体现的是政治宣传风格,在实际操作中不可避免地出现目的性强而说服力弱的状况。因此,一些城市在运用形象化策略时不免出现僵化的问题,简单直观的影像并不能真正地图解城市精神,工作业绩和产业发展数字的堆砌并不能以喜闻乐见的方式被受众接受。西安是第一个官方宣布与抖音App合作宣传的城市。在抖音对西安的进一步打造计划中,抖音联合西安市旅游发展委员会,从官方的合作出发在世界范围内宣传西安的文化旅游资源,合作推出包括文化城市助推、定制城市主题挑战、抖音达人深度体验、抖音版城市短片在内的"四个一"计划对西安进行全方位包装。

西安市政府凭借抖音短视频的便捷渠道,宣传西安市的城市形象,成功地吸引民众主动参与到城市形象的建构和传播过程。用户在自觉传播的同时,实现了与内容生产者的即时互动,大大缩短了内容生产者和内容消

行进中的北京城市形象

费者之间的距离。"众人拾柴火焰高",民众的参与程度大大提高,拓宽了民间的宣传路径,扩大了城市形象的传播范围,城市形象被重复建构,深深留存在民众的记忆之中。目前,入驻抖音 App 的有西安市文明办、西安地下铁道有限责任公司、西安市规划局、西安市灞桥区委员会宣传部、西安博物院、西安思源学院、西安晚报等政府及文化、教育、媒体等多种类型的机构和企业。它们作为职业生产内容(OGC),从官方或组织的角度为用户提供了了解西安的不同渠道,弥补了用户自发生产内容过于单调的缺点。比如"西安市旅游发展委员会"官方账号在抖音发起过一项名为"跟着抖音游西安"的活动,并与抖音 App 策划了旅游攻略,通过设置个性化的贴纸及特效,吸引了众多用户参加。借助新兴的科技手段,抖音为人们呈现了不一样的西安旅游体验,打破了以往人们心目中对"古城"的沉闷印象。与此同时,这些创新的传统文化元素成了西安向外界展示自我的新标签,也是新时代西安向国际化大都市迈出的必要一步。

(四) 进一步深化利用新媒体平台传播现代、活力北京城市品牌形象的理念

一个城市的品牌形象,不仅代表着当地的社会发展水平和文明程度,还可以在一定区域乃至全国和国际范围内形成一种强大的吸引力和凝聚力。作为城市各类生产要素的集合体,城市品牌形象管理是城市发展中不可低估的推动力量。在新媒体迅速发展的今天,城市品牌形象的塑造及传播对社会、经济、生活等方方面面的渗透与影响,正在向着更深、更广的方向迈进。新媒体时代下,北京城市品牌形象也借助互联网这一媒介逐步走上现代化、国际化的道路,让人对北京的城市面貌有一种全新的感知。新媒体平台不仅使北京城市品牌形象得到有效的推广,美誉度大大提高,也赋予了北京城市一条可持续发展的传播之路。

北京城市品牌形象的塑造离不开新媒体技术的发展和新媒体平台的更新,而媒体多元化的时代背景,既是北京城市品牌形象传播的机遇,也是一个巨大的挑战。北京市政府要掌握并利用好新媒体平台,使传播更加高效,准确地把握城市的脉络,对城市形象进行正面积极的宣传和推广。在新媒体形式下,进一步深化利用各种新媒体平台及技术理念,创新北京城市品牌形象传播,全面促进城市发展,已经成为亟待解决的问题。

1. 提升新媒体账号运营人员的新媒体素养

北京市各类新媒体政务账号运营人员和管理人员要重视包括社交媒体、短视频在内的新媒体平台对北京城市国际品牌形象的塑造和传播的影响。媒介技术的发展已经在影响城市品牌形象传播的理念，传播内容的生产方式、传播组织结构、工作流程等都已随之变化。这就要求政府新媒体运营人员需要系统学习新媒体的传播特征、受众心理需求、内容策划制作、传播效果衡量等，并且要随着媒介环境的变化及时更新所学知识，不断提升自身素质，强化主动担当意识，做好城市形象的定义者、热点的制造者与推动者。

当前北京政务新媒体发展差异化明显。据人民网舆情监测室2016年底对全国政务新媒体从业人员的调研，七成被访机构表示"单位的政务新媒体没有专职人员运营"，六成表示"缺少配套经费、硬件"；三分之一的政务新媒体只有一个工作人员，约四成政务新媒体拥有2~3人团队，拥有4~5人团队的不到20%，且集中在中央和省级。也有一些政务机构通过外包方式生产内容，但经费又受到限制。

北京市的情况也不容乐观。生产新媒体内容，尤其是近两年新兴的短视频制作和直播，人才、经费、创意、设备不可或缺，对于基层组织来说压力较大，如果单纯要求政务账号发布内容的数量与频次，可能导致媒体内容质量较差，内容照搬抄袭、粗制滥造等，反而不利于整个城市的政务生态。为此，应调动北京基层政务新媒体账号的积极性，并在各个方面给予一定的帮助和支持，使其成为城市品牌形象传播有力的推动者。

新媒体时代，制作传输手段数字化、传播中介简洁化、传播终端移动化、传播范围广泛化、传播时效迅速化，为城市品牌形象的传播提供了有利条件。同一条信息经过反复传播与反复阅读，会加深其在受众脑海中的印象，但这也对相关运营人员提出了一定的要求。新媒体运营人员需要系统学习新媒体相关内容，并且要随着媒介环境的变化及时更新知识储备，不断提升自身的新媒体素质。在技术层面，近年来新媒体的内容产出方式及手段逐渐简化，对相关从业人员的技术要求有所下降。例如，抖音平台内部就可以通过拍摄快慢、视频编辑、特效等技术让视频更具创造性，不需要再费时费力地制作视频。其他的新媒体内容生产工具，包括图文排版、视频剪辑等也是层出不穷，其使用难度大大降低，为技术上相对薄弱的基

行进中的北京城市形象

层新媒体运营人员提供了极大的便利,也降低了这一行业的技术门槛。

北京政务新媒体账号的运营人员需要在掌握新媒体技术的前提下,确定好北京城市及账号自身的定位。目前,北京政务新媒体在运营与管理方面还存在不少问题,其中最重要的是如何定位账号自身的职责与风格。传统政务媒体的政务属性远远大于其媒体属性,而目前受欢迎的网络内容多为娱乐、明星、生活等,风格搞笑、轻松、泛娱乐化,与政府部门的传统形象不符。因此,城市政务新媒体若想赢得目标受众的关注,势必要在风格和内容上做出一定改变。如何在权威严肃与"接地气"之间找到平衡,是北京政务新媒体运营人员需要思考的问题。若把握不好,则不仅不利于北京城市品牌形象塑造,还有可能损害城市公权力形象和用户信任。

面对新形势、新任务、新要求,北京的政务新媒体从业人员必须努力从各个方面提高个人素质,切实做好相关工作,让"指尖上的北京"充满亲和力与创新力,更好地为城市形象服务。

2. 打造适合北京城市国际品牌形象传播的新媒体矩阵

城市发展是当今时代发展的主题,而城市品牌形象的传播又是城市发展必不可少的一个环节。单一化的城市网站建设或仅限于开设城市微博、微信以发布新闻,在信息化时代是远远不够的。在北京政府网站、微信公众号等多媒体平台上发布信息,在微博发起互动,利用社群宣传城市的发展,利用音视频媒体传递城市的视觉形象,都是城市品牌形象塑造与传播中遇到的新挑战。因此,要突出北京城市特色,必须打造适合北京城市国际品牌形象传播的新媒体矩阵。

城市形象传播中构建新媒体传播矩阵已经是多元媒体时代背景下的必然选择,利用新媒体传播平台既可以传递城市形象的基本信息,又能引发热点话题,进行提升城市形象的公关活动。但也需要注意以下几点。首先,选择媒体平台时需要注意结合城市形象的自身特点。每个城市传播要素不同,并不是所有平台都适用于北京城市品牌形象推广,在选择行业自媒体和个人自媒体平台时要尤为注意。其次,要注意所选的媒体平台是否能为城市形象传播带来积极正面的影响,该平台的本身属性是否适合应用于城市形象推广,在城市与社会公众间搭建一座桥梁,有针对性地指向传播的目标受众。

目前,适用于北京城市品牌形象的传播,提升城市公信力、影响力的媒体矩阵是"官方渠道+行业自媒体+创意音视频"。值得一提的是，从2018年开始，不少短视频平台出现了大量的城市文化宣传内容，以抖音为典型代表，有大量城市被这些短视频带火，成为"网红城市"。重庆的楼中轻轨、西安的摔碗酒、厦门的冰激凌、青海茶卡盐湖的天空之镜、济南宽厚里的连音社……不难发现，这些城市的走红都与传统文化的传承密不可分。如果只是主打同质化的内容，就失去了城市最本质、最古朴的文化特色，失去了传播的意义。

在新媒体时代，内容更新迭代的速度非常快。要想破局，除了要跟上潮流，还要兼具文化性和人文性，这也是新媒体时代下城市品牌宣传的有效途径。目前能一直保持生命力的网红城市，基本上是保留了自己特有文化的城市。而北京作为历史文化古都，本身就有着得天独厚的优势，要保持自身特色文化的不可复制性，才能利用新媒体将优势传播出去。以故宫为例，在自身的宣传方面，故宫并没有特别突出网红效应，而是更多地聚焦在文化与文创产品的结合以及文化与亚文化的结合上，以其浓厚的文化底蕴和文化内涵打动公众。传统文化给年轻人的感觉往往是过时的，如何能够带给使用微博、抖音、B站等的年轻用户以新鲜感、幽默感和认同感，才是未来基于传统文化的网红宣传的重点。

此外，想要进一步提升城市的美誉度，可以借用"用户社群和个人自媒体账号"进行精准的传播路径设计。这种"3+2"的选择模式可以覆盖大部分的新媒体传播渠道，可以根据北京城市形象传播现状进行灵活选择和匹配。当然，对于不同类别的媒体平台进一步细化选择，如行业自媒体是以今日头条为主还是以搜狐、网易等门户网站为主，创意音视频媒体选择以腾讯、优酷还是抖音、B站为主要渠道，这些细化选择要建立在对新媒体平台精准分析以及对目标受众触媒习惯深度洞察的基础上，需要结合城市形象传播的内容进行选择。

3. 利用新媒体优势，整合传播内容

在新媒体环境下，要想城市品牌形象传播取得更好的效果，只依靠媒介是远远不够的，这时候需要综合多种渠道、多种传播手段展开对城市形象的整合传播。除了使用新兴媒介，传统媒介也应该与其组合共同发挥作用，使传播手段多元化，以达到更好的传播效果。北京城市品牌形象的传播，可以从传播理念、传播方式、传播工具三方面进行整合。

行进中的北京城市形象

首先，要整合传播理念。传播理念的整合要求北京城市围绕一个核心主题，整合城市各种资源，利用新媒体平台有计划、有步骤地开展各项传播活动。要将北京作为一个整体进行传播，内容不仅仅局限于具体的品牌、工艺、技术，还应包括人文、历史、自然资源、地理气候、民俗等代表城市整体形象的资源要素，把城市的知名度、历史文化遗产、自然风光和人文景观等无形资产转化为有形资产，最大限度提升城市形象。另外，城市品牌形象传播要经历从政府传播到全员传播的理念变化。以往的传播主体基本由政府承担，而整合传播要求与城市形象建构有关的方方面面都应该成为传播的主体。

其次，要整合传播方式和工具。新媒体最大的特点是突出了传受双方的互动性。微博、微信等社交媒体为人们提供了信息交流的平台，受传者在获取信息后能进行即时的反馈，进行二次传播。这种传播形态突破了以往传统媒介传播的单一性，由单向传播转为互动传播。民众赢得了话语权，可以通过新媒体直接或间接地参与城市形象的讨论。在网络信息时代，北京城市品牌传播不可忽视网络的互动模式，通过媒体可以采取整合广告、公共关系、活动营销、社会网络营销等多种方式，并且通过综合运用微博、微信等社交媒体以及抖音、B站等视频平台，展示城市形象，将城市形象多维度地传达给目标受众。运用互联网平台创新城市形象，建立与民众良好的互动形式，更好地促进城市形象传播。

最后，要整合传播内容。在进行北京城市品牌形象传播时，要确立系统思维和长期性思维，只有通过一定的时间，围绕确定的传播目标，向公众传递清晰的诉求，才能收获最显著的传播效果。理想的传播内容，必须围绕北京城市定位，系统集中展开。所传播的城市景观、市民素质、政府效率、社会公平等，能让人清晰地感觉到北京城市的特点，培养民众对城市的好感，增强城市吸引力。新媒体对北京城市品牌形象塑造有着重要的作用，它与城市建设是相互影响、相互依存、相互制约的关系。利用新媒体资源进行有效传播，既是对城市品牌的塑造，也是区域内城市文明水平和生活品质的集中体现。此外，北京城市的传播还可以依据当地区域性的人文精神，让大众更好地感受北京文化的魅力，激活创意元素，塑造城市文化，让文化内容促进城市形象的创新，通过城市文化和城市感染力，再结合新媒体进行有效的传播。

由此看来，北京城市形象的传播离不开新媒体。新媒体的运用能够在城市传播的方式上实现创新，并使得创新有超乎想象的力量，帮助城市品牌形象传播实现扩展能力和创新能力的提升，使城市形象得到更快更有效的传播。一些全球性的大城市，通过新媒体信息技术能够实现城市形象的迅速传播，通过新媒体传播能够展现一个城市和民族的文化精髓，能够映照出一个民族的文化内涵。而北京作为区域性大城市，如果能通过新媒体技术使文化和艺术有效地融合和凝聚，凸显城市独特的文化符号，成功塑造个性鲜明的城市形象，从而促进城市经济的快速发展，从宏观上来讲，也会促进整个国家经济的快速发展。

基于以上调研分析，本文认为，北京市政府要从观念和理念上重视新媒体平台对北京城市国际品牌形象塑造和传播的影响力，打造适合北京城市形象传播诉求的新媒体矩阵，整合传播理念与内容。不同类型的新媒体平台账号要找准自身定位，在生产对城市形象传播有积极作用、受用户喜爱的内容的同时，要积极调动民众自发的内容生产积极性，鼓励民众广泛参与城市形象相关的内容创作，从方方面面为城市形象在新媒体平台上的传播提供素材、创设良机、制造热点。积极引导、组织大批优质、年轻和富有活力的用户，用更符合当下媒介环境表达方式和审美习惯的内容产品，生动展示北京的多彩风姿，让新媒体成为传播城市形象的重要平台，全面构建新型北京城市国际品牌形象塑造与传播体系。

借助在京外国人士推广北京国际城市形象的策略研究

邵 云[*]

作为中国的首都，北京在长期发展过程中面临"传统"与"现代"、"继承"与"创新"、"外来"与"新生"等错综复杂的矛盾，从而使城市建设具有无限生机，同时充满紧张氛围。2014年2月26日，习近平总书记视察北京时，提出要明确首都的城市战略定位，坚持和强化首都全国政治中心、文化中心、国际交往中心、科技创新中心的核心功能，要求努力把北京建设成为国际一流的和谐宜居之都。在此战略意涵下的北京发挥自身国际化优势，促进国际交往和区域合作，在营造国际商务环境、吸引优秀外籍人才、提升涉外服务水平等方面取得了显著的成效。与此同时，北京要想落实新时期的首都城市战略定位，就要充分利用地域资源优势来构建城市意象，向世界真实、全面地展现北京的方方面面并提高国际影响，这不仅有助于提升城市的知名度和竞争力，而且关乎向全世界诠释好中国价值。因此，探析当前北京城市形象在国际认同和传播过程中所面临的重要机遇与现实困境，并提出具有针对性的策略，具有重大的理论价值和现实意义。

2017年4月，《环球时报》英文版上海编辑部制作了中英文双语短视频《中国是世界上最安全的国家之一》（China is One of the Safest Countries in the World），在国内外社交媒体上引发了现象级传播效应。[①] 该视频邀请外国实习生参与采访编辑，通过街头随机英文采访的形式，请在华外国人结

---

[*] 邵云，北京第二外国语学院文化与传播学院新闻系讲师，博士，主要研究方向为国际传播、新媒体。

[①] 冯羽：《巧用外国人声音传播真实中国形象——双语短视频〈中国是世界上最安全的国家之一〉回顾》，《对外传播》2017年第8期。

合自己的切身体验，对比中国和他们国家的安全程度，从而得出中国的确很安全的结论。2018年，为庆祝改革开放40周年，北京市委、市政府拍摄推出《"40年回眸，我们和北京一起绽放"——纪念改革开放40周年40位外籍专家评北京巨变微纪录片》。该片邀请了22个国家40位外籍友人和专家，涉及经济、文化、科技、体育等领域，以北京改革开放的见证者、参与者的视角讲述城市发展过程中发生的巨变与取得的成果，并通过国内外的主流门户网站和社交媒体传播落地。这些"真实的、接地气的"尝试对提升北京城市形象国际传播能力的启示是：在城市形象建设和国际传播的实践中，一个惯常的思维是由政府来主导和负责。但事实上，在国际交流日益频繁和新媒体迅猛发展的今天，国际传播主体已经变得日渐多元和复杂。新时期北京城市形象建设工作的重点应该是思考如何利用各种传播渠道构建一套被国际社会理解和接受的对外话语体系，进而彰显城市的价值与魅力。

一 北京国际城市形象传播的不足与创新

城市国际形象塑造已经成为世界上各大城市面临的重要问题。在北京努力建设世界上具有影响力的城市的今天，塑造良好城市形象已经成为引发广泛讨论的议题。北京国际城市形象传播是一项战略性、全局性很强的工作，期待在媒体呈现和公众认知两个层面取得良好的效果。近年来，北京的对外宣传能力不断提升，为城市建设营造了较为良好的国际舆论环境。在北京不遗余力地向国际社会展示良好城市形象的同时，不可否认实践中存在"西强我弱的传播格局""缺乏对国外审美和需求的认识""缺乏内容与表现形式的创新"等制约因素，在一定程度上制约了实际的传播效果。在当前的国际传播格局下，我国对外传播的竞争力和影响力较弱，北京要想通过官方媒体渠道在国际上争取话语权将面临艰难的挑战，很难在短时间内达到理想效果。此外，我国部分媒体在外国人心中的印象不佳，影响了实际的传播效果。在此背景下，北京要想塑造国际城市形象，需要从根本上更新对外传播理念，制定更为有效的传播策略。

1942年，传播学先驱拉扎斯菲尔德（Paul Lazarsfeld）在《广播加诸公众舆论的效果》（The Effects of Radio on Public Opinion）一文中提出了提高传播效果的三个"有效条件"，并在1948年改造为简明扼要的三个概念，即"垄断"、"渠道"和"补充"。① 姜飞借鉴这三个传播致效的条件，提出增强中国国际传播能力需要思考三个方面的问题，即"超越垄断、渠道建设和有机补充"。其中，"有机补充"是"实现国际传播从官方、媒体向目标受众的'最后一公里'。由此界定来看所谓'补充'，认为媒介只有与面对面的交流相辅相成、互为补充，才能取得最佳效果"。② 正是基于这样的观点，北京城市形象国际推广需要思考扩宽途径，不能仅仅依靠官方主流媒体完成，还应该重视借助各种"民间"渠道与手段向"文化他者"传播鲜明独特的地域特色和风格。只有通过这样的"有机补充"，才能拓展国际传播空间，实现多元、立体、全方位的展示，更灵活地提升城市形象和影响力。

北京城市形象建设工作需要加强顶层设计，在形式、内容乃至战略上寻求创新，从而提升国际传播的实效性。建议充分发挥在京外国人在北京城市形象国际传播格局中的积极作用，而这一特殊群体往往被视为"中外民间交流使者"。他们在实际经历中所产生的感受、理解和评价不仅直接构成对城市的整体印象，而且会通过线上线下的关系网络帮助外界更真实地认识北京，更容易拉近与不了解或想了解北京的外国人的心理距离。此外，外籍人口在常住人口中的占比本身就是衡量城市国际化程度的指标之一，他们带来的社会融入问题会直接影响到城市的和谐稳定。因此，需要加强该群体的社会适应和文化认同，使他们的个人成长与城市发展实现有机的结合。

二 相关研究现状与思考

一座在世界上具有知名度和影响力的城市，鲜明而独特的形象是必不可少的。学界认为，城市形象是指城市内外部公众对该城市客观状态的具体感知和评价的总和。作为城市"软实力"的重要体现，城市形象在国家和地区发展过程中所起到的作用越来越明显，已经成为一座城市获得可持续竞争优势的决定性力量。基于此，北京国际城市形象传播不仅是城市提高知名度和影响力的重要途径，也关乎如何向世界诠释好中国价值。

---

① P. F. Lazarsfeld, "The Effects of Radio on Public Opinion," in D. Waples (ed.), *Print, Radio and Film in a Democracy*, Chicago: University of Chicago Press, 1942, pp.66-78.
② 姜飞：《新阶段推动中国国际传播能力建设的理性思考》，《南京社会科学》2015年第6期。

借助在京外国人士推广北京国际城市形象的策略研究

国内对城市形象塑造与传播的研究于20世纪90年代正式启动，并迅速引起了学术界的广泛讨论和研究。近年来，国内学者针对北京城市形象国际传播进行了有益的探讨。从传播学的角度来看，以往研究往往偏重于文本内容分析，从电影呈现、新闻报道、网络评论等各种媒体内容中探析北京城市形象的构建状况，这导致对受众在传播过程中的主动性和开放性的忽略。因为各类受众群体的价值观念、文化背景、思维方式和个人经历不同，所以他们对城市形象的理解存在差别。这一过程在国际传播语境中往往变得更加复杂，在很多情况下导致外国受众对北京的认识并不全面，甚至还有些偏颇，更不用说在城市建设过程中发挥他们的主体能动作用。在北京国际形象塑造和传播实践中需要不断加强"受众意识"，在认识到国内外受众差异性的同时，更多地从外国人群体的实际需求、经历、习惯出发强化传播效果。

虽然外国人群体是北京国际城市形象传播的直接途径之一，但是相关研究十分有限。赵永华、李璐通过在网上发放问卷的方式，对生活在伦敦、西雅图、纽约、芝加哥、约翰内斯堡、堪培拉、多伦多等60多个城市的人开展了问卷调查。[1] 他们发现在英语受众眼中，北京始终以中国的首都、政治中心的角色为主要特征。北京城市形象以积极正面为主，北京深厚的历史底蕴具有相当大的吸引力。而国际受众对北京在社会治理、生态环境等方面的负面评价不容忽视。因此，北京城市形象的改善建议包括"加强生态环境治理"、"打好'文化牌'"和"建设'包容性'国际城市"。针对受众的媒体选择与使用行为，赵永华、李璐指出，北京本地媒体的对外传播能力不足，具体表现在传播渠道和使用行为两个方面。受访者中使用互联网和移动设备等媒体了解北京相关信息的占绝大多数，国际媒体和本国媒体的使用程度要高于中国媒体，国际媒体仍然掌握着绝对话语权。此外，受众对国际媒体和本国媒体使用得越频繁，对北京的国际形象负面评价就越多。杨一翁、孙国辉、陶晓波使用问卷调查法对本地居民、到访者和未到访者进行了北京城市品牌形象调查，发现不同类型、区域的利益相关者眼中的北京城市品牌形象各不相同；最受重视的北京城市品牌维度为环境、

---

[1] 赵永华、李璐：《国际受众对北京城市形象的认知与评价研究——基于英语受众的调查分析》，《对外传播》2015年第5期。

安全和生活成本，最被忽视的北京城市品牌维度为地位、创新和交往。①

三 在京外国人情况介绍

在国际交往日益频繁的今天，北京作为中国的首都吸引着世界各地民众，每年都有数百万外国人来京观光、贸易、就业、留学等。商务、外交及文教领域的外国从业人员，以及留学生和外国游客构成来京外国人的主体。前两者（以下统称"在京外国人"）与后者在城市融入程度上有显著差异，其一般会在北京生活、学习、工作较长时间，也更有机会接触到城市的方方面面。他们来到北京，面对新的生活环境，既充满新奇与期待，也不免会遇到跨文化适应过程中的冲突与融合问题。此外，许多在京外国人在来北京之前或多或少对北京社会文化有了一定了解，具有良好的汉语水平，对北京有自身的倾向性。随着居留时间的推移，不少人适应了北京的生活氛围，对城市的亲切感、认同感与归属感日益增强。大量外国人的不断涌入，为北京城市发展的多元化和国际化起到了重要的推动作用。

金融、文化、教育、就业等服务领域相关政策制度的变化为在京外国人创造了良好的环境和条件。20世纪90年代以来，伴随着跨国公司、外资企业和驻外机构的进驻，外籍人员数量持续增长。近几年，北京不断努力完善国际化公共服务体系。据统计，截至2018年底，北京市境外机构达3.7万家，其中外国驻华使馆172家、联合国机构和国际组织总部5家、国际组织分支机构26家。② 北京常住外籍人士14.2万人，大致可以划分为"外国驻华使馆、国际组织在华代表处的工作人员""跨国公司或驻外机构的高端管理、技术人才""外国媒体驻京机构的人员""服务于科研院校和文化机构的外籍专家""从事商贸活动的自营者"等几类。

为了进一步提升国际人才竞争力，北京将国际人才社区发展规划纳入城市发展战略，积极推进朝阳望京、中关村科学城、未来科学城、石景山首钢、通州、顺义、怀柔科学城、北京经济技术开发区等8个国际人才社区建设。自2016年初《公安部支持北京创新发展20项出入境政策措施》启

---

① 杨一翁、孙国辉、陶晓波：《北京的认知、情感和意动城市品牌形象测度》，《城市问题》2019年第5期。
② 《北京建国际人才社区扩大在京留学生规模》，新京报网，2019年9月13日，http://www.sohu.com/a/340641067_114988，最后访问日期：2019年12月5日。

动以来，北京建立了外籍人才引进"直通车"模式。截至2019年9月，已有超过4000名外籍高层次人才获得永久居留权。[①]

随着高等教育全球化时代的到来，留学生数量和留学生教育质量成为衡量一个地区的教育国际化水平的重要指标。北京作为全国高等教育发展的核心地区，拥有独特的人文环境和丰富的教育资源，在吸引外国留学生来华学习方面有着得天独厚的优势。截至2018年底，北京接受外国留学生近8.8万人次，具有接受外国留学生资质的高校有95所，来京留学教育的规模人数在全国居于首位，接受留学生达到或超过2000名的院校有11所（见表1）。[②] 在国际人才培训领域，北京启动了服务国际留学生在京创新创业的"藤蔓计划"项目，目前已有超过9000名国际留学生积极参与，1200余名国际青年学生获得实习机会。

表1 2018年接受留学生达到或超过2000人的北京高校

单位：人

序号	院校	合计	学历生	非学历生
1	北京语言大学	9056	3684	5372
2	对外经济贸易大学	8555	3802	4753
3	北京大学	7793	3269	4524
4	清华大学	6379	3926	2453
5	北京华文学院	4545	0	4545
6	北京外国语大学	3247	1469	1778
7	北京师范大学	3055	1735	1320
8	北京航空航天大学	2681	1569	1112
9	中国人民大学	2633	1663	970
10	北京理工大学	2469	1252	1217
11	北京交通大学	2324	1059	1265

资料来源：笔者通过调研所得。

---

① 《北京正建设8个国际人才社区，4千外籍人才获永久居留权》，新京报网，http://www.bjnews.com.cn/news/2019/09/12/625648.html，最后访问日期：2019年12月5日。
② 教育部国际合作与交流司：《2018来华留学生简明统计》，2019，第13页。

无论是从数量、性质还是影响方面，在京外国人都是北京国际城市形象传播过程中不可忽视的民间资源，他们具有官方主流媒体在短期内难以培养的效能。在京外国人结合自己的经历和体验，讲述在北京的所见所闻、所思所感，毋庸置疑地成为对外介绍城市和实现国际交流的积极力量。

四 北京国际城市形象传播策略创新

北京作为国际化大都市，总是习惯于从大处着眼，但是需要着力找到"精准"的落点。在京外国人对北京城市形象的认同感与亲切感带有明显的主观化与情绪性，应该通过更开放、更自然真实的方式让他们感受到这座城市的魅力。在北京城市形象塑造与传播过程中，针对这一群体及其在信息的获取、需求、偏好等方面呈现出的特征，建议从以下几个方面着手，增强城市国际形象传播的效果。

（一）重视在京外国人群的推介价值，完善国际城市形象传播体系

伴随着全球化进程的加速以及互联网和新媒体的迅猛发展，发生在世界上任何角落的事情都有可能在全球范围传播。从传播范围上讲，对内宣传和对外宣传的城市二元宣传结构在一定程度上已被打破，成为一个有机整体。城市形象国际传播需要不断更新工作理念和模式。在在京外国人越来越多的情况下，北京城市形象建设和国际传播在追求"对外落地"的同时，也要考虑"对内落地"，重视和进一步开发对在京外国人的外宣推介，全面了解他们的跨文化身份及在社会背景、价值观念和生活方式等方面呈现出的多元性，使这一群体真正成为城市国际交往和文化传播中不可或缺的桥梁。

为了增强北京的国际化知名度，应该从发挥政府的主体作用进行统筹规划，结合自身实际情况，进一步完善城市形象国际传播策略，将在京外国人纳入北京城市形象建设的整体框架中，构建多落点、多平台、多形态的对外传播体系；从广泛的意义上讲，国际传播大多是跨文化交流，其效果较难预测，受到多种因素的影响。长期以来，我们对外国人群体对北京城市形象的认知与态度一直处于主观猜测的状态，缺乏定量的实证研究。要想提升北京国际城市形象传播效果，就必须做到"知己知彼"，对传播对象、内容、方式等进行细致的分析，使实际工作真正做到有据可依。因此，

要统筹外事部门的信息和资源，梳理分析目前北京城市形象国际受众的构成和特点，特别是加强对在京外国人的舆情搜集，深入了解他们对城市的关注点、兴趣点、利益点和困惑点，使城市形象传播的内容和方式具有更加明确的方向与侧重点。

（二）提炼和推进对北京城市文化的认同，避免城市形象"扁平化"

一座有国际影响力的城市，鲜明而独特的文化是必不可少的。经过漫长的历史凝练，北京拥有丰富多样的文化资源，浓郁的文化气氛已然构成城市形象最突出的一面。北京国际城市形象的塑造与传播需要以文化为支撑点，对地域人文历史进行开发与推广，形成明确清晰的受众认知。以在京外国人对北京文化的具体感知和综合评价为依据，有针对性地推广城市形象，是北京走向世界的前提条件之一。

北京浓郁的文化氛围给在京外国人留下了深刻的印象。在曲茹和邵云开展的"在京外国留学生眼中的北京城市形象"的调查发现，[1]绝大多数留学生视"博大精深的文化"为吸引他们来京学习交流的重要原因之一，并且对北京的城市发展有着自己的见解。此外，在京外国人在来北京之前通过各种传播渠道对当地文化有了初步了解，但是间接感知大多数是历史文化古迹，不免感到抽象高冷。这说明留学生对北京城市文化的感知与理解存在明显的局限性。来到北京后，他们对城市文化的认识主要来源于亲身经历和感受，更加直观和多元。这样的认知模式使在京外国人对城市文化的认知程度和喜爱程度存在显著差异。

通过对比入选留学生心目中的"具有代表性的"与"有推广价值的"的文化符号（见表2），不难发现，两组选项具有很高的重合度，然而从整体排名情况看，北京的现代文化元素在"最感兴趣的文化符号"中的位置明显提前。这说明虽然留学生已经接受了某些典型的北京传统文化符号，但是这些符号往往有着悠久的历史渊源与鲜明的地域特征，使留学生产生隔阂感，与他们在北京学习期间所形成的喜好存在不一致。

---

[1] 曲茹、邵云：《北京城市形象及文化符号的受众认知分析——以在京外国留学生为例》，《对外传播》2015年第4期。

表 2 前 20 个"富有代表性的"与"有推广价值的"的文化符号对比

"富有代表性的"文化符号排序		"有推广价值的"文化符号排序		排序变化
1	故宫	1	故宫	—
2	长城	2	长城	—
3	胡同	3	四合院	↑
4	天安门	4	胡同	↓
5	四合院	5	鸟巢	↑
6	京剧	6	水立方	↑
7	烤鸭	7	天安门	↓
8	鸟巢	8	京剧	↓
9	天坛	9	798 艺术区	↑
10	水立方	10	三里屯	↑
11	北京大学	11	王府井	↑
12	清华大学	12	北京大学	↓
13	王府井	13	天坛	↓
14	圆明园	14	清华大学	↓
15	长安街	15	烤鸭	↓
16	CCTV	16	CCTV	—
17	颐和园	17	长安街	↓
18	798 艺术区	18	圆明园	↓
19	南锣鼓巷	19	南锣鼓巷	—
20	大栅栏	20	颐和园	↓

资料来源：笔者调研所得。

在城市形象推广过程中应该不断挖掘区域内的文化资源，以展现现代北京城市面貌来充实城市对外传播内容，彰显鲜明的城市特色与风貌。目前在京外国人对带有传统文化印记的内容认知度较高，但是这对一座处于高速发展中的城市来说是远远不够的。更多带有当代属性的、具有多元特征的北京专属文化符号应该被纳入城市形象国际传播的视野。在在京外国人眼中，北京的文化载体不应仅是几处冷冰冰的历史建筑，更需要围绕更多蕴含生动的精神价值层面的内容打造他们的记忆点。通过传递城市的信仰与精神，体现更为丰富的形象内涵；围绕在京外国人喜爱程度较高的文化资源进行体验活动设计，提供更多增进对北京文化和社会了解的机会，让他们真正融入其中、享受其中，切实增强北京城市形象的质感和厚度。

（三）关注在京外国人"国际社区"，针对信息需求进行传播的内容和策略

北京已经成为外国人来华居住的主要城市之一。驻京外国人尽管人在北京，但是与当地居民融合在一起的很少，而不同国籍的外国人之间往往有着很紧密的联系，形成了不同规模的真实社区和虚拟社区。这些形态各异的社区蕴含着丰富多彩的国际元素，已经成为值得关注的城市对外交往的触角。

目前，在北京的朝阳、海淀、东城三区居住着大量不同国籍的外国人，形成了数十个相对集中的聚居区域，比如，五道口留学生聚居区、望京"韩国村"、涉外使馆区东直门街道等。此外，值得注意的是，随着互联网和新媒体的迅猛发展，人际交往与社会关系的传统模式正在发生改变，一个个网络社群逐渐形成。这些"圈子"往往是由对北京具有相同兴趣和需求的外国人构成的。比如，社交媒体 Facebook 上的 "Foreigners in Beijing 2019"（外国人在北京）社群目前人数近15000人，该社群必须通过身份认证才可以加入。

对生活服务、社会保障等方面的信息需求是这些外国人加入"国际社区"的主要动机之一。在交流与互动的过程中，除了对住宿、交通、购物、餐饮、医疗、法律等实用信息的分享，还蕴藏着在京外国人对北京城市发展引发的各种问题的看法和理解。有重点地对现实社会中和网络空间中具有一定规模的"国际社区"进行关注，针对其中在京外国人的特定信息需求，加大生活服务信息发布力度，更好地帮助他们适应北京的生活环境，在潜移默化中提升他们对城市的满意度和认同感。

（四）积极探索网络新媒体手段，从渠道与内容层面提升传播实效性

深入了解在京外国人媒介使用习惯，在此基础上确定北京城市形象国际传播的途径选择和内容制作。在移动互联网背景下，手机已经成为在京

行进中的北京城市形象

外国人获取信息的重要途径之一，使用时间也较长，北京城市形象推广需要充分利用这一新媒体平台进行有益的尝试和探索。与传统媒体相比较，手机作为移动终端产品的典型代表，具有即时性、互动性、便捷性等鲜明的特征，能够通过多样化的信息传递和人性化的服务方式为使用者带来全新的感受。这改变国际传播的理念，在一定程度上有效地拓展了国际沟通与文化交流的广度和深度。

在传播渠道搭建方面，在微信、抖音等新媒体平台上建立一批以北京城市文化展示与解读为主的官方、企业和个人账号，充分利用图像、视频、直播等多媒体手段，在生动轻松的氛围中对旅游、美食、风俗、体育等主题进行呈现。通过上传、观看、评论、转发等，既有跨国界的信息流动，也有不同文化之间的碰撞交流。在内容生产方面，在严格把关的情况下加大在京外国人作为信息来源的比例，激发他们围绕自己在北京生活的所知所感讲述小故事和创作微视频，在新媒体平台上以外国人喜闻乐见的方式"说透北京"，会更具说服力。目前国内多个社交媒体平台上都存在由外国人创建的账号，比如，抖音的"歪果仁研究协会""歪果仁在中国""歪果仁体验派"等，由中外青年混搭的网络视频制作团队拍摄外国人在中国发生的有趣的故事，吸引和积累了大量粉丝。可在此类账号上，鼓励外国人创作与当代北京文化和生活相关的内容，力求实现与观众的情感共振。发布在"歪果仁研究协会"上的名为《凌晨五点的早点铺》的视频，通过真实地呈现外国人在一家北京市内早点摊的工作体验，不仅介绍了各式各样的早餐，而且讲述了普通市民的生活百态。在资源共享方面，与北京在海外媒体上的新闻发布和信息传播平台形成内外互动的城市形象推广机制，在内容呈现、受众需求等方面分享彼此的信息资源，从而形成有效合力，加大城市展现力度。

（五）以国际重大节事活动为载体，激发在京外国人的参与积极性

当今城市的国际影响力不仅仅依赖经济和政治实力，外交能力也成为重要指标之一。2008年奥运会在北京举行，加深了世界对北京的关注和了解，为城市现代化和国际化建设带来了前所未有的机遇。自此以后，北京每年举办多项具有国际影响力的大型活动，吸引了全球媒体和观众的注意力，为城市形象国际推广带来了良好契机和着力点。北京市社会科学院和社会科学文献出版社共同发布的《北京国际交往中心发展报告（2019）》[①]总结了北京作为中国首都和国际交往中心在外交能力建设上取得的成就：2018年，共举办93场国际会议，包括中非合作论坛、第二届"一带一路"国际合作高峰论坛、2018年中非合作论坛北京峰会等重大主场外交活动，办会数量居中国第一位、全球第22位。随着2022年冬奥会正式进入"北京时间"，北京城市形象建设再一次迎来新的历史发展机遇期。

北京作为国家首都，在组织开展重大节事活动方面具有明显的优势，为进一步扩大城市形象的国际传播奠定了良好基础。围绕在北京举办的国际重大活动，以高校、外企为基层单位，组织在京留学生和外籍员工参与到为他们量身打造的各类交流活动，比如志愿服务和媒体报道。在体验过程中，提升在京外国人对城市发展水平和人文环境最直观的感知，同时听取他们对北京城市及其在活动组织和管理方面的评价，以此提升北京涉外服务水平，增强外国人士的融入感和归属感。一些主场外交活动更是集中展示北京发展成果和城市形象的契机，主动邀请在京外国人士中的新闻记者和意见领袖参加，他们往往是熟谙中国基本国情、价值理念和发展道路的"中国通"，在某些方面他们甚至会比中国人有更深切的体会和感受。他们通过敏锐观察，积极表达自己的观点和看法，潜移默化地营造北京城市的友好舆论氛围。

[①] 北京市社会科学院外国问题研究所编《北京国际交往中心发展报告（2019）》，社会科学文献出版社，2019。

• 受众研究篇 •

北京文化符号认定与对外传播研究

曲 茹 邵 云[*]

一 绪论

城市是在人类社会历史发展过程中形成的产物,它不仅是单纯的生存空间,更是传播地域文化精神的重要载体。纽约《机会城市:21世纪宜商环境指标》研究报告中指出:在全球城市竞争中,商务成本不再是首要因素,那些在自身特色和无形资产方面有良好表现的城市会有更多的胜出机会。事实上,作为城市"软实力"的一个重要内容,城市形象及其文化影响力在国家和地区发展过程中所起到的作用越来越明显。然而,文化本身是抽象的,它只有借助具有一定象征意义的具体形式才能得以彰显,即文化符号。世界上具有优良形象、文化活力充沛的城市,无不具有特定的独具吸引力的文化符号。王一川在《世界城市建设中的北京文化符号》一文中提出,城市文化符号是"能代表这座城市文化形态及其最显豁特征的一系列凝练、突出而具高度影响力的象征形式系统"。[①] 对一座城市来说,文化符号体现的是地域特色和历史渊源,它们标志着"集体感知和记忆"的形成,有助于城市文化的继承与传播。在"地球村"的概念下,城市文化符号已经成为城市之间综合实力和影响力的对比要素,以及差异化、多样化发展过程中非常显著的标志。

---

[*] 曲茹,北京第二外国语学院宣传部常务副部长,文化与传播学院新闻学教授,博士,主要研究方向为媒介传播;邵云,北京第二外国语学院文化与传播学院新闻系讲师,博士,主要研究方向为国际传播、新媒体。

[①] 王一川:《世界城市建设中的北京文化符号》,《光明日报》2010年12月24日,第7版,http://epaper.gmw.cn/gmrb/html/2010-12/24/nw.D110000gmrb_20101224_6-07.htm。

作为全国政治、文化和国际交往中心，北京市提出了建设"世界城市"的战略发展目标，而城市形象建设对实现这一目标的重要性不言而喻。在《北京城市总体规划（2004—2020年）》中确定的建设目标正是将"世界城市"作为发展愿景，而目前的工作则是力争确立具有鲜明特色的现代国际城市的地位。可以说，2008年奥运会的成功举办为北京实现国际化提供了难得的历史机遇。在新时期的今天，随着经济全球化进程的加快，各种思想文化的交流交锋更加频繁，如何持续性地挖掘并传播专属于北京的文化特征和内涵，是城市建设者要着力研究和应对的问题，具有重大的理论价值和现实意义。

本文将城市形象视为各种资源的集合体，采用多种调研方法关注其在建设过程中的实际问题，为当前北京文化符号的认定与传播提供一些可供进一步思考与探讨的初步建议。以外国人的符号观为切入点，从受众层面出发，探讨对外传播视阈下北京文化符号建构与传播的现状。用问卷调查、文本分析和深度访谈等方式收集相关资料。在综合分析的基础上，将调研结果与同一命题不同案例分析进行横向比较（如王一川、张洪忠、林玮《我国大学生中外文化符号观调查》与于丹、朱玲、刘人锋、余灵《北京文化符号的媒介建构分析》[①]），找出北京文化符号在对外传播中的存在形式及认知特征。

二 概念梳理与问题提出

城市文化作为城市发展过程中不可或缺的一部分，逐渐被人们了解和重视。提到一座城市，人们往往会马上想到与其相对应的文化符号。19世纪美国著名作家爱默生说过："城市是靠记忆而存在的。"在城市化快速发展的进程中，我们目睹了太多城市的记忆被抹杀、历史文脉被割裂、地域特色被淡化。这些现象对城市文化形成与传播产生了诸多负面影响，但同时又是在建设发展中不可回避的问题。北京作为中国快速发展的城市代表，面对着"传统"与"现代"、"外来"与"新生"等错综复杂的矛盾。北京

[①] 王一川、张洪忠、林玮：《我国大学生中外文化符号观调查》，《当代文坛》2010年第6期；于丹、朱玲、刘人锋、余灵：《北京文化符号的媒介建构分析》，《现代传播》2015年第4期，第16~21页。

行进中的北京城市形象

文化符号作用的转型、新的符号意义的嵌入、异质文化符号形式的移植以及对符号意义的解读，形成了北京文化符号的建构过程，从而使北京文化具有生机，同时充满紧张。因此，本文试图回答"说起北京，你能想到什么"这样一个疑问，进而探讨"北京需要什么样的文化符号去塑造人们的城市记忆"。

在《北京文化符号与世界城市软实力建设》一文中，王一川认为城市文化软实力通常包含由外向内四个层面：一是外显层面，由城市最显豁的文化符号系统组成；二是外隐层面，由城市的文化传媒系统组成；三是内显层面，由城市的文化体制系统组成；四是内隐层面，由城市的文化价值系统组成。城市文化符号是城市文化中最具代表性又最通俗易懂的层面，是城市文化软实力的重要组成部分。[①] 目前，世界上很多知名城市在长期的历史进程中，经过有意识或无意识的不断选择，最终形成了自己独特的文化符号。它们是最经常、最广泛、最有效的传播城市形象的载体，将城市的文化内涵、精神面貌、价值观念等系统有力地播散开来，深入每个人的心里，赢得公众的普遍认同。

美国著名人类学家怀特在《文化科学》一书中指出："全部文化（文明）依赖于符号。正是由于符号能力的产生和运用才使得文化得以产生和存在，正是由于符号的使用，才使得文化有可能永存不朽。"显然，文化符号的形成有助于城市文化的继承与传播。一座城市"特有的文化符号系统会润物细无声地塑造人们最鲜明而又最深刻的记忆"。通过凝聚起共同的认知与情感，城市文化符号使不同群体之间的思想沟通和文化交流变成了现实。尤其在国际交往日益频繁和经济合作迅速发展的今天，文化符号已经成为一座城市传递文化价值及历史精髓最直观的渠道，在跨文化传播中显示着独特魅力和强大动力。然而，城市文化符号不是"僵硬呆板"的，其内在意义和外在形式不断发生变化。

目前，国内专门研究"北京文化符号"的文献不多，其中最具代表性的成果是《北京文化与世界城市软实力建设》和《我国大学生中外文化符号观调查》。研究着重强调北京文化符号研究对北京世界城市建设的

---

① 王一川：《北京文化符号与世界城市软实力建设》，《北京社会科学》2011年第2期，第4~9页。

现实意义和理论支撑作用,明确提出北京的世界城市建设需要纳入北京城市文化建设。本文在认同这一核心观点的同时,将从崭新视角、更广阔的维度来拓展北京文化符号研究。长期以来,我们对外国受众对北京文化符号的认知与态度一直处于主观猜测状态,缺乏定量的实证研究,许多研究结论也缺乏数据的支持。基于此,本文认为,要想树立世界城市形象,外国受众群体的作用不可忽视,需要对他们的特征进行梳理,寻找到共同的、相互欣赏的文化内容。

三 基本思路和方法

影响文化符号解读与评价的因素诸多且复杂,既有文化、社会、教育等客观因素,又有作为主体"人"的主观因素。基于此,本文采用定量研究与质性研究相结合的方式,注重相关文献资料的搜集、整理、分析,并以受众研究为切入点,探析北京文化及其文化符号在呈现、接受、解读等方面的问题。

随着中国教育事业的迅速发展,国外来华留学生人数高速递增。作为全国政治、文化和国际交往中心,北京在吸引留学生来华学习方面有着得天独厚的优势。据教育部统计,2013年全年北京高校接收的各类留学生(进修生、语言生、本科生、硕士生等)超过8万人次,他们已经成为在京常住外籍人口的最大构成群体。然而,留学生来自世界不同的地区,其文化背景、价值观和生活方式均有不同。更需要指出的是,留学生与外国游客的城市融入程度是不同的。留学生一般会在一座城市学习、生活较长的时间,因而有机会接触到该城市的方方面面。作为"中外民间交流使者",留学生对北京地域文化的体验和理解,不仅直接影响到他们对城市的整体印象,而且会对城市文化向外传播起到决定性作用。回到本国后,把自己的亲身感受带回去,对北京城市形象的塑造有着重要的意义。因此,如果说外国游客只是"参观"城市的话,留学生则是"参与"城市文化建设过程了。

本文采用了问卷调查和访谈调查的方法收集资料。调查问卷主要包含以下几个方面内容:第一,收集留学生的背景信息,包括性别、国籍和来京时间等;第二,分析留学生对北京城市形象的感知和评价;第三,了解留学生接触北京文化符号的主要途径;第四,设置开放性问题,要求留学

行进中的北京城市形象

生列举10个自认为"最具有代表性的"与"最具推广价值的"北京文化符号。以上问题的探讨有助于有策略性、有针对性地建构北京文化符号。由于留学生来自不同的国家、说着不同的语言,所以本文使用了中英文两个版本内容相同的问卷,调查人员委托所调研学校的任课教师在课上发放问卷并进行解释说明,待学生完成问卷之后,再由教师统一收回并交还给调查人员。之后,由调查人员对收集的数据进行整理、分析,最终得出调查结论。

本次问卷调查对象是在北京语言大学、清华大学、北京大学、北京外国语大学、对外经济贸易大学、北京第二外国语学院及首都师范大学学习的外国留学生。这7所高校的留学生教育规模均位居全国前列(见表1)。调查在2014年4~7月进行,共发放问卷1000份,收回有效问卷717份,有效回收率71.7%,未完成的问卷被判无效并从统计中剔除。本文通过与以往研究成果进行现时比较,找出北京文化符号在构建与传播中的特点与趋势,力图从多角度提供更充分、更可信的分析依据。

表1 2013年北京高校外国留学生人数统计

单位:人

排序	院校名称	学历生人数	非学历生人数	人数合计
1	北京语言大学	3611	4526	8137
2	清华大学	5157	1662	6819
3	对外经济贸易大学	4550	1583	6133
4	北京大学	4141	1877	6018
7	北京外国语大学	1550	1070	2620
13	首都师范大学	817	545	1362
14	北京第二外国语学院	649	590	1239

资料来源:笔者调研所得。

参与调查的留学生来自59个国家(见图1),其中来自亚洲国家的占56%,欧洲国家的占20%,北美洲国家的占14%,非洲、南美洲和大洋洲国家的各占6%、3%和1%。需要说明的是,中国已经成为最吸引日韩两国留学生的目的地之一。在本次问卷调查中,来自韩国和日本的留学生人数明显高于其他国家的留学生，占总人数的比例分别为33.47%和11.72%。在性别方面，男生380人，占总人数的53%；女生337人，占总人数的47%。在接受调查的留学生中，92%的样本年龄在20~30岁。所有接受调查的留学生在北京居住的时间累计都超过6个月。同时，他们学习汉语的平均时间为2年，其中最长的是8年，最短的是7个月，绝大多数留学生对北京文化有一定程度的了解，从而保证了本次调研的客观性与合理性。

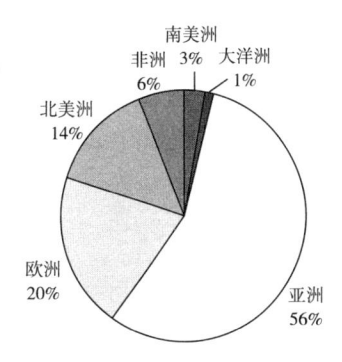

图1 留学生国籍统计
资料来源：笔者调研所得。

除问卷调查外，本次调研还从问卷填答者中选取了30名留学生进行深度访谈，其中男生18人、女生12人。根据研究问题制订了访谈提纲，了解他们对北京文化符号接触、了解与认可的程度。在抽样上采用"最大差异化"原则，兼顾受访者的不同国籍。通过与留学生进行一对一的访谈，能够直接对他们的主观认知做出解读，进而对调查问卷的结果提出合理解释。对每一名留学生的访谈大致为30分钟。

在充分了解在京留学生对城市文化符号的认知程度和综合评价的基础上，本次调研组织开展了一系列的文化寻访活动，对具有丰富文化印记的建筑、景观、餐饮等进行了调查，通过亲身体验和实地采访对北京文化符号在历史变迁中的建构与变化进行了解读。此类活动的开展，是探究当前城市文化符号演进的有效形式之一。

四 调研情况分析：问卷调查和深度访谈

北京历史文化底蕴深厚，在数千年的文化积淀中，形成了自己独特的风格。每个生活在这座城市中的人，都会有自己心目中的文化符号。长期以来，国外青年群体在中外文化交流过程中扮演了不可或缺的角色。然而，他们对北京文化的认知情况还没有详尽的实证研究数据。因此，本次调研尝试了解在京留学生对北京城市形象的具体感知，并探寻他们眼中最具代表性的文化符号，以从一个特定层面找到北京文化"走出去"的有效路径。

（一）北京城市总体印象与定位

"城市形象是通过大众传媒、个人经历、人际传播、记忆以及环境等因

行进中的北京城市形象

素的共同作用而形成的。"由此可见,城市形象是客观(物)和主观(人)双方双重建构的产物,其不仅仅是发展规模与程度的呈现,更源于公众在真实体验过程中所产生的印象、态度或感情。

良好的城市形象应该建立在准确的定位基础上。关于北京城市形象的定位,本次调研使用8组形容词(即"文化之都"、"金融中心"、"国际城市"、"时尚都会"、"历史名城"、"科技创新之地"、"山水之城"和"政治中心")调查在京留学生对北京城市形象的整体感知(见图2)。每组形容词都代表了城市形象定位的一个测量维度。数据统计结果显示,"文化之都"得分最高(78.38%),其次是"政治中心"(56.35%)、"历史名城"(48.40%),"山水之城"(5.44%)得分最低。针对以上调查结果,可以初步判断,北京浓郁的文化氛围给留学生留下了深刻的印象。丰富的文化资源是北京最独特的标志,已然成为这座城市走向世界的名片。

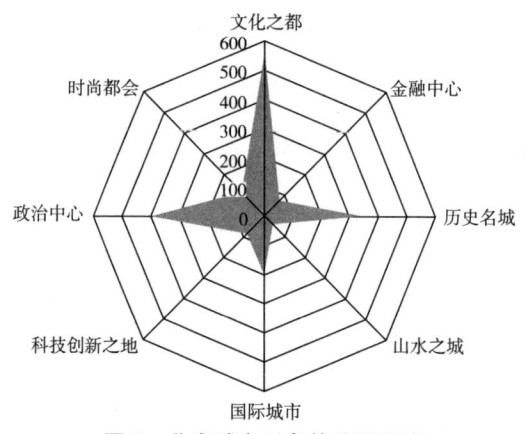

图2 北京城市形象的认同程度
资料来源:笔者调研所得。

通过进一步分析数据可以看出,不同地域的留学生对北京城市形象的评价存在明显的差异性。最为认可北京是"文化之都"的留学生大部分来自东亚和东南亚国家,这与这些区域和中国地理、文化、习惯的亲近性不无关系。

北京历史悠久的传统文化是其城市软实力的重要源泉。对许多外国留学生来说,留学目的地的选择不仅是因为学业方面的考虑,更是因为对异域文化风情的喜爱与向往。在访谈中,绝大多数留学生视"北京博大精深的文化"为吸引他们来华学习交流的重要原因之一,并且对北京的城市发展有着自己的见解。一名韩国男生谈到北京与中国其他城市的区别时说:"我去过中国的许多地方,比经济,北京可能超不过上海;就风景来说,我更喜欢杭州和四川,因为[这些地方]有自然而美丽的山水。北京最吸引我的还是它与众不同的文化传统。这也是我选择来北京留学的原因之一。"一名越南女生在赞叹北京拥有现代化的城市基础设施的同时,对这一现状造成的文化趋同现象表示了担心:"北京发展得很快,现在到处都是高楼大厦、停车场。但是再这样下去,北京特有的风格会逐渐丢失。北京[的建设者]应该进行当地的文化保护工作。如果不采取行动,北京就会变得跟其他大城市差不多,也就不独特了。"

考虑到公众对某一城市的评价与他们在亲身体验该城市前后所产生的认知差异紧密相关,调查问卷对比了留学生来华前后对北京的印象(见图3)。数据显示,有46.16%的留学生感到前后"差距很大",24.83%认为"有些不同",两者共计达到70.99%,这说明绝大多数留学生在来华前后对北京的看法是不同的。换句话说,北京向世界展示的城市形象并没有如实地反映其发展的现状。

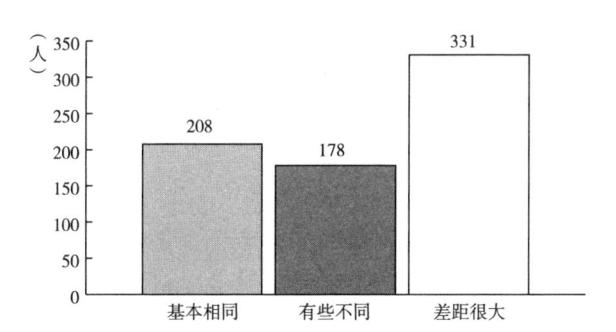

图3 留学生来华前后对北京城市印象的比较
资料来源:笔者调研所得。

对数据的进一步分析显示,感到有差距的留学生中有一大半来自欧美国家,这正是中西方交流中的文化差异所致。因此,欧美留学生在实地体验之后更容易产生强烈的反差。访谈发现,尽管大多数留学生在来华学习前对北京都有过想象和期待,但是与他们的实地感知存在着较大的反差,因而发出"十分不同""没有想到""让我惊讶"的感慨。一名墨西哥男生来华

行进中的北京城市形象

前对北京的认识很滞后:"在来中国之前,我以为这里到处都是亭台阁楼等古典建筑,并且每个人都会很棒的功夫。但到了北京后,我发现我错了。北京的现代化程度让我吃惊。"这名留学生来华前对北京的认识或多或少受到了中国功夫片的影响,他的所想势必会"失真"。一名英国女生以自己首次在首都机场的经历为例,诉说中国发展的速度之快,她说:"来中国之前,我一直怀疑自己不能适应北京的生活,误以为条件会不好,甚至有一些落后。但是当我到达北京的时候,发现这里的机场非常酷,是国际级机场。而且我在首都国际机场迷失了方向,人们会使用英语与我进行交谈,这与我最初想象的十分不同。"显然,较低的心理预期碰撞到相反的客观现实,使留学生产生了认知冲突。

在访谈中,一些留学生表现出了对在北京生活的不适应,例如"雾霾"与"堵车"。这说明北京的居住环境已经成为影响留学生生活与对城市情感态度的因素。一名苏里南男生说:"现在北京的雾霾天气很严重,空气糟糕的时候我会感到很不舒服。很多外国人很害怕在这样的环境中学习生活,他们甚至选择离开[北京]。这肯定会对北京国际都市的形象有负面的影响。"对于北京的环境污染问题,一名越南女生表现出较为理性的认识:"最近雾霾成为大众关注的话题,毕竟它严重影响了人们的呼吸。雾霾其实是城市快速发展的产物。不光是北京,一些欧美国家的城市也经历过类似的污染。"尽管北京在商业、教育、文化等方面表现出了高水准,对外国人有着极大的吸引力,但严重的空气污染成为制约他们选择在北京生活的因素。

(二) 北京文化符号和媒介接触途径

媒介在促进国家之间的文化交流、认同、融合等方面有着积极的作用。一座城市文化的影响力,不仅取决于其独特魅力的内容,而且与受众接收信息的方式紧密相关。因此,本次调研视"媒介接触途径"为影响留学生认识北京城市文化的重要因素之一,分析他们来中国前后利用各类渠道获取相关信息的情况。

调研结果显示(见图4),在京留学生来中国之前主要通过"传统媒体(报纸、书籍、电视、电影等)"(59.00%)、"课堂学习及课本"(48.96%)和"网络媒体(网站、社交媒体等)"(41.00%)来了解、学习北京文化符号。来中国之后,他们了解、学习北京文化符号的主要途径依次是"课堂学习及课本"(54.95%)、"朋友介绍"(47.98%)、"城市旅游"(43.93%)和"网络媒体(网站、社交媒体等)"(31.94%)。

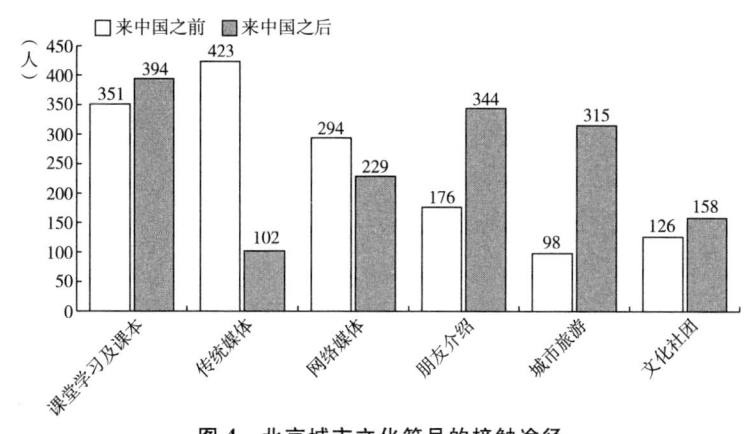

图 4　北京城市文化符号的接触途径

资料来源：笔者调研所得。

通过对两组数据进行比较，可以总结出一些显著的特点。首先，听教师讲解和学习专门的文化教材已经成为留学生了解北京文化符号的重要途径。这一结论已经在多个来华留学生文化适应性研究中得到了证实。其次，"朋友介绍"和"城市旅游"以较高的比例成为留学生来中国之后接触北京文化符号的途径。这表明，人际接触和亲身经历对于激发留学生认知北京文化具有重要的引导与扩散作用。显然，外国青年群体对北京文化的感知方式随着空间的变化而改变，很大程度上由"间接"到"直接"。陈慧、朱敏、车宏生对外国留学生适应因素的分析发现，留学生到居留国家后大多会逐渐形成自己的联络群体，在日常生活与学习时互相影响。[①] 与欧美国家的留学生相比，日韩留学生通过"同乡"介绍了解到北京文化符号的机会更加多。一名韩国女生在谈到北京美食时说："在北京，好吃的食物很多，烤鸭我们都知道，非常好吃，但还有好多吃的我都不知道是什么做的。我会根据韩国朋友的介绍或看他们微信朋友圈的推荐去尝试，因为我们的口味差不多。"再次，对于通过包括互联网在内的大众媒体了解北京文化符号，留学生在来到中国之后表现出较低的兴趣。如何在各类媒体迅速发展的今天形成有效的北京文化符号的传播渠道还需要进一步探索。在《来华留学生文化适应性研究——以北京高校留学生为例》一文中，魏崇新发现

---

① 陈慧、朱敏、车宏生：《在北京高校的外国留学生适应因素研究》，《青年研究》2006年第4期，第27~36页。

行进中的北京城市形象

留学生在北京最需要解决的问题是可以随时上网。[1] 但是，值得注意的是，不少留学生在访谈中提到"北京奥运会开幕式是一个非常精彩的盛典"，他们通过新闻报道或在线直播看到了相关的内容。

（三）北京文化符号认定与偏好

在京留学生共选出"最具有代表性的"北京文化符号40项（见表2），其中排在前10位的依次是故宫、长城、胡同、天安门、四合院、京剧、烤鸭、鸟巢、天坛和水立方。故宫以绝对优势成为留学生心目中最能代表北京的文化符号。

表2　"最具有代表性的"北京文化符号认定

单位：人，%

排序	符号名称	人数	百分比	排序	符号名称	人数	百分比
1	故宫	476	66.39	21	三里屯（酒吧）	68	9.48
2	长城	450	62.76	22	中关村	52	7.25
3	胡同	418	58.30	23	奥运会	47	6.56
4	天安门	379	52.86	24	前门	43	6.00
5	四合院	367	51.85	25	后海	38	5.30
6	京剧	323	45.05	26	话剧	30	4.18
7	烤鸭	281	39.19	27	国家大剧院	28	3.91
8	鸟巢	269	37.52	28	同仁堂	13	1.81
9	天坛	254	35.43	29	首都国际机场	13	1.81
10	水立方	244	34.03	30	秀水街市场	12	1.81
11	北京大学	220	30.68	31	老舍茶馆	7	0.98
12	清华大学	193	26.92	32	香山	6	0.84
13	王府井	162	22.59	33	"福"字	3	0.42
14	圆明园	145	20.22	34	地坛	3	0.42
15	长安街	135	18.83	35	西单	3	0.42
16	CCTV	128	17.85	36	地铁	2	0.28
17	颐和园	121	16.88	37	冰糖葫芦	2	0.28
18	798艺术区	109	15.20	38	欢乐谷	2	0.28
19	南锣鼓巷	98	13.67	39	果脯	2	0.28
20	大栅栏	71	9.90	40	景山公园	1	0.14

资料来源：笔者调研所得。

---

[1] 魏崇新：《来华留学生适应性研究——以北京高校留学生为例》，《海外华文教育》2015年第2期。

对留学生心中的"最具有代表性的"北京文化符号进行类别划分（见图5），可以发现属于"历史遗迹"的文化符号最多，占总数的近一半，例如故宫、长城、胡同、天坛、颐和园等；属于"时尚艺术"的文化符号有6项，例如三里屯、话剧、798艺术区等；属于"体育赛事"（即鸟巢、水立方、奥运会）和"特色饮食"（即烤鸭、冰糖葫芦、果脯）的文化符号各有3项；属于"传统典范"（即京剧、"福"字）、"高等教育"（即北京大学、清华大学）、"公共设施"（即首都机场、地铁）和"产业品牌"（即中关村、同仁堂）的文化符号各有2项；属于"大众传媒"的文化符号只有1项（即CCTV）。通过对留学生的访谈分析，笔者发现国别文化的差异性对文化符号认知的影响。一些东南亚国家的留学生提到，他们在来中国前已经会讲中文，并且会光顾当地的华人餐厅以及观看中国的影视作品。相比较，一些来自欧洲国家的留学生更习惯脱口说出"长城""故宫"等传统的文化符号，这说明对北京文化的一些固定看法在他们心目中已经形成。

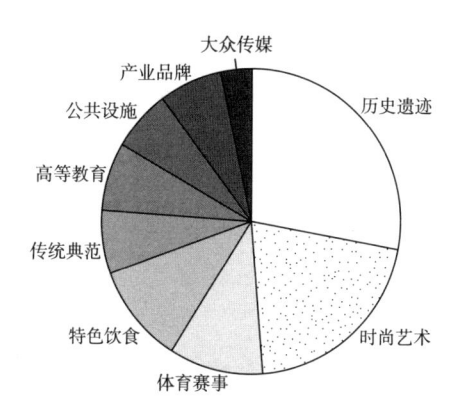

图5　北京文化符号类型分布状况

资料来源：笔者调研所得。

在40项"最具有代表性的"北京文化符号中，现代和当代文化符号数量相对较少，并且得分率相对较低。在时间维度上，富有代表性的北京文化符号呈现出向传统类型集中的态势，古今比例略显失调。尽管北京的城市风貌日新月异，但是留学生对古老城市文明尤其是历史遗迹、人文景观存在认知偏向。故宫、天安门、天坛等皇家建筑群是贵族化、政治化的象征，四合院和胡同带有浓厚的市井生活气息，而这两种符号都带有"怀

行进中的北京城市形象

旧性质"。① 可见蕴藉久远的历史文化符号在北京城市文化符号中的分量之重。提起北京城市文化软实力,不能不提到这些至今仍富有象征意义的历史文化符号。在前10项"最具有代表性的"北京文化符号中,鸟巢与水立方入选,具有明显的现代特征。作为2008年奥运会的主体工程,鸟巢与水立方已经成为北京的新地标。

几乎所有留学生在访谈中提到,故宫、长城、四合院是首先出现在他们脑海中的北京文化符号,因为这些地方"有着悠久的历史"。一名美国男生谈到参观故宫后的心理感受时说:"故宫很神圣,它是古代皇帝居住和办公的地方,那里有很多古老的宫殿。故宫的设计很特别,每一个门洞都有特殊的含义。走进故宫,我可以感到一种雄伟和威严的气势。"对于长城,超过一半受访者认为它是一个世界奇迹。一名韩国女生说:"我在网络上看到过很多关于长城的照片,但是当我亲自登上的时候,还是感到很震撼。我很惊讶中国古代人的智慧和勇气,他们在当时是怎么把巨大的石头堆积在一起的?长城是世界历史上的一个奇迹。"多名受访者对四合院和胡同表现出浓厚的兴趣,因为在他们眼里这两种文化符号蕴藏着老北京的文化和生活。一名越南男生说:"胡同和四合院是老北京最典型的住宅形式,在其他城市很少能见到。我与朋友一起逛过胡同,感觉那里的生活很悠闲。住在四合院里的居民很友好,他们会跟遇到的人聊天,而且说话的腔调很有北京味。"一名俄罗斯女生说,她喜欢与朋友一起在北京胡同里骑自行车,"前一会儿还是摩天大厦,但不知什么时候就会出现一条小巷子,骑进去就会发现完全不一样的风景"。不容置疑,北京古老而悠久的文化对留学生有着巨大的吸引力,城市历史与风貌需要故宫、天安门、胡同这样一批地域性很强的建筑来传承。但同时应该看到,留学生眼中最具有代表性的北京文化符号大多数是历史悠久的文化遗产,这说明北京城市形象的塑造缺乏与时俱进的创新意识,没有发挥出现代文化应有的作用。

从整体上看,物质性文化符号在留学生中认知度普遍较高,是他们认识和了解北京地方性文化的重要途径之一。在一项在华留学生对中国文化的认知情况调查中发现,他们对文化的物质内容的理解较好,对观念和行

---

① 曾一果:《老北京与新北京:改革以来大众媒介中的"北京形象"》,《国际新闻界》2013年第8期,第46~55页。

为的理解则较差。① 这一特点在本次调研中也有体现，入选的"最具有代表性的"北京文化符号大部分是有形的、容易被感知的，共计36项，占总数的90%。

在访谈中，一些留学生表示京剧和天坛给他们留下了深刻的印象，但是他们对这些文化符号的认识似乎只停留在表象。他们会用"热闹""神秘""漂亮"等词语进行描述，但是不太清楚"唱的是什么"或"用来干什么"。一名韩国女生说："我知道京剧里有许多不同的角色，他们化的妆和穿的衣服都很漂亮。但是我不知道京剧演员唱的是什么。"一名美国男生更为直接地指出："外国人喜欢中国的传统文化，比如像京剧这一类的。我们会觉得热闹有趣，但是看不懂。"诸如此类的评论恰恰反映了西方文化学者所提出的"文化缺省"现象，即跨文化交际与传播中某种民族文化自身特点导致的一种不利局面。留学生对北京传统艺术的了解还比较片面且不够深入，要想将这些艺术发展成为具有世界吸引力的符号还需要大量的解释工作。

本次调研还就留学生心中"最具推广价值的"北京城市文化符号进行了评选，共得到41项（见表3）。通过对比入选的留学生心目中"最具推广价值"与"最具有代表性"的文化符号，不难发现，两组选项具有很高的重合度，然而从整体排名情况看，北京的现代文化元素在"最具推广价值的"文化符号中的位置明显靠前。这说明虽然留学生已经接受了某些典型的北京传统文化符号，但是这些文化符号往往有着悠久的历史渊源与鲜明的地域特征，使留学生产生了隔阂感，与他们在北京学习期间所形成的喜好存在不一致情况。在访谈中，许多留学生明确表示传统文化和现代活力相结合的城市文化符号更具有推广价值。正如一名韩国女生对王府井商业街的评价："我会向刚到北京的朋友推荐王府井大街，因为那里时尚与古老结合得很好。许多国际著名的品牌都可以［在王府井］找到，还可以看到各种民间艺人的铜雕塑。"

留学生眼中排在前10位（数量由多到少）的"最具推广价值的"文化符号依次是：故宫、长城、四合院、胡同、鸟巢、水立方、天安门、京剧、

---

① 吕小蓬:《跨文化视野下的北京文化国际推广——在京留学生的北京文化认同调查》,《中华文化论坛》2015年第3期,第11~18页。

行进中的北京城市形象

798艺术区和三里屯。可以看到，属于当代的北京文化符号数量不少，比如798艺术区与三里屯这类集合创意与商业的时尚地标。从分析结果来看，前5项的得票数比较集中，最为显著的投票差距为第5名"鸟巢"与第6名"水立方"。

表3 "最具推广价值的"北京文化符号认定

单位：人，%

排序	符号名称	人数	百分比	排序	符号名称	人数	百分比
1	故宫	495	69.04	22	后海	43	6.00
2	长城	476	66.39	23	国家大剧院	28	3.91
3	四合院	436	60.81	24	前门	27	3.77
4	胡同	398	55.51	25	秀水街市场	25	3.49
5	鸟巢	350	48.81	26	大栅栏	20	2.79
6	水立方	302	42.12	27	世贸天阶	18	2.51
7	天安门	297	41.42	28	香山	15	2.09
8	京剧	263	36.68	29	同仁堂	11	1.53
9	798艺术区	218	30.40	30	西单	10	1.40
10	三里屯（酒吧）	199	27.75	31	十三陵	9	1.26
11	王府井	184	25.66	32	地坛	6	0.84
12	北京大学	171	23.85	33	老舍茶馆	6	0.84
13	天坛	164	22.87	34	奥运公园	5	0.70
14	清华大学	157	21.90	35	话剧	4	0.56
15	烤鸭	145	20.22	36	国贸	2	0.28
16	CCTV	138	19.25	37	五道口	2	0.28
17	长安街	116	16.18	38	果脯	1	0.14
18	圆明园	104	14.50	39	欢乐谷	1	0.14
19	南锣鼓巷	92	12.83	40	地铁	1	0.14
20	颐和园	66	9.21	41	钟鼓楼	1	0.14
21	中关村	61	8.51				

资料来源：笔者调研所得。

在访谈中，留学生对北京丰富多彩的文化娱乐生活称赞不已。不少留学生提到自己会推荐朋友去三里屯，因为觉得"那里非常时尚，酒吧也很有特色，是生活在北京的外国人最喜欢去的休闲场所"。此外，至少四名留学生觉得北京小吃很有地域特色："北京的小吃实在太多了。去年我与中国朋友去了庙会，吃了糖葫芦、羊肉串、豌豆黄……但是有许多［小吃］不敢尝试，比如炸蝎子和豆汁，我会把这些小吃用手机拍照发给我的家人和朋友看。"

从空间维度上讲，国家性与地方性交汇。在本次调研中，得票较高的故宫、长城、天坛和京剧早已被世界公认为是代表中国的文化符号。此外，北京师范大学艺术与传媒学院在承担国家社科基金重大项目"我国文化软实力发展战略研究"的研究过程中，完成了全国在校大学生中外文化符号观的调查。通过问卷调查，共选出"最具推广价值的"中国文化符号270项，其中前150项中专属于北京的文化符号有18项。在列出的北京文化符号中，包括六类："历史或博物类"文化符号有7项，即京剧、长城、故宫、圆明园、颐和园、天坛、胡同文化；"大众传媒或时尚类"文化符号有4项，即CCTV、春晚、百家讲坛、同一首歌；"体育类"文化符号有3项，即北京奥运会、鸟巢、水立方；"产业品牌类"文化符号有2项，即联想、同仁堂；"高科技类"文化符号有神舟飞船；"高等教育类"文化符号有北大、清华。在以上18项北京文化符号中，有13项与本次调研结果重合（见表4）。

表4 "最具推广价值的"北京文化符号认定
（全国在校大学生中外文化符号观的调查）

单位：人，%

排序	符号名称	人数	百分比	是/否出现在本次调研结果中
7	京剧	404	2.42	√
8	长城	374	2.24	√
15	故宫	209	1.25	√
35	圆明园	139	0.83	√
39	北京奥运会	131	0.79	√
47	鸟巢	101	0.61	√

行进中的北京城市形象

续表

排序	符号名称	人数	百分比	是/否出现在本次调研结果中
54	神舟飞船	88	0.53	
59	胡同文化	82	0.49	√
61	北大、清华	78	0.47	√
65	CCTV	71	0.43	√
68	联想	70	0.42	
72	春晚	66	0.40	
85	百家讲坛	58	0.35	
87	水立方	57	0.34	√
103	颐和园	43	0.26	√
115	天坛	35	0.21	√
128	同仁堂	32	0.19	√
137	同一首歌	25	0.15	

资料来源：笔者调研所得。

从类型上看，"大众传媒或时尚类"、"产业品牌类"以及"高科技类"文化符号在一定程度上的缺失，折射出它们的传播价值并没有被留学生所认同。

五 调研结论

北京作为中国的首都，文化资源丰富，借助文化符号提升城市形象和声誉的重要性不言而喻。从上述分析可以看出，北京在长期的历史积淀中已经形成了识别度较高的城市文化符号系统，然而其不论在存在形态层面还是接受程度层面都在不断地发生变化，呈现出"多元性"与"不定性"，面临"传统"与"现代"、"外来"与"新生"等错综复杂的矛盾。

（一）优化与完善北京文化符号系统

"最具有代表性"和"最具推广价值"的北京文化符号呈现出"多而散"的特点。如何选取能够代表北京特色的文化符号进行对外传播已经成为城市管理者值得思考的问题。在时间维度上，留学生对北京文化符号的认知具有明显的特征。毋庸置疑，北京古老而悠久的历史文化对留学生有着巨大的吸引力，城市历史与风貌需要故宫、天安门、胡同这样一批地域性很强的文化符号来传承。同时需要看到，尽管北京的城市风貌日新月异，但是国外受众对古老城市文明尤其是历史遗迹、人文景观存在认知偏向，这在一定程度上说明北京城市形象的塑造存在厚古薄今的倾向，缺乏与时俱进的创新意识，没有发挥出现代文化应有的作用。因此，城市建设者们需要在传统的基础上发现与创造出能代表现代北京的文化符号样态。从本性维度上讲，北京拥有丰富的标志性建筑与景观。但是，城市文化是一个庞大的系统，单纯依赖"物质的、直观的"文化符号，对一个处于快速发展中的城市是远远不够的。北京文化符号的构建还需要走大众化之路，发掘存在于人们日常生活中那些体现城市"精神"与"气质"的符号。

城市文化内涵的塑造是一项系统工程，需要从全局和战略高度进行计划与安排。北京在加快建设现代化国际大都市的同时，需要梳理地域文化资源，使之与当今的时代背景契合。研究表明，北京文化在经过了漫长的历史凝练后，已经孕育出一批具有较高认知基础的象征符号，但是它们在实践中的认知与应用往往呈现出"无序性"和"随意性"，使城市意象缺乏整体性思考。因此，应全面统筹规划，明确牵头部门和实施主体，重视城市文化特色和价值的提炼，建立权威统一的城市文化象征体系，改善北京城市文化形象不够丰富立体的现状。在形成北京文化的内外认同过程中，应深度挖掘城市独特的文化内涵，实现其传承价值与传播价值的最大化。

（二）文化符号的传播需要从"认知"到"认可"

北京文化符号的传播要更加鲜活、生动。城市文化符号不仅本身具有无形的吸引力，而且蕴蓄着丰富的生活价值。对外国受众群体来说，他们所接触到的一些北京文化符号过于深奥，以他们自身的文化知识难以理解北京文化的内涵。这就是"文化缺省"现象。也就是说，"在文化交流中，由于两种文化彼此各为独立体系，受方无法通过调动自身文化信息自发地习得、体会传者的文化理念，需要传者提供生动易懂，或为两种文化共通的文化符号以帮助受者进行文化解读"。留学生大都可以列举出具有浓厚"京味儿"的建筑、美食、艺术等文化符号，但是想要理解它们则需要更多的相关知识。

因此，要借助各方优势资源，融合发展，将北京文化建设和完善城市内旅游有机统一起来。北京文化推广应寻求与旅游、科技、体育等创意产业发展相辅相成、互相促进，依托已有平台从各个方面带动城市人文环境的提升和城市形象的优化。通过产业跨界融合，深度挖掘和完善地域文化内涵，提升其附加值和创新度。如，北京于2018年完成大运河文化、长城文化带、西山永定河文化带的旅游规划，为城市文化资源开发提供了依托。建议城市建设者们在了解游客对北京旅游的深度需求的基础上，充分考虑地域文化特征，将传统与时尚相结合，打造城市文化旅游产业链，在文化经历、体验与欣赏上下功夫，以各类活动和产品的创意开发反映城市的自然风貌、精神状态、民俗风情等方面的内涵。

（三） 加强对已有的北京文化符号的有效传播

媒介是传承文化符号的载体，寻找有效的传播模式已经成为城市建设者们着力研究和应对的课题。通过问卷调查分析，可以发现，留学生最常用的文化接触方式是人际传播和活动参与，而对包括互联网在内的大众传媒的依赖程度较低。这在一定程度上体现出当前北京城市文化对外传播方式的单调。在面对国外受众时，应该对他们熟悉的传播方式给予足够的重视，避免对外推广策略与受众需求的不匹配。随着数字网络技术的日益发展，北京文化符号的呈现需要与时俱进，在互动、视觉和体验等方面寻求提升传播效果，这对基于直接经验形成文化符号感知的留学生具有重要的现实意义。

在下一步工作中，可考虑利用北京空间布局，拓展传播渠道，以新颖的感知方式提升城市文化展示力度。北京是国际化大都市，人们总是习惯从大处着眼，但是北京文化推广需要接地气，植根于人们的日常生活，让普通大众以最简单的方式感受到浓厚的城市文化气息。如，被誉为"城市第二空间"的地铁，其车厢和站台往往充斥了太多的商业广告，而其应成为提升城市活力与文化品位的场所。截至2019年12月，北京地铁运营线路共有23条，覆盖北京市11个市辖区，运营里程699.3公里。2017年，北京地铁总客流量达到45.3亿人次，日平均客流量高达1241.1万人次，为城市文化提供了一个潜力巨大的公共展示空间。可按一定的周期，对每个站点、每节车厢进行北京文化主题策划，利用雕塑、壁画、灯箱甚至虚拟仿真技术等手段对北京文化符号进行视觉呈现，打造一道流动的文化风景线。在为乘客提供舒适的乘坐体验的同时，使他们不经意间领略和感知北京文化。

（四）注重国际受众认知的差异化

城市文化符号的推广与解读是一个复杂的过程，与目标受众的人口学特征紧密相关。留学生对北京城市文化及其符号的认知不可避免地受到国别差异的影响。由于政治、经济、文化等不同因素的影响，不同国家的留学生群体对北京的了解与熟悉程度有很大不同，在城市形象定位、文化符号的认可程度及接触方式等方面展现出了差异化。因此，在推广北京城市文化时，应该根据不同受众群体的特征进行有针对性的传播。

此外，城市文化推广需要内外并举，充分发挥来京外国人士的独特作用，营造良好的国际人文环境。城市文化的最终认同取决于内外受众，需要积极借助"民间力量"拓展北京文化交流领域。随着经济的发展，北京吸引了世界各地的民众，商务、外交及文教领域的外国从业人员以及外国游客和留学生构成来京外国人士主体，他们对北京文化有近距离接触以及不同的感知与经历，他们能够通过互联网和各自的社会关系网络在各自国家以及国际舞台上产生强大的辐射作用，将自己的亲身经历与所见所闻传递出去，帮助外界更全面真实地认知北京城市形象与文化。因此，应精心谋划，在企业、学校、社团等层面为来京外国人士打造文化体验活动和平台，提升他们对北京文化内涵的认同感，提升城市形象的影响力。

国家形象和北京城市形象的国际受众认知对比与关联性研究

宫月晴[*]

一 引言

（一）研究背景

1. 城市形象是国家形象建构的重要渠道

尽管当今国际关系的核心仍是以各国政府为代表的国与国之间的外交关系，然而，随着全球化进程的不断深入，外交关系呈现多层化的发展趋势，即从国际层面向超国家层面、跨国家层面以及次国家层面发展。在外交实践中，主权国家以外的行为体已经具备了外交主体身份，并积极参与到国际关系与对外交往的实践中。其中，城市参与国际交往的力度越来越大、范围越来越广，学术界对城市参与国际交往活动的研究也日益增多。城市是当代社会活动的中心，城市形象则是其展现给公众的综合性物质和文化印象。作为国家形象集合中的一个子集，城市形象已逐渐成为影响地方乃至国家对外交往的重要因素。特别是对国际化城市而言，正面且有效的城市形象能够提高其知名度与美誉度，营造良好的国际舆论环境，进而影响整个国家的国际形象。

随着全球化进程的加快，中国不同的城市逐渐登上世界舞台，它们不仅传播了城市形象，还为国外受众提供了新的认识中国的角度，从而推动了良好的国家形象的构建和传播。"当人们说起某一个国家，首先是从该国大城市的方方面面中去捕捉印象，在这种时候，一个城市便可能成为一个

---

[*] 宫月晴，北京第二外国语学院文化与传播学院新闻系副主任，讲师，博士，主要研究方向为融媒体研究、国家形象建构等。

国家的缩影和象征。"① 对国外受众来说，如果让他们解读中国这一概念，他们心里可能只存在一个模糊的概念或者一些零星的元素和场景，但是如果让他们解读北京这一城市概念，他们就可以清晰地想到长城、故宫、奥运会等意象。因此，城市形象的对外传播，能够让这些元素在潜移默化中深入人心，从而形成更加类型化和具体化的国家形象。

2. 国家形象是城市形象建构的顶层目标

约瑟夫·奈（Joseph S. Nye, Jr.）认为，国家形象在某种程度上也具有一种源于政治、经济、文化和价值观念的吸引力，如果一个国家的国家形象代表其他国家所期望信奉的价值观念，代表其他国家发展的方向，则其领导成本会降低；如果其意识形态具有吸引力，则其他国家将愿意追随其后；如果该国能建立与本国社会相一致的国际规范，则它无须被迫改变。② 换言之，国家形象是一种国格魅力，它不是一种基于物质性实力威压对方屈服的强制力，而是一种诱导性的、向内吸纳式的吸引力，即具有能够让别人自愿做你想让他做的事情的道义感染力。

随着时代的发展，构成国家形象的要素也不断发生变化，并在特定时期受到舆论环境和个别事件的影响。但是，国家形象的传播途径大致相同，只是在内容与方式上有所差异。近年来，随着外交的多层化发展，影响国家形象传播的因素也越来越多元，包括国家政府、非政府组织、跨国公司，乃至个人。在众多因素之中，次国家政府的力量不容忽视。良好的国家形象建构有赖于地方政府充分发挥其对外宣传的职能，也须借助全球化时代的城市形象建构。改革开放以来，中国以积极的态度融入国际社会，确立了对外开放的总体方针，通过发展经济和调整结构，使自身更适应全球化发展趋势。在这一过程中，北京、上海等城市走在前列，正朝着国际化城市的方向不断迈进，其城市形象在一定程度上代表着中国的国际形象。因此，研究国际化城市形象的塑造与传播，在现阶段具有理论与实践的双重意义。③

---

① 陈超南、刘天华、姚全兴：《都市审美与上海形象》，上海社会科学院出版社，2008，第3~4页。
② 〔美〕约瑟夫·S. 奈：《硬权力与软权力》，门洪华译，北京大学出版社，2005，第97~98页。
③ 张沁：《次国家行为体与国家形象建设》，硕士学位论文，复旦大学，2012。

行进中的北京城市形象

（二）研究问题

随着社会的发展和生产力水平的提高，我国的城市化进程不断加快。在品牌化时代，城市不仅要注重打造自己的城市品牌，还要使自己的城市品牌在国内形成影响力。从世界范围来看，城市在发展过程中，除了要注重经济增长，更要积极利用自己的品牌优势与特色，从而在国际上提高知名度。潍坊的风筝节、青岛的啤酒节、昆明的世博会、义乌的义博会等，这些城市形象定位的确立，提高了城市知名度，中国城市开始逐渐意识到打造城市品牌与推广城市形象的重要性。

有关国家形象方面的研究，一直是国际传播研究领域的重点。进入21世纪后，国家形象建构的重要性越来越受到关注，以提升国家"软实力"为主要诉求的国家形象建构成了诸多国家重点发掘和研究的课题，许多来自不同学科、不同领域的学者对其展开了多学科、多角度的研究，取得了颇为丰富的研究成果。包括关于国家形象内涵、要素和作用的研究，关于国家形象定位和中国国家形象定位的研究，关于国家形象的建构与传播理论的研究，关于国家形象的修复和危机管理的研究，关于文化符号的内涵及其在国家形象建构中的作用的研究等。

国家形象建构是中国在发展过程中面临的重要问题，北京城市形象建构是北京加强"四个中心"建设的重要目标，在分别研究两者建构机制的同时，我们需要意识到国家形象与城市形象是不可分割的，受众对中国的印象离不开对中国城市的印象。好的城市形象能够推动好的国家形象的传播，城市形象塑造是国家形象塑造的重要手段。从北京奥运会起，中国开始了利用城市大型活动塑造城市形象，进而推动构建国家形象的进程。在这一过程中，中国不断积累整合以城市形象推动国家形象建构的经验。但是，对城市形象的打造，我国相较于国际发展水平还处于起步阶段，城市形象建构与国家形象建构的关联度分析研究也相对较少。

因此，本文的重点在于国家形象认知与北京城市形象认知的比较分析和相关性研究。受众对两者的认知在很大程度上存在记忆联想，两者相互依托、互为支撑。在这种背景下，本文以国际受众为研究对象，具体研究以下四个问题：

（1）国际受众对中国国家形象的认知构成如何；

（2）国际受众对北京城市形象的认知构成如何；

(3) 国际受众对国家形象与北京城市形象的认知如何联想；

(4) 国际受众对国家形象与北京城市形象的认知联想有何特征。

(三) 研究概念

1. 国家形象

在《现代汉语词典》中，"形象"一词被解释为"能引起人的思想或感情活动的具体形状或姿态"。[①] 在英文中，"Image"的基本含义为"头脑中或心目中的图像"。[②] 可见，形象是被人感知的，是人对对象能动的、主观的反映。而"国家形象"一词，国内外诸多学者从不同理论视角、不同领域做了很多界定。从国外学者的研究来看，他们普遍认为"国家形象"一词最早出现于著名经济学家肯尼思·博尔丁在1959年所作的《国家形象和国际体系》一文中，博尔丁认为，国家形象是一个国家对自己的认知以及国际体系中其他行为体对它的认知的结合，是主观印象，而非客观事实。[③] 其后，美国国际政治学者奥利·霍尔斯蒂认为，国家形象是感知一个国家所形成的"信念体系"，是关于某一特殊国家的描述性、推论性和信息性信念的总和。[④] 美国国际关系学者罗伯特·杰维斯总结性地提出，国家形象是对国家的心理认知。[⑤] 营销学大师菲利普·科特勒认为，国家形象是个人关于某一国家的经历、信仰、观点、回忆、印象的情感性与审美性的总和。[⑥] 国外学者从不同的理论视角对国家形象的解读，虽然没有一个明确的定义，但是我们可以看出它们的共通点在于国家形象是被认知的，是对一国认知的整体评价。

国内学者对国家形象的定义五花八门。管文虎认为，"国家形象是外部公众与内部公众对国家本身、国家行为、国家的各项活动以及成果所给予

[①] 《现代汉语词典》第7版，商务印书馆，2016，第1468页。

[②] 《英汉双解剑桥国际英语词典》，上海外语教育出版社，2001，第1248页。

[③] Kenneth E. Boulding, "National Images and International Systems," *Journal of Conflict Resolution June*, 1959, 3 (2): 122.

[④] Ole R. Holsti, "The Belief System and National Images: A Case Study," *Journal of Conflict Resolution*, 1962, (6): 244-252.

[⑤] Robert Jarvis, *The Logic of Images in International Relations*, New York: Columbia University Press, 1989.

[⑥] P. Kotler, *Marketing Places*, New York: The Free Press, 1993.

的总的评价"。[1] 刘继南等提出，国家形象是"国际社会的民众对一国相对稳定的总体评价"。[2] 孙有中认为，国家形象是一国内部公众与外部公众对该国整体形象的认知，可分为国内形象和国际形象。国家形象取决于国家的综合实力，但是在一定程度上可以被塑造。[3] 刘继南、何辉等提出，国家形象是"在物质本源的基础上，人们经由各种媒介，对某一国家产生的兼具客观性和主观性的总体感知"。[4] 吴友富认为，国家形象分为广义与狭义两种定义，广义上是指特定国家的内部公众、外部公众通过复杂的心理过滤机制，对该国的客观现实形成的具有较强概括性、稳定性的主观印象和评价；狭义上则是专指国际公众的认知。[5] 通过以上论述，可以看到国内学者对国家形象的研究在国外研究的基础上更加丰富。对国家形象的认知，包括有形的硬实力（政治、经济、军事等），也包括无形的软实力（文化、传统等），并且探讨了国家形象的客观存在与外界感知（国内、国外政府、组织和个人）。李晓灵进一步提出，国家形象的"硬形象"是可以量化的物质性因素，包括经济实力、科技实力、军事实力、地理自然资源、人口资源、文化教育实力等，以及具有明确制约性、固化的制度因素如政治制度、行政制度、教育制度、科技文化体制等；"软形象"是指不能量化和难以明确固化的形象因素，包括意识形态、价值观念、文学艺术、民族精神、政府形象和文化礼仪等。[6]

综上，借鉴国内外专家、学者的研究成果，结合本文的研究内容，得出：国家形象是一国综合实力的体现，既包括本身的客观存在，也包括外界的主观认知，具体表现为国内外公众通过复杂的心理过滤机制，对国家客观事实所形成的较为稳定、概括性的感受和评价。

---

[1] 管文虎：《国家形象论》，电子科技大学出版社，1999。
[2] 刘继南、周积华、段鹏：《国际传播与国家形象——国际关系的新视角》，北京广播学院出版社，2002。
[3] 孙有中：《国家形象的内涵及其功能》，《国际论坛》2002年第3期。
[4] 刘继南、何辉等：《中国形象——中国国家形象的国际传播现状与对策》，中国传媒大学出版社，2006。
[5] 吴友富：《中国国家形象的塑造和传播》，复旦大学出版社，2009。
[6] 李晓灵：《国家形象构成体系及其建模之研究》，《北京理工大学学报》（社会科学版）2015年第2期，第136~141页。

2. 城市形象

国外学者对城市形象的概念界定来自不同视角、不同领域。"城市形象"一词最早由美国的城市学家凯文·林奇提出。在1960年出版的《城市意象》一书中，他认为城市具有"可读性"，意象是观察者与所处环境双向作用的结果，观察者可以按照自己的意愿对所见实物进行选择、组织并赋予意义。[①] 他更多是把城市形象看作对城市物质形态（主要是道路、边沿、区域、节点和标志等五类）的知觉认识。随后，Ashworth 和 Voogd 提出，城市形象是经过长期、综合的宣传和沟通所获得的结果，一旦形成之后就很难再被复制和模仿；[②] Snaear 和 Maeri 认为，城市形象是城市内部公众和外部公众对于城市的形态、建筑、景观、绿化、标志、市民素质、生活水平等方面的总体感知、印象和评价；[③] Kotler 则认为城市形象是信念、观点和印象的总和，是相互关联的城市信息的提炼和简化。[④]

至于国内学者，我国最早引入城市形象这一概念的是城市规划学领域的学者郝慎钧，他在1989年翻译日籍学者迟泽宽的《城市风貌设计》时提出：城市风貌即为城市形象，它涵盖诸多内容，包括城市独有的自然景观、文化内涵、气质性格，城市中人们的精神面貌、文明程度、和睦关系，以及城市的经济实力、商业、文化和科技事业的发达程度。[⑤] 之后，陈俊鸿认为，城市形象是景观形象、标志形象和总体形象的结合体；[⑥] 张鸿雁认为，城市形象是城市景观形态客观的、集中的表述；[⑦] 梅保华认为，由于现代城市是一个多个子系统结合在一起的多面体，城市形象也必然呈现出多面的特点，它既指城市的外在面貌，也包括城市的内在文化，分为物质层、管理层、思想层三个层次；[⑧] 黄景清则认为，城市形象是客观反映一个城市的

[①] 〔美〕凯文·林奇：《城市意象》，方益萍、何晓军译，华夏出版社，2017，第2~4页。

[②] G. J. Ashworth and H. Voogd, "Marketing the City: Concepts, Processes and Dutch Applications," *Town Planning Review*, 1988, (1): 65-79.

[③] Fhariye H. Snaear and Hanque Maeari, "A Situational Research Approach for Discovering the Meaning of City Image," *Environmental Design Research Association*, 1991, (19): 20-22.

[④] P. Kotler, *Marketing Places*, New York: The Free Press, 1993, pp.139-162.

[⑤] 〔日〕池泽宽：《城市风貌设计》，郝慎钧译，天津大学出版社，1989。

[⑥] 陈俊鸿：《城市形象设计：城市规划的新课题》，《城市问题》1994年第5期。

[⑦] 张鸿雁：《城市形象与城市文化资本论——中外城市形象比较的社会学研究》，东南大学出版社，2002，第29~34页。

[⑧] 梅保华：《关于城市形象问题的思考》，《城市问题》2002年第5期。

行进中的北京城市形象

建筑风貌、历史积淀和市民精神状态的综合体现,也是人们对城市的综合性印象和评价。[①] 后继研究进一步丰富了"城市形象"的概念,把城市精神、城市文化以及政府行为、市民素质等内容纳入"城市形象"的内涵体系,使其进而形成一个综合性的定义:城市形象是指公众对一个城市的内在综合实力、外显表象活力和未来发展前景的具体感知、总体看法以及综合评价,反映了城市总体的特征和风格。[②] 薛双芬将城市形象分为政治形象、经济形象、人文地理形象和媒介形象四个层面。[③]

综上,借鉴国内外专家、学者的研究成果,结合本文的研究内容,城市形象可概括为:城市内部公众和外部公众对城市的形态、建筑、景观、绿化、标志、市民素质、生活水平等方面的总体感知、印象和评价,包括政治形象、经济形象、人文形象、地理形象等多个层面。

3. 形象细分维度

吴友富在《中国国家形象的塑造和传播》一书中将国家形象分为经济形象、安全形象、文化形象、政府形象、国民形象五个维度,以下将从这五个维度对国家形象进行立体分析。

经济形象　随着经济全球化的快速发展,经济形象作为国家整体经济实力的"软实力"越来越受到国际社会的重视。首先,经济总量位于前列的国家可以有效吸引投资、促进贸易合作并赢得金融信心,从而在国际上获得国际公众对该国的认同;其次,经济发展的创新能力可以帮助国家获得有效的国际竞争优势,例如"环境意识"已是国际公认的经济好感度的重要参考指标,在经济发展的同时融入创新科技是未来经济形象竞争中的重要指标;再次,经济形象的另一种表现形式是国家的品牌形象,国家拥有国际知名品牌的多少是衡量经济实力的重要维度,例如美国的波音系列飞机品牌彰显了美国在飞机领域的霸主地位,德国的奔驰、宝马奠定了其全球汽车行业的龙头地位,日本的佳能、松下、索尼展现了其摄像行业的领军实力。因此,"'品牌形象'的塑造和传播是提升一国经济形象,

---

[①] 黄景清:《城市营销100》,海天出版社,2003,第59~91页。
[②] 陈映:《城市形象的媒体建构——概念分析与理论框架》,《新闻界》2009年第5期,第103~104、118页。
[③] 薛双芬:《新媒体时代美丽南阳形象研究》,《新闻研究导刊》2017年第8期,第16~17、81页。

进而提升国家形象,再进而提升国际'软实力'的有效手段"。①

安全形象 国家安全是一种复杂、综合的安全,指国家在管理社会公众过程中涉及的一系列安全问题,包括军事安全、经济安全、食品安全、交通安全、环境安全等。国家安全形象,则是上述安全问题通过相关传播渠道在国内外公众心中所形成的立体印象。当今国际社会的安全问题,早已不局限于军事安全,而是要站在全人类可持续发展的立场上关注更加稳定和平的国际环境和国际格局。罗伯特·基欧汉(Robert O. Keohane)在《权力与相互依赖——转变中的政治》一书中说:"我们生活在一个相互依赖的时代。"一国的安全与否牵动周边乃至世界的目光,国与国之间相互依存、紧密相连。可以说,安全是一个国家的立国之本,更是影响国际公众对该国评价的重要因素。

文化形象 文化与民族有着天然的密不可分的联系,国家形象是国家软实力的最高层次,文化形象则是较高层次。异国的文化饱含神秘色彩,国际公众对异国文化的好奇和兴趣是促进文化传播的不竭动力。借此,可以通过多种形式传递文化信息、塑造国家形象。在文化"引进来"方面,中国消费者通过美剧、好莱坞电影了解美国文化,通过BBC纪录片和英剧了解英国文化,通过韩国综艺节目、美食感受韩国文化,有了广阔的生活趣味和消费视野。美式的家具、英伦风格的服饰、韩国的饰品和化妆品,文化的传播为消费者带来生活方式的变化,从而影响着中国受众对他国文化的感知。在文化"走出去"方面,我国组织的国际知名的文化交流活动异常丰富,以国家大剧院、国家博物馆等为代表的文化交流窗口为异国受众提供了国际一流的文化盛宴,塑造了高水平、深底蕴的文化大国形象。

政府形象 政府形象是指作为行政主体的政府在作为行政客体的社会公众头脑中的有机反映,是社会公众对政府的执政理念、整体素质、执政能力、施政业绩等客观实在的总体印象和综合评价。② 对普通公众而言,由于认知的局限性和对事物的评判标准不同,他们很难有效区分国家行政机关、国家立法机关、国家司法机关等部门的不同,于是便简单地将政府形象等同于国家形象。另外,政府形象仿佛是一个无形的影子,隐藏在其他

---

① 吴友富:《中国国家形象的塑造和传播》,复旦大学出版社,2009,第7页。
② 吴友富:《中国国家形象的塑造和传播》,复旦大学出版社,2009,第7页。

行进中的北京城市形象

"经济形象""文化形象"等多重形象中,公众会将这些形象背后的力量归为政府行为,从而上升到对国家形象的认知。世界银行颁布的《国家财务到底在哪里》报告显示,在各种国家无形资产的积累中,"法治程度可决定一国57%的无形资本价值",[①] 以实证数据印证了政府形象在塑造国家形象中的核心地位。

国民形象 国民形象是指"一国国民对另一国国民的印象、认识和了解,产生于国民之间直接或间接的接触",[②] 受同期社会价值观和本国历史文化的影响。国民形象是国家和社会文明的重要载体。简单地说,就是中国人对英国人、美国人的评价,韩国人、法国人对中国人的印象等,对国民形象的评价可以反映出某国的国民素质和道德意识的先进程度。国民形象好坏的决定因素是国民素质,即"国民在先天禀赋和传统文化的影响下,在社会政治、经济、文化等因素的引导下,通过个人内化为表现出来的相对稳定的品行特征"。[③] 优秀的国民素质,是一国提升国际竞争力的良好基础,更是提升国家形象的重要保障。

二 国际受众对中国国家形象的认知构成

(一)研究方案设计

1. 研究方法

本文以适合探索性研究的定性研究方法为主,对调查对象进行半结构化的深度访谈,让他们主动谈及对中国的印象和内心真实的想法,再将这些信息进行提取,最终形成较为贴近调查对象实际的研究结论。

2. 样本描述

本文深访对象基本数据为:调查覆盖21个国家,访谈对象43人,其中男性24人、女性19人,平均年龄30岁(见图1)。为使样本具有多样性,调查对象以高校留学生为主,还涉及多个行业的工作人士,包括人力资源经理、市场部销售人员、电影导演、青年律师、媒体工作者、经济学家等,现居地包括我国的北京、上海、广州以及境外的新加坡、印度、俄罗斯、

---

① 韦森:《法治创造GDP》,《瞭望东方周刊》2006年第40期。
② 李洪山:《美国人的中国观——国民形象与中美关系》,华理工大学演讲稿,1999。
③ 单培勇:《关于国民素质概念及特征的再探讨》,《新乡师范高等专科学校学报》2003年第4期。

罗马尼亚等（见附录1）。

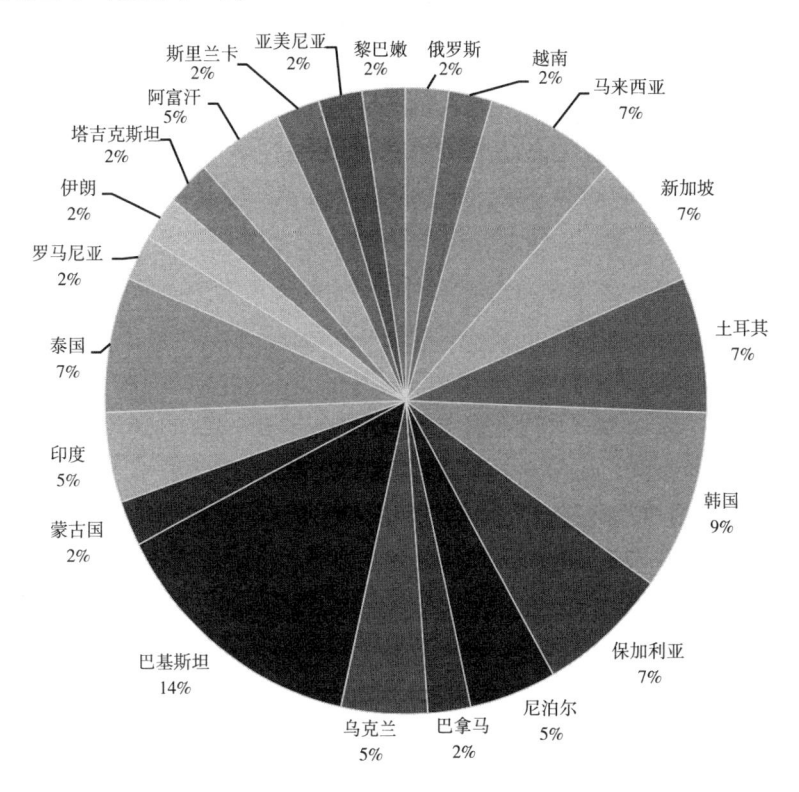

图1 国家形象调查中受访者国籍分布情况

3. 数据收集

由于受访者国籍、职业、现居地的多样，以及接受访谈的客观条件不同，本次访谈采用多种形式，包括面对面访谈、视频访谈、语音访谈和邮件访谈等，访谈语言以英语为主、汉语为辅。另外，由于本文提出的问题不是调查对象日常生活中会经常思考的，因此在采访的过程中会随着发散性问题的展开，根据调查对象的个人兴趣逐渐深入，以让他们充分回忆和思考。访谈时长为50~70分钟，共计获得访谈记录6.3万余字。

（二）国家形象认知特征

国家形象由政府、企业、国民塑造而成，国家形象通过多种渠道传播到认知主体，认知主体对信息进行选择和筛选后形成一个相对稳定而有概

行进中的北京城市形象

括性的整体形象，这样的国家形象是动态的、复杂的。根据国家形象五个维度的分类，将受访者的认知内容归纳如表1所示。

表1 调查对象对中国国家形象的认知描述

经济形象	R3：各个领域的发展速度很快，尤其是汽车行业、互联网行业。 R8：自中国改革开放以来，中国就被称为崛起的龙。我认为中国给世界带来了非常大的影响，当然中国也正在经历各种挑战，但我认为中国是一个发展迅速的国家，所以根据历史事实，它将获得自己的力量。 R12：中国经济的快速发展令人惊叹，经过四十多年的改革开放，中国已经展现了它的奇迹。 R13：中国发展很迅速。 R20：中国市场广阔，在腾讯研究院实习的时候，也充分认识到中国企业的潜力，并且体会到其逐渐国际化的趋势。 R21：以前知道中国是发展中国家，现在感觉发展越来越好。 R23：发展快、开放、在国际竞争中占据主导地位。 R27：中国经济正在蓬勃发展，中国是一个友好、发展迅速的国家。 R28：中国有很大的发展潜力，有丰富的劳动力以及丰富的原材料。 R33：中国是非常强大的国家，经济日益增长。 R36：中国是世界第二大经济体。 R37：中国是一个非常发达的国家，尤其是技术正在快速发展。
安全形象	R21：中国是个很安全的国家。 R25：中国有一些污染问题需要解决。
文化形象	R7：我认为中国是一个有着厚重历史文化的大国，因此也有不同的机遇。 R13：中国的文化很有趣，尤其是传统文化博大精深。 R20：是个有深厚历史文化的国家。 R21：地大物博。 R36：中国有很多历史名胜，有很多像长城这样的旅游目的地。
政府形象	R12：政治稳定。 R16：城市舒适。 R18：中国很安全，政府的管理非常严格。 R27：中国是一个友好、发展迅速的国家。 R32：中国政府具有强大的领导力。 R36：中国有一个优秀的教育体系。
国民形象	R1：人民友善。 R6：友好的人民。 R16：城市舒适，人民友好，食物美味。 R28：中国有很大的发展潜力，有丰富的劳动力以及丰富的原材料。 R30：中国人民努力工作，做事井井有条，而且遇事冷静。 R34：中国人友善、慷慨、严守纪律。

研究发现，调查对象对国家形象的评价视角宏观且生动。受到来华时间、国家地缘关系和调查对象个人因素的影响，每个人对中国的关注点都有独特性，综合分析有如下发现。

1. 经济形象：龙头品牌引领优势产业跨国发展

华为是提及率最高的品牌，43名被访者中有23人表示提到中国品牌便想到华为。华为的高知名度，代表了中国科技的发展水平，华为已成为中国走向国际市场、带领整个产业发展壮大的行业标杆，它不仅能够带动国家相关行业被消费者熟知，更逐渐成为中国新的消费文化符号。在消费者心中，中国的科技产业已拥有一批强势品牌，共同影响消费者认知，形成产业优势。迈克尔·波特在《国家竞争优势》一书中提到，国家的影响力通常针对特定的产业或产业环节，而不是个别企业，形成产业集群的国家才更有竞争力。[1] 优势品牌能够带动产业发展，优势产业能够促进更多的品牌发展壮大，一国拥有强势产业后，还需要有与之相关的强势品牌和产业相互呼应，两者相关性越强，越能相互借力、共同发展。

2. 安全形象：国民安全与环境安全影响受众价值判断

"文化安全"是指一个民族、国家的文化遗产、行为方式、价值观免受外来文化侵蚀，因拥有自身文化身份和文化特征而获得的一种"安全感"。安全形象的建构涉及一个国家主流文化价值体系建设及意识形态的确立，是国家形象的重要载体，是国家形象的风向标。通过本次深访，受众对安全形象的联想主要包括两个方面：其一是国民安全，其二是环境安全。这两方面都是受众的直接感受，更是维护国家文化安全的重要保障。

3. 文化形象：文化成为国际受众情感投射的主要出口

民族文化是一个民族屹立于世界民族之林的重要基础，其中所蕴含的价值理念、行为方式无时无刻不影响人的社会生活。调查对象对一国的国民素质、价值观念、意识形态、文学艺术、文化礼仪等软性层面的感知，无法明确量化，这些难以明确固化的形象因素共同构成国家形象中的文化形象。在谈到对中国的感知时，文化成为调查对象普遍关注的问题。其中R36（阿富汗）从教育、经济和旅游三个角度描述中国，他说中国有很多历史名胜都非常值得去感受；R7（土耳其）提到中国是历史悠久的大国，让

---

[1] 〔美〕迈克尔·波特：《国家竞争优势》，李明轩、邱如美译，华夏出版社，2002。

他有一种信任的感觉。另外，R29（罗马尼亚）用历史悠久、R21（印度）用地大物博、R6（马来西亚）用历史丰富、R1（俄罗斯）用文化底蕴深厚等来描述中国。

4. 政府形象：国际受众对中国发展有极大信心

多数调查对象对中国的发展前景都持乐观向上的态度。共15名访谈对象认为中国的经济在高速发展，"繁荣""更新""潜力无限"都表达了他们对中国发展的正面态度。其中R12（尼泊尔）用"令人惊叹"形容当今中国的发展速度；R33（巴基斯坦）和R37（斯里兰卡）在谈到经济发展时，都提到了技术层面的领先作用，技术的发展引领经济的快速增长，中国俨然是世界经济增长的重要力量；R8（韩国）在谈到这个问题时非常激动，他说他对中国的感情非常深，改革开放以来，中国就被称为崛起的龙，中国是一个发展迅速的国家，从历史发展脉络看，它终将爆发自己龙的力量。

5. 国民形象：机遇与竞争共存描绘当代国民生活

访谈中的调查对象有很多有过在华生活的经历，因此他们在形容中国时会谈到很多在华生活和工作的状态。有机遇也有挑战，是在中国生活的总体描述。R7（土耳其）认为中国历史悠久，发展快速，这种复杂的环境为每个中国人以及外国人都带来非常多的机遇。

三 国际受众对北京城市形象的认知构成

（一）研究方案设计

1. 研究方法

本文采用焦点小组与深度访谈结合的方式进行研究，旨在结合数据与文本内容分析，对问题进行全面而深入的探讨。访谈内容主要从文化中心、政治中心、宜居城市、国际交往中心、科技创新中心五方面来分析留学生对北京城市形象的认知状况。

2. 样本特征

调查对象覆盖12个国家，包括韩国、日本等亚洲国家，以及英国、美国等欧美国家。访谈对象19人，均为留学生，他们分别来自北京外国语大学、北京第二外国语学院、中国传媒大学，现居地为北京（见图2）。

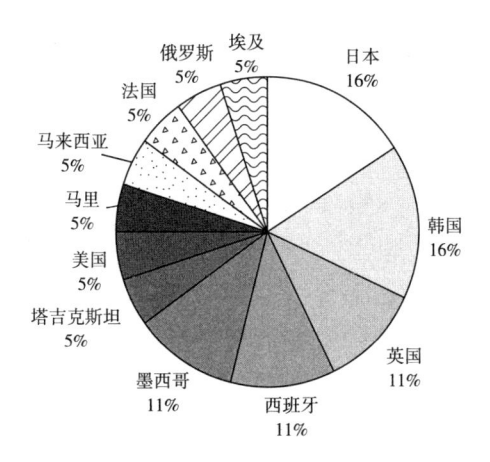

国家形象和北京城市形象的国际受众认知对比与关联性研究

图2 北京城市形象调查中受访者国籍分布情况

日本 16%
韩国 16%
英国 11%
西班牙 11%
墨西哥 11%
塔吉克斯坦 5%
美国 5%
马里 5%
马来西亚 5%
法国 5%
俄罗斯 5%
埃及 5%

2. 数据收集

此项调查于2019年6~7月进行，焦点小组共进行3组，每组3~4人，共10人。深度访谈两组，一次一人。焦点小组与深度访谈的问题主要集中在国际受众对北京城市形象的认知，并探究其认知形成的心理动因与物质外因，以此分析国际受众对北京城市形象建设认知与现实之间的差异。2019年11~12月，为丰富样本数据，再次进行了对其他院校的深访调查，补充了9名深访者的认知数据，为本文的探索性研究提供了更加丰富的认知视角。

（二）北京城市形象认知特征

北京城市形象是城市内部公众和外部公众对城市形态、建筑、景观、绿化、标识、市民素质、人民生活水平等方面的总体感知、印象和评价，本文将北京城市形象的受众认知也划分为相应的五类形象（见表2）。

表2 调查对象对北京城市形象的认知描述

经济形象	R1：中美贸易摩擦；网上购物方便、物流快速，对收到的商品质量很满意，售后服务也很棒；移动支付便捷，有创意；国贸是很多大企业的聚集区；驻扎在北京的国际组织多，但是签证办理复杂。 R5：北京的影响力很大，经济发展特别快；无人机，科技创新水平世界排名应该在前5位。 R6：5G发展飞速，国际影响力增强很多。 R7：移动支付便捷，综合国力越来越强了。 R8：淘宝、拼多多我都用过，购买方便，售后服务好；机器人服务员，刷脸支付，微信语音转文字、翻译，VR等科技产品发展惊人。 R9：国际影响力较弱，因为汉语不通用。

143

行进中的北京城市形象

续表

安全形象	R1：居住非常安全，很多地方能看见警车，没有看起来危险的坏人，没有感受过危险的情况，医疗水平也很好；但是雾霾严重，绿化水平一般，整个城市绿色和蓝色很少。 R2：整个城市感觉很安全，几乎没有看到过暴力冲突或者是恐怖事件，而且地铁做得特别好，有安全门；但是安全标识有很多错误的解释和翻译，另外公园太少了。 R3：北京不是一个适合散步的城市。 R4：中国的监控系统效率不是很高，处理冲突或者同学矛盾问题的程序非常烦琐；地铁有很多出口，每个出口都有警察帮助你。 R7：学校里很安全，门口还有安全通行机器，需要实名登记才能进入。 R8：我感觉中国是世界上最安全的国家之一；就是有点担忧交通安全，开车的人太多了，所以走路的时候会感到不安全。
文化形象	1. 旅游 R1：整体来说北京的景区文物保存得较好，建筑非常独特，展厅布置得也非常精美，配套游览设施都很人性化，工作人员的服务都很好；只是景区内买水不方便，价格普遍偏贵，而且卫生间总需要排很长的队。 R2：798艺术区是传统工业和现代艺术的完美结合，非常难得。 R3：也出现过宣传和实际景点不相符的情况，但是不多见，景区内藏品和建筑都非常有历史感。 R4：有些景区买票需要现金，很不方便，翻新的建筑没有原本旧的建筑古老的感觉。 R6：长城、颐和园的建筑风格好像差不多。 R7：颐和园、故宫、天坛有历史的感觉，导游讲解不够吸引人；798艺术区是个非常有艺术气息的地方。 R8：景区买东西真的很贵，长城上有人写名字破坏古迹。 R9：玻璃栈道的讲解不够吸引人。 2. 教育 R1：北京大学和清华大学非常有名。 R2：五道口附近有很多中国有名的大学，但是物价高，教学非常严格。 R4：老师的教学很认真。 R5：北京的教育水平较高，北大在亚洲排第三名。 3. 传统文化 R1：传统的戏剧演艺水平特别高。 R2：不是很能看懂，有中国味道和独特性，有艺术价值，北京的乐器非常独特，声音优美。 R4：中国的书法非常优美，可惜本土文化在逐渐消失。
政府形象	R1：北京的国际影响力在提高，但是不在世界前五名。 R2：中国现在基础工业发展得好。 R3：北京建设得非常快，成长很快，道路非常宽敞，有灯光，是个新型、现代的大城市。 R7：新建的大兴机场体验还不错。 R8：北京国际影响力在国际排名10~15名，城市中垃圾桶比较少。 R9：中国的地铁每一站都停，会浪费时间，机场工作人员听不懂外语的时候不会更换语言进行沟通。

续表

国民形象	R1：医院的整体环境不好，公共交通没有韩文标识，机场工作人员态度不亲切。 R2：北京人口众多，生活节奏非常快。 R3：外卖的车经常横冲直撞，缺乏交通规范意识。 R4：早高峰让人体验过一次就不想体验了，国家图书馆非常大，适合学习。 R5：厕所、垃圾桶特别干净；医疗水平很好，但是医生态度不太好。 R8：在北京孤独感比较强，地铁里味道不太好，医生外语水平不是很高。

1. 经济形象：科技产业带动经济强势发展

北京市统计局数据显示，2019年上半年，北京市实现地区生产总值15212.5亿元，按可比价格计算，同比增长6.3%，增速比一季度回落0.1个百分点，继续运行在合理区间。2019年1~5月，中关村示范区规模（限额）以上高新技术企业实现技术收入增长21.1%，对总收入增长的贡献率为25.9%，比1~2月提高3.5个百分点。全市大中型重点企业拥有有效发明专利9.3万件，增速达38.2%。① 由于技术的驱动，北京的经济影响力日趋提升，国际影响力亦有所提升。基于以上事实，在国际受众认知调查中，技术水平成为受访者对北京经济形象持有正面评价的重要因素，比如移动支付、网上购物、物流、无人机、5G、VR、机器人服务员等，其中，R5（新加坡）认为北京的科技创新水平世界排名应该在前5位；R6（马来西亚）认为北京5G发展飞速，国际影响力增强很多；R7（土耳其）认为移动支付便捷，中国综合国力越来越强。值得一提的是，国贸成了众多大企业的聚集区，是北京经济形象的符号象征。但也要看到负面评价，有一名受访者认为北京的国际影响力较弱，他认为原因是汉语不通用。

2. 安全形象：评价受地域性、个体性差异影响明显

城市安全形象作为整体城市形象的组成部分，是城市形象风险的集中体现，反映着城市潜在的各种隐患。由北京城市形象调查分析发现，北京城市安全形象同样分为两个方面：一是国民安全，二是环境安全。关于国民安全，受访者主要提到了居住安全、治安较好、医疗水平高等正面评价，也有安全标识翻译错误、偶发争吵事件、冲突处理程序烦琐等负面评价。国民安全形象则呈现地域性差异，比如校园内让受访者有安全感，而望京、

---

① 《经济保持平稳运行 呈现"提质强韧"特点——2019年上半年全市经济运行情况解读》，北京市人民政府网站，2019年7月17日，http://www.beijing.gov.cn/gongkai/shuju/sjjd/t1594195.htm。

行进中的北京城市形象

三里屯等区域则令受访者有不安全的印象。值得一提的是，R8认为中国是世界上最安全的国家之一。可见，仍有受访者将北京城市形象与国家形象联系起来。关于环境安全，受访者提及较多的是雾霾严重但呈现好转趋势，绿化水平一般，公园的数量较少等，这是北京带给国际受众的直观感受。研究认为，城市安全形象的塑造工作需兼顾全局，考虑到服务、管理、官员及媒体等各种形象风险。只有消除不和谐的形象风险，方可从根本上营造安全的城市环境，可持续地提升城市安全形象。[①]

3. 文化形象：旅游、教育、传统文化共塑文化认知

习近平总书记在中国共产党第十九次全国代表大会开幕式上提出，伴随着我国社会主要矛盾发生转变，中国特色社会主义步入了新的发展阶段，但坚定文化自信、繁荣社会主义文化，这一文化初心和使命没有发生改变。文化是城市的重要表征，也是城市的精神内核，城市的本质是人的聚集、文化的聚集。[②] 可见，文化在城市形象的构建中占据重要地位。调查研究发现，国际受众对北京城市文化形象的认知主要集中于旅游、教育和传统文化三方面。

根据中国报告网发布的《2019年中国旅游行业分析报告——行业深度分析与未来商机预测》，2018年北京市外国游客为339.8万人次。经调查，国际受众普遍认为北京景区管理较好、具有历史感且建筑独特，但也有了进入景区的程序烦琐、导游讲解不吸引人、景区商品价格较高等负面评价。教育方面，国际受众提到了高校教学严格、教师的教学态度认真等，更多受访者提到以北大、清华为代表的高校代表了北京在国际上的教育水平。R5认为北京整体的教育水平较高，北大可以排在亚洲第三名。传统文化方面，受访者提到了京剧、乐器、书法的艺术价值高，然而也有一名受访者认为北京的本土文化在流失。

4. 政府形象：国际受众对北京发展整体持较高评价

大多数受访者提到北京的国际影响力正处于上升趋势，"建设非常快""成长很快""国际影响力在提高"均表现了北京城市的发展现状。R3认为北京建设得非常快，成长很快，道路非常宽敞，有灯光，是个新型、现代

---

① 唐钧、韩丹：《全方位塑造安全城市形象》，《中国减灾》2010年第17期，第46~47页。
② 〔德〕海因茨·佩茨沃德：《符号、文化、城市：文化批评哲学五题》，邓文华译，四川人民出版社，2008，第56页。

的大城市；R2 提到了中国的基础工业发展得好，将国家的发展与北京城市的发展联系在一起。也需要看到，个别国际受众认为北京的国际影响力仍然达不到国际一流城市水平，R8 表示北京国际影响力在中等水平。

5. 国民形象：众多生活侧面共建国民形象

由于本次调查涉及的受访者主要是留学生群体，他们在形容北京国民形象时更多地联想到个人在北京的学习以及生活经验。快节奏的生活与他们过去的经历有很大不同，R2 认为北京人口众多，生活节奏非常快；R4 认为早高峰让人不想再体验。在生活细节方面，受访者对北京的国民形象持消极的态度，就医体验不好、工作人员不亲切、交通标识翻译有误等问题成为他们最大的困扰。但是生活在北京仍然带给受访者极大的便利和开阔的视野，例如 R4 提到国家图书馆非常大，非常适合学习；R5 提出北京的公共厕所、垃圾桶特别干净，医疗水平很高。

四 两者的认知对比与关联性分析

（一）认知联想理论基础

根据人类联想记忆理论（Human Associative Memory，HAM）对人类心理本质和活动规律进行的解释[1]，人类的记忆是由一些节点（node）和联结链（connecting link）组成的庞大而复杂的信息网络，节点内存储一定数量的信息，联结链则代表信息之间是否有关联及关联强度。[2] 在整个信息网络中，当某个节点的刺激达到一定强度时，便能够激活另一个节点，如此就是一次简单的记忆联想的活动过程。本部分在人类联想记忆理论的基础上，借助认知心理学领域的激活扩散模型（Spreading Activation Model）深入了

---

[1] J. R. Anderson, *The Architecture of Cognition*, Cambridge, MA: Harvard University Press, 1983; K. L. Keller, "Conceptualizing Measuring and Managing Customer-based Brand Equity," *Journal of Marketing*, 1993, 57: 1–22; H. S. Krishnan, "Characteristics of Memory Associations: A Consumer-based Brand Equity Perspective," *International Journal of Research in Marketing*, 1996, 13: 389–405; C. Janiszewski and S. M. J. van Osselaer, "A Connectionist Model of Brand-quality Associations," *Journal of Marketing Research*, 2000, (37): 331–350; S. M. J. van Osselaer and C. Janiszewski, "Two Ways of Learning Brand Associations," *Journal of Consumer Research*, 2001, (28): 202–223.

[2] 吴新辉、袁登华：《消费者品牌联想的建立与测量》，《心理科学进展》2009 年第 2 期，第 451~459 页。

行进中的北京城市形象

解联想记忆的作用机制,发掘国家形象和北京城市形象的联结过程。

J. W. Brelsford 等人指出,感觉记忆和短时记忆形成的长时记忆是人们进一步认知世界的基础,[1] 这些记忆构成了人们的认知结构。[2] 人类从日常生活中获得信息,将这些信息经过大脑处理后存入认知单元中,[3] 这些认知单元以语义网络的形式组织起来形成一个复杂的联系网络,就储存在人类的长时记忆中。为了挖掘特定记忆分布在概念空间里的潜在认知结构,[4] Collins 和 Loftus 提出了人类记忆激活扩散模型,这一理论成为关于人类如何在记忆中提取有用信息最有影响力的理论之一。[5] 该模型假定,当一个概念被加工或受到刺激(这个刺激可能是人对某种知识、某种信息的需求),那么激活程序便被启动,与之相连的连线也会被激活,并扩散至连线上另一端的概念,以此循环到丧失激活能量值为止。[6]

Collins 和 Loftus 认为联想记忆能帮助人类从长时记忆中提取感兴趣的语义信息,[7] 人类记忆激活扩散模型展现了从语义线索的激活扩散到联结相关语义信息的过程,[8] 即纯粹的语义激活扩散过程(Pure Semantic Spreading Activation Process)。[9] 语义节点 RED(红色)作为用户语义需求节点而成为语义激活扩散的激活源节点(Source Node),将其激活能量(Activation Energy)传递给它的邻接节点。关联权重越强的节点,其在激活扩散过程中获得的激活能量越多,越有可能与用户语义需求相关。纯粹的语义激活扩散过程通过

---

[1] J. W. Brelsford et al., "Multiple Reinforcement Effects in Short-termmemory," *British Journal of Mathematical and Statistical Psychology*, 1968, 21(1): 1-19.

[2] 王忠义、谭旭、黄京:《基于激活扩散理论的数字图书馆用户认知结构挖掘》,《图书情报工作》2017 年第 13 期,第 117~125 页。

[3] 丁锦红等:《工作记忆的脑机制研究》,《心理科学》2001 年第 5 期,第 583~585 页。

[4] 〔美〕罗伯特·L.索尔所等:《认知心理学》,邵志芳等译,上海人民出版社,2008,第 240~245 页。

[5] A. M. Collins and E. F. Loftus, "A Spreading-activation Theory of Semantic Processing," *Psychological Review*, 1975, 82: 407.

[6] 王忠义、谭旭、黄京:《基于激活扩散理论的数字图书馆用户认知结构挖掘》,《图书情报工作》2017 年第 13 期,第 117~125 页。

[7] A. M. Collins and E. F. Loftus, "A Spreading Activation Theory of Semantic Processing," *Psychological Review*, 1975, 82(6): 407-428.

[8] R. L. Solso et al., *Cognitive Psychology: Pearson New International Edition*, Pearson Higher Education Limited, 2013.

[9] F. Crestani, "Application of Spreading Activation Techniques in Information Retrieval," *Artificial Intelligence Review*, 1997, 11(6): 453-482.

国家形象和北京城市形象的国际受众认知对比与关联性研究

激活能量在关联语义链网络上传递迭代执行，每次激活能量传递迭代过程均分为扩散阶段（Spreading Phase）和共振阶段（Reverberation Phase）。①

在语义扩散阶段，激活的语义节点将激活能量传递给其邻接节点，是语义的关联过程；语义共振阶段，在扩散阶段获得激活能量的相邻节点将一部分能量返还给激活源节点，是语义加强的过程。通过在关联语义链网络上激活能量相互传递迭代执行，当关联语义链网络上语义节点的激活能量分布稳定时，激活扩散迭代终止。此时拥有激活能量越多的语义节点，它们越有可能与用户语义需求相关，被激活的可能性越高。如图3所示，位于中心位置的RED（红色）为激活源节点，当它受到外界刺激或需求时会被激活，激活后扩散至ROSES（玫瑰）、FIRE（火）、FIRE ENGINE（消防车）、CHERRIES（樱桃）、ORANGE（橘色）等概念。它们之间的联结链代表一定的语义关系，线段的长短表示语义关系的紧密程度，即语义距离。例如，RED（红色）到SUNSETS（日落）的线段较长，则它们的语义关系疏远，被激活的可能性低；RED（红色）到FIRE ENGINE（消防车）的线段较短，则它们的语义关系紧密，被激活的可能性高。

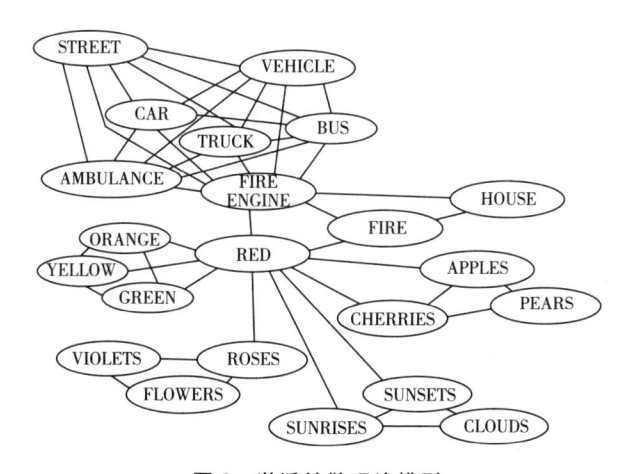

图3　激活扩散理论模型

资料来源：A. M. Collins and E. F. Loftus, "A Spreading Activation Theory of Semantic Processing," *Psychological Review*, 1975, 82（6）：407-428。

---

① 刘洋：《面向舆情文本的事件语义聚集融合与激活扩散方法及其应用研究》，博士学位论文，上海大学，2016。

综上可知，激活扩散模型正是从人类认知的角度出发，来探求人的实际认知情况，以识别出以内隐方式存在于人头脑中的认知结构。[①] 本文借由激活扩散理论分析受众国家认知与北京城市形象认知联想的内隐结构，利用激活扩散理论中语义激活规则、语义距离规则和终止规则判断受众的认知实践行为，搭建国家形象—北京城市形象各信息节点的语义网络结构。

（二）基于认知联想图谱的认知对比

根据激活扩散模型，扩散路径是构成认知网络结构的基础，通过路径的联结可以描述节点之间的相关性，通过路径长短可以揭示节点之间的相关程度。由语义距离规则可知，那些具有较强语义关系的节点，可以最先最快得到激活并产生较强的记忆联想。因此，要研究城市形象的认知节点如何与国家形象的认知节点联结，首先需要对城市形象的语义和国家形象的语义进行相关性分析（见表3、表4）。

表3　对调查对象中国国家形象的认知语义提取

经济形象	发达、繁荣、先进、发展速度快、巨大的国内市场、稳定、机遇、发展迅速、变化、市场极大、开放、占主导地位、蓬勃发展、有潜力、正在发展、现代化发展惊人、有国际市场、受众年轻化
安全形象	安全、污染
文化形象	文化底蕴深厚、丰富的历史文化、有趣、多样性、美食、历史悠久、风景优美、地大物博、资源丰富、丰富的原材料、城市舒适、有吸引力、很多历史名胜
政府形象	强大、政治稳定、勤勉、坚韧、严格、友好、有远见、城市舒适、优秀的教育体系、生活方便
国民形象	人民友善、人很多、拥挤、竞争激烈、乐于助人、强大的劳动力量、时尚

表4　对调查对象北京城市形象的认知语义提取

经济形象	购物方便、产品质量好、售后满意、移动支付发达、新型、现代、经济强、发展快、科技水平高、5G、机器人、微信
安全形象	雾霾严重、缺少绿化、警察多、医疗水平高、没有暴力事件、安全标识翻译错误、地铁安全门、不适合散步、监控不到位、有打架事件、安全通道实名进出、行人有不安全感

---

① 王忠义、谭旭、黄京：《基于激活扩散理论的数字图书馆用户认知结构挖掘》，《图书情报工作》2017年第13期，第117~125页。

续表

文化形象	文化传承好、建筑独特、展厅精美、798、景点风格多样、汉语不通用、景区物价高、导游讲解一般、翻新建筑缺乏艺术感、景区破坏已然存在、有很多知名大学、教育水平很高、京剧水平高、乐器精美、书法优美、传统文化在流失
政府形象	国际影响力、基础工业好、大都市、机场发达、公园少、垃圾桶少、地铁效率低、城市服务人员语言能力不够、图书馆建设好
国民形象	人口多、生活节奏快、外卖多、早高峰拥挤

根据表3、表4对国家形象和北京城市形象的语义提取，现就经济、安全、文化、政府、国民五大类形象的语义进行对比分析。

1. 经济形象认知联想图谱

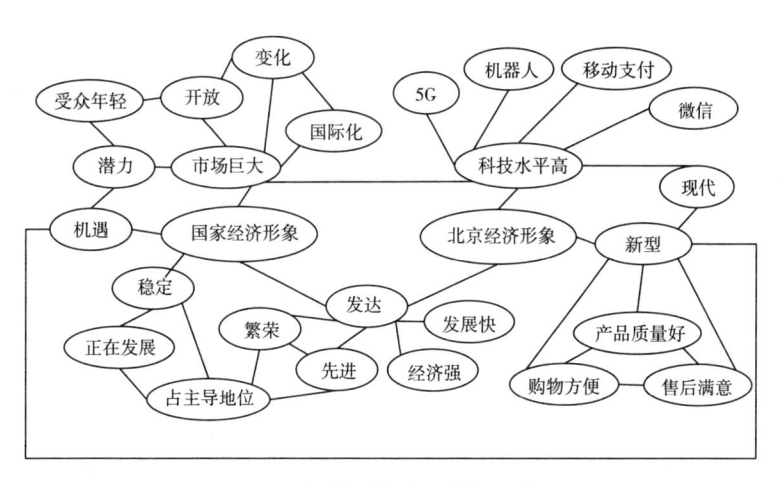

图4 经济形象认知联想图谱

国家经济形象作为国家整体经济实力的"软实力"已经越来越受到国际社会的重视，经济发展的创新能力可以帮助国家获得有效的国际竞争优势。根据激活扩散模型，本文将位于中心位置的国家经济形象作为激活源节点，当它们受到外界刺激或需求时会被激活，激活后扩散至"市场巨大、机遇、稳定、发达"等一级概念。一级词义再扩散，如"市场巨大"可以扩散出"国际化、变化、开放、潜力"等，"稳定"则可以扩散出"正在发展""占主导地位"等语义。同时，将北京经济形象作为激活源节点，可以看到"发达、新型、科技水平高"等一级概念，再继续扩散，"科技水平高"可以扩散出"5G、机器人、微信、移动支付"等概念。

对比两个原点概念的联想图谱，可以找到其中共通的概念。首先，"发达"是国家和北京经济形象共有的核心词，这表明宏观的国家经济发展与北京城市的经济发展受到了国际受众的普遍认同；其次，国家经济给人一种"市场巨大"的认知，而北京经济则是一种"科技水平高"的印象，两者构成了经济发展的因果联系，由于科技水平的迅速发展，我国的市场空间广阔；再次，我国给人一种充满"机遇"的印象，而北京在这种机遇中产生了"新型"城市经济形象。

2. 安全形象认知联想图谱

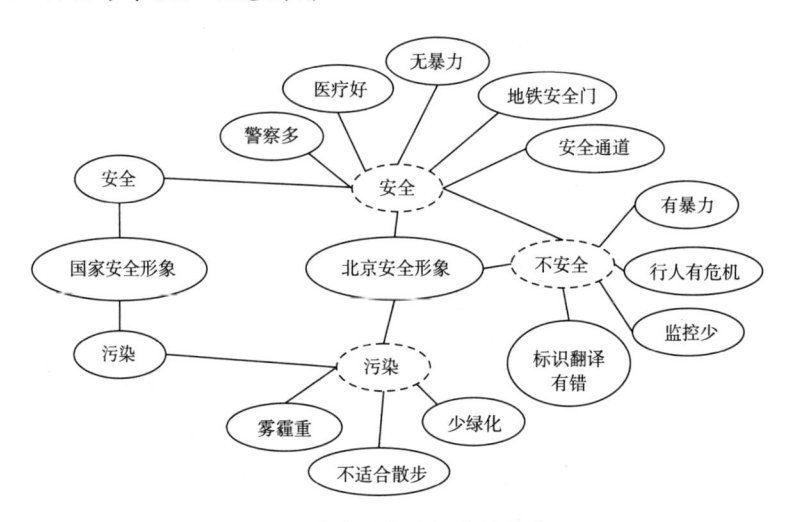

图5 安全形象认知联想图谱

国家安全是一种复杂、综合的安全，指国家政府在管理社会公众过程中涉及的一系列安全问题，包括军事安全、经济安全、食品安全、交通安全、环境安全等。根据激活扩散模型，本文将位于中心位置的国家安全形象作为激活源节点，激活后扩散至"安全""污染"两个概念。将北京安全形象作为激活源节点时，发现国际受众提到的诸多概念也是围绕这两个概念而展开的。"安全"方面提到了"警察多、医疗条件好、无暴力、地铁安全门、安全通道"等，"不安全"的角度也涉及了"有暴力、行人危机感、监控少"等感受，"污染"层面则提到了"雾霾重、不适合散步、绿化少"这些环境问题。研究发现，受众在联想国家层面的安全形象时，更容易联想到宏观的感受，而在表达对城市的印象时更能结合自己的生活经历回答出更为具体、细致的安全认知。

3. 文化形象认知联想图谱

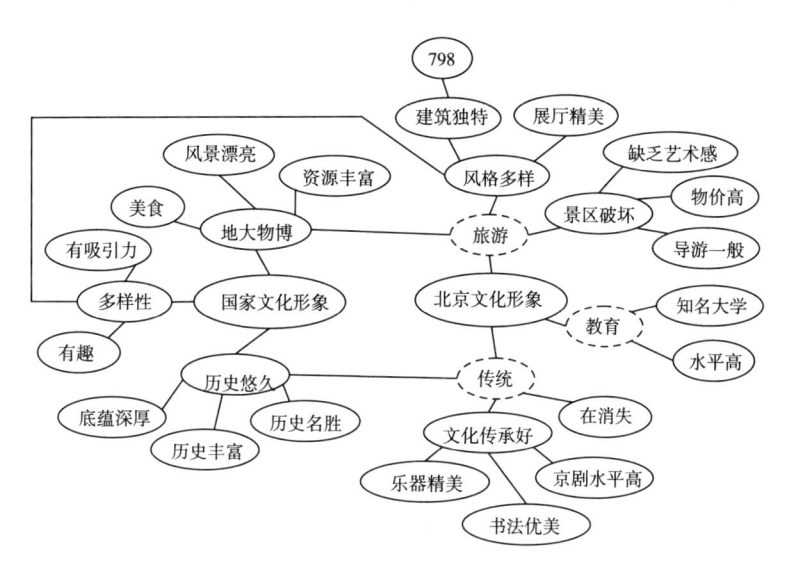

图6 文化形象认知联想图谱

文化形象与民族气质有着天然的密不可分的联系。异国的文化饱含神秘色彩，国际公众对异国文化的好奇和兴趣是促进文化传播的不竭动力。根据激活扩散模型，本文将位于中心位置的国家文化形象作为激活源节点，当它们受到外界刺激或需求时会被激活，激活后扩散至"地大物博、历史悠久、多样性、城市舒适"等一级概念。一级词义再扩散，如"历史悠久"可以扩散出"底蕴深厚、历史丰富、历史名胜"等，"地大物博"则可以扩散出"资源丰富、风景优美、美食"等语义。与此同时，将北京文化形象作为激活源节点，发现词义围绕"旅游""教育""传统文化"三个维度展开，在"旅游"维度，国际受众的正面认知包括"风格多样"及其扩散出的"展厅精美""建筑独特"等评价，而负面评价则包括"景区破坏"以及与之相关的"缺乏艺术感、物价高、导游一般"等认知。

对比两个原点概念的联想图谱，可以找到其中共通的概念。首先，国家形象的"地大物博"是北京旅游形象得到认知的客观基础，而国际受众

行进中的北京城市形象

对北京城市旅游感受的评价也是对国家宏观形象的微观感受。其次,"历史悠久"是我国面向国际的文化标签,而北京作为一座历史悠久的文化名城,其包含的历史文化信息尤其丰富,京剧、书法、音乐等传统文化的传承在这里得到集中呈现。最后,有受访者谈到中国当前文化形象时用到"有趣""多样""有吸引力"等描述,提到北京文化时也用到了"多样",这契合了新时代多样、创新的文化面貌,以及当前中国以文化兴国示人的当代形象。

4. 政府形象认知联想图谱

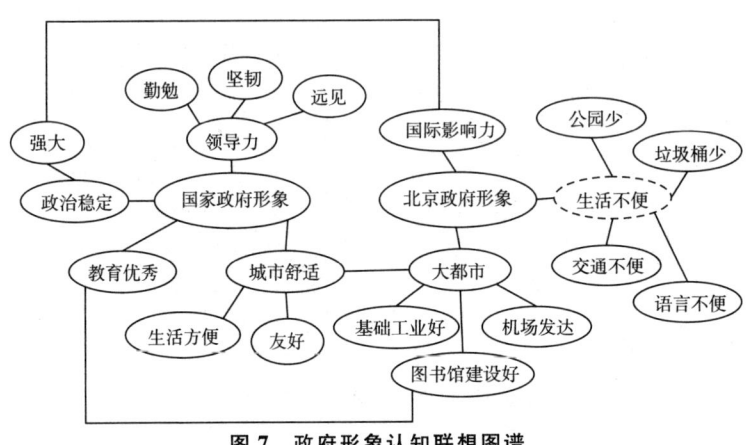

图7 政府形象认知联想图谱

政府形象是指作为行政主体的政府在作为行政客体的社会公众头脑中的有机反映,是社会公众对政府的执政理念、整体素质、执政能力、施政业绩等客观实在的总体印象和综合评价。根据激活扩散模型,本文将位于中心位置的国家政府形象作为激活源节点,激活后扩散至"领导力""政治稳定""教育优秀""城市舒适"四个概念。一级词义再扩散,如"领导力"扩散出"勤勉""坚韧""远见","政治稳定"则可以扩散出"强大","城市舒适"扩散出"友好"等。将北京市政府形象作为激活源节点时,发现国际受众提到的概念是围绕"国际影响力""大都市""生活不便"这三个概念而展开的。"大都市"扩散出"基础工业好、机场发达、图书馆建设好"等,"生活不便"扩散出"公园少、垃圾桶少、语言不便、交通不便"等。

对比两个源节点概念的联想图谱,可以找到其中共通的概念。其中,北京的"国际影响力"与国家的"强大"形象有着一定的联系,这表明国家的发展与北京城市的国际影响力受到了国际受众的普遍认同。另外，国家形象中"城市舒适"与北京形象中的"大都市"评价吻合，但也有"生活不便"，表明国际受众在该认知层面中产生了分歧。研究发现，受众在联想国家层面的形象时，更容易联想到宏观的感受，且正面评价更多，而在表达城市印象时依托于个人的生活经历，描述更具体且会产生对具体问题的负面反馈。

5. 国民形象认知联想图谱

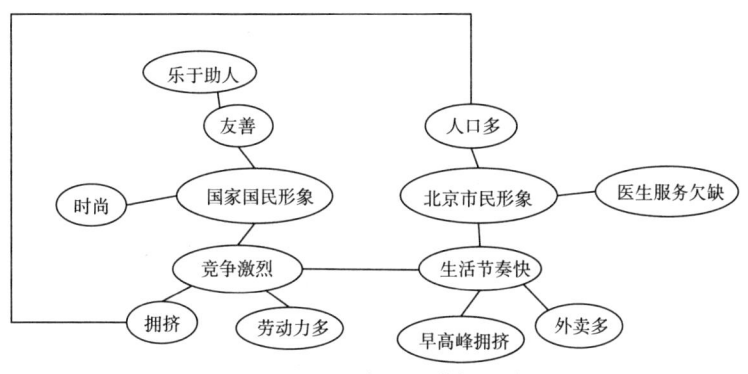

图8 国民形象认知联想图谱

国民形象是指一国国民对另一国国民的印象、认识和了解，国民在社会、政治、经济、文化等因素的引导下，通过个人内化表现出相对稳定的品行特征。根据激活扩散图片，本文将位于中心位置的国家国民形象作为激活源节点，激活后扩散至"友善""时尚""竞争激烈"三个概念。一级词义再扩散，如"友善"扩散出"乐于助人"，"竞争激烈"则可以扩散出"拥挤""劳动力丰富"。将北京国民形象作为激活原点时，发现国际受众提到的概念是围绕"人口多""生活节奏快""医生服务欠缺"这三个概念而展开的，其中"生活节奏快"扩散出"早高峰拥挤、外卖多"等。

对比两个原点概念的联想图谱，可以找到其中共通的概念。其中，国家国民形象中的"竞争激烈"与北京城市国民形象的"生活节奏快"有着一定的联系，可见国际受众在"竞争"层面的认知中国家形象与北京城市形象趋于一致。同时，国家形象中的"拥挤"与北京城市形象中"人口多"的评价相吻合。研究发现，国际受众在联想国家国民形象时所运用的词语更加正面，而对北京城市国民形象的描述更具主观性。

155

行进中的北京城市形象

中国传媒大学传播研究院副院长刘昶教授认为,说到国家形象、城市形象的时候,往往会跟国民、市民联系在一起。每个城市都是每个国家的名片,每个市民也是每个城市的名片。了解一个国家、一个城市,往往从人民、城市开始。城市形象的传播,实际上关乎国家形象。很多国家打造国际形象的时候,往往从城市形象入手,瑞士有国家形象委员会,以推广日内瓦、洛桑这些不同城市的形象来推广整个瑞士的形象,这是一个值得借鉴的经验。

(三) 国家形象与北京城市形象关联性分析

1. 两类形象认知定位高度契合

城市形象与国家形象是相辅相成的关系,国家形象的呈现影响着国外受众对本国城市的看法,而城市作为国家的组成部分,是直接展现国家形象的载体。[1] 通过前文研究,在经济形象中"发达"是国家和北京经济形象共有的核心词,这表明宏观的国家经济发展与北京城市的经济发展受到了国际受众的普遍认同;在文化形象中,国家形象的"地大物博"是北京旅游形象得到认知的客观基础,而国际受众对北京城市旅游感受的评价也是对国家宏观形象的微观感受;在政府形象中,北京的"国际影响力"与国家的"强大"形象有着一定的联系,这表明国家的发展与北京城市的国际影响力受到了国际受众的普遍认同。可见,城市形象中包含着一个城市五个维度的形象,不同城市整体上又构成了国家整体形象。城市形象是国家形象的组成部分,是国家形象在具体城市的表现。

总体来说,城市形象是一个城市文化和自然风光最直接的体现,是国家形象的缩影和国家形象的子系统。清华大学新闻传播学院范红教授认为,城市形象和国家形象传播的核心是如何形成传播合力。在国家层面,应该有战略的思考、整合的机制和统筹的部门,[2] 明确国家形象和北京城市形象的核心传播元素,做到形象定位高度契合,进而形成整体合力。在积极推动城市形象的塑造和传播的同时,能够积极推动国家形象的建构和传播,同样,建构国家形象也有利于北京城市形象的推广和提升。

---

[1] 陈洁:《国家形象建构视角下的城市品牌传播》,硕士学位论文,武汉大学,2017。
[2] 邱奕明:《公共外交视野中的国家与城市形象传播——第六届政府新闻学研讨会综述》,《现代传播》(中国传媒大学学报) 2012 年第 12 期,第 54~55 页。

2. 两类形象识别互为认知补充

城市形象代表着一个城市的文化和风貌，是城市的重要组成部分。城市在进行形象塑造的时候，会对这些代表城市形象的元素进行挑选。这些元素虽然展现的是城市自身的个性特征，但也代表了深层次的国家形象。在经济形象中，北京形象的"科技水平高"可以扩散出"5G、机器人、微信、移动支付"等概念，这些认知补充了受众对国家经济形象"潜力、开放、国际化"的描述；在安全形象中，受众根据自身生活提出了"监控""绿化""安全门"等细节，这些丰富了其对国家安全形象较为抽象的理解。作为国家形象的重要组成部分，城市形象是国家形象的主要承载者，它反映了国家的历史进程和时代发展。

研究发现，不仅城市形象对国家形象有认知补充，国家形象在很多方面也开阔了城市形象的认知视角。例如政府形象中，国家领导人的"勤勉、坚韧、远见"弥补了受众对北京市政府形象认知的不足，可以有效地丰富受众对北京市政府形象的评价路径。因此，城市形象与国家形象之间存在双向互动关系，两者互为认知补充，是紧密联系且相辅相成的。[1] 作为对城市形象的认知支持，国家形象的上层设计需要将城市形象的规划纳入其中，作为重要的建构维度做整体性、系统性的战略规划。同时，我们要将城市形象的塑造置于国家形象建构的视角下，在中国国家形象建构的大背景下，聚焦国际化都市形象的建构。

附录1　国家形象认识调查深访对象基本信息

单位：岁

代码	国家	性别	年龄	职业	现居住地
R1	俄罗斯	女	19	辽宁大学留学生	俄罗斯
R2	越南	男	29	越南克缇传媒公司记者	北京
R3	马来西亚	男	26	中国传媒大学留学生	北京

---

[1] 李曼：《从城市宣传片看国家形象的审美构建》，硕士学位论文，江苏师范大学，2014。

行进中的北京城市形象

续表

代码	国家	性别	年龄	职业	现居住地
R4	新加坡	女	28	新加坡某公司人力资源经理	新加坡
R5	新加坡	女	28	新加坡某公司市场部销售	新加坡
R6	马来西亚	男	45	马来西亚兼职教授和国际会计师	北京
R7	土耳其	男	33	土耳其电影导演	北京
R8	韩国	男	29	CBM影视译制机构配音员	北京
R9	土耳其	女	35	土耳其某大学助教	丹麦
R10	马来西亚	女	37	北京某大学留学生	北京
R11	保加利亚	男	34	保加利亚律师	上海
R12	尼泊尔	男	35	中国国际广播电台外请专家	北京
R13	巴拿马	女	54	北京第二外国语学院教师	北京
R14	韩国	男	40	韩国某公司高管	北京
R15	乌克兰	男	28	北京语言大学留学生	北京
R16	土耳其	女	23	北京语言大学留学生	北京
R17	巴基斯坦	男	24	北京语言大学留学生	北京
R18	乌克兰	女	27	北京第二外国语学院语言生	北京
R19	蒙古国	女	22	中央戏剧学院留学生	北京
R20	韩国	女	21	中央戏剧学院留学生	北京
R21	印度	男	29	自由职业者	广州
R22	泰国	男	21	中国传媒大学留学生	北京
R23	韩国	女	22	北京第二外国语学院语言生	北京
R24	泰国	女	27	中国泰国商会实习助理	北京
R25	新加坡	女	24	北京某大学留学生	北京
R26	泰国	女	34	北京第二外国语学院语言生	北京
R27	巴基斯坦	男	39	巴基斯坦某大学教师	广州
R28	印度	男	24	华南理工大学留学生	印度
R29	罗马尼亚	女	16	中央戏剧学院交换生	罗马尼亚
R30	伊朗	男	33	上海交通大学留学生	上海
R31	塔吉克斯坦	男	18	中国传媒大学留学生	北京
R32	巴基斯坦	男	27	巴基斯坦记者	巴基斯坦
R33	巴基斯坦	男	35	巴基斯坦记者	巴基斯坦
R34	巴基斯坦	男	32	巴基斯坦记者	巴基斯坦
R35	巴基斯坦	女	23	中国传媒大学留学生	北京
R36	阿富汗	男	33	中国传媒大学留学生	北京

续表

代码	国家	性别	年龄	职业	现居住地
R37	斯里兰卡	女	38	中国传媒大学留学生	北京
R38	尼泊尔	女	25	中国传媒大学留学生	北京
R39	保加利亚	男	29	中国传媒大学留学生	北京
R40	阿富汗	男	30	中国传媒大学留学生	北京
R41	保加利亚	女	47	经济学家	江苏常州
R42	亚美尼亚	男	30	上海某大学留学生	上海
R43	黎巴嫩	男	28	某汽车经销商	黎巴嫩

附录2 北京城市形象认知特征深访对象基本信息

代码	国家	职业	学校
R1	韩国	留学生	北京第二外国语学院
R2	英国	留学生	北京第二外国语学院
R3	墨西哥	留学生	北京第二外国语学院
R4	埃及	留学生	北京第二外国语学院
R5	韩国	留学生	北京第二外国语学院
R6	韩国	留学生	北京第二外国语学院
R7	日本	留学生	北京第二外国语学院
R8	马里	留学生	北京第二外国语学院
R9	日本	留学生	北京第二外国语学院
R10	日本	留学生	北京第二外国语学院
R11	法国	留学生	中国传媒大学
R12	塔吉克斯坦	留学生	中国传媒大学
R13	美国	留学生	中国传媒大学
R14	墨西哥	留学生	中国传媒大学
R15	西班牙	留学生	中国传媒大学
R16	英国	留学生	北京外国语大学
R17	俄罗斯	留学生	北京外国语大学
R18	马来西亚	留学生	北京外国语大学
R19	西班牙	留学生	北京外国语大学

基于北京第二外国语学院留学生群体的北京城市"四个中心"定位传播效果研究

李星儒 王惠萱[*]

一 绪论

（一）研究背景

随着全球化的发展，国际大都市在国际环境中的竞争也越来越激烈，城市形象的塑造与传播对于提升城市品牌影响力有着至关重要的作用。2017年，党中央、国务院批复文件《北京城市总体规划（2016年—2035年）》，着力塑造北京文化中心、政治中心、国际交往中心、科技创新中心的城市形象，制定了明确的阶段性目标，增强北京在国际上的城市品牌影响力，打造专属于北京的城市名片。从文件推出到推行，北京在进行宏观规划的同时逐步推进建设进程。北京在近年提出职能疏解、打造宜居城市、推动"三个文化带"建设、突出文化特色、增强国际交往能力、增强科技创新能力以及促进高精尖产业的聚集等一系列目标，使北京在国际环境中城市品牌影响力更强。

《北京城市总体规划（2016年—2035年）》提出，预计到2030年，北京基本建成国际一流的和谐宜居之都，治理"大城市病"取得显著成效，首都核心功能更加优化，京津冀区域一体化格局基本形成；2050年，北京全面建成国际一流的和谐宜居之都，京津冀区域实现高水平协同发展，建成以首都为核心，生态环境良好、经济文化发展、社会和谐稳定的世界级

---

[*] 李星儒，北京第二外国语学院文化与传播学院新闻系主任，副教授，博士，主要研究方向为媒介内容与媒介传播；王惠萱，北京第二外国语学院文化与传播学院新闻学专业2016级本科生。

基于北京第二外国语学院留学生群体的北京城市"四个中心"定位传播效果研究

城市群。

北京"四个中心"城市建设已初有成效。政治方面，进行"一核一城三带两区"文化中心建设，疏解非首都功能，控制城区人口增长，核心区进行"两减"、中心城区进行"三减"、留白增绿，构建"一核一主一副"的城市空间结构等；文化方面，进行演艺之都建设、文化设施建设、CRD规划建设等；国际交往方面，进行国家会议中心二期项目建设、大型国际机场建设，承办重大国际性会议及节庆活动，提升国际交往的硬件设施与软件设施等；科技方面，大力发展"高精尖"产业，推进"三城一区"建设，为高科技人才制定优惠政策。

本文从受众传播效果出发，结合北京城市规划"四个中心"定位，将研究重点聚焦于校园中的跨文化受众传播效果分析，通过对北京第二外国语学院留学生进行问卷调查、焦点小组访谈与深度访谈，了解其对北京城市形象的认知，深入剖析认知形成的原因与影响因素，寻找其在认知上与北京城市建设的差异状况，以期为北京城市建设提出切实可行的建议。

(二) 概念界定

本文对政府批复文件中北京科技创新中心概念的具体内涵进行了更进一步的辨析与界定。

首先，关于科学技术产业与创新技术产业的概念，两者是从两个独立维度出发作为建设目标还是将统一体形式作为建设目标，还需更加明晰的官方界定。

其次，科技创新定位是侧重于以人工智能、航空航天、生物技术为代表的高精尖产业，即"硬科技"，还是侧重于以移动支付、网络经济、动漫产业等为主的"软创新"，此具体内涵还需进一步辨析。

最后，本文采用"科技"和"创新"相结合的"科技创新"概念，将"硬科技"与"软创新"并列作为科技创新中心的定位要求。

此外，由于"四个中心"形象定位的概念较为宽泛，为了让受访对象能够了解到调查内容的具体指标，所以在调查研究中，我们通过结合官方相关指数与标准，将每个中心形象定位细分为可感知、可接触、可评价的微观维度进行具体考察。

(三) 研究所关注的主要问题

本文就《北京城市总体规划（2016年—2035年）》中提出的北京城市

形象的"四个中心"定位，查阅资料分析该规划近年来实施的具体措施与行动成果，通过调查北京第二外国语学院留学生对北京"四个中心"形象的传播效果认知，深入分析其接触及认知的动机，发现并总结北京"四个中心"在跨文化传播中建设和传播的实际效果及其与目标的差距所在，指出现阶段建设存在的问题，并提出具体可行的改进措施。

在北京形象设定上，结合北京城市规划"四个中心"定位，将研究重点聚焦于校园中的跨文化受众传播效果分析。本文利用北京第二外国语学院留学生资源，与其深入探讨对北京的印象，并进行深入剖析。本文还研究传播学经典理论在其中是否依然适用，又是否会有所变形。

通过留学生对北京"四个中心"城市形象建设的受众认知效果调查，把握跨文化传播活动中受众的认知效果与实际发展情况的差距，研究传播学经典理论在该传播活动中的应用及变形。

最终通过质性研究和量化研究，从文化、政治、科技、国际交流方面将北京形象传播效果问题细分，对二外留学生进行受众效果分析，分析总结北京"四个中心"形象在跨文化传播中受众效果的一般规律及影响，努力为北京城市形象的塑造和对外传播提供更多参考。

（四）研究方法与数据来源

本文采用问卷调查、焦点小组访谈与深度访谈结合的方式进行研究，旨在结合数据与文本内容分析，进行全面而深入的探讨。

问卷主要包含两方面内容：第一，收集留学生的背景信息，包括性别、国籍、来京时间、学习汉语时长等；第二，从文化中心、政治中心、宜居城市、国际交往中心、科技创新中心五方面来分析留学生对北京城市形象的认知状况，其中宜居城市是官方文件中特别提出的建设目标，故添加于问卷调查之中。

此项调查于2019年6月27日至7月5日进行，共发放100份问卷，最终回收有效问卷52份。

焦点小组访谈共分3组，每组3人，共9人；深度访谈共1组，1人。焦点小组访谈与深度访谈的内容主要集中于问卷中数据结果与现实存在差异的问题、对国际交往中心与科技创新中心的认知及其形成的影响因素，意在探究受访者认知形成的心理动因与现实外因，以此分析二外留学生对北京"四个中心"形象建设认知及其与现实之间的差异。

基于北京第二外国语学院留学生群体的北京城市"四个中心"定位传播效果研究

二 调研对象特征

调查对象中男生占30.8%,女生占69.2%(见图1)。从年龄分布上来看,17.3%为19岁,25%为20岁,15.4%为21岁,42.3%为22岁及以上;从专业分布上来看,90.4%为汉语专业,9.6%为国际贸易等专业。

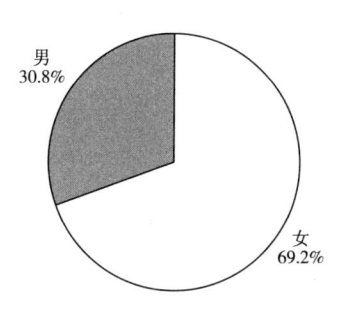

图1 受访者性别分布

资料来源:笔者调研所得。

从国籍来看,韩国占34.6%,日本占23.1%,法国占7.6%,塔吉克斯坦占5.8%,美国占5.8%,圣多美和普林西比占5.8%,墨西哥占3.8%,来自英国、俄罗斯、布隆迪、安提瓜和巴布达、几内亚比绍、缅甸、马里的留学生各1名。

从来京时长来看,44.2%的调查对象为半年以下,19.2%为半年到一年,23.1%为一年到两年,13.5%为两年以上(见图2)。

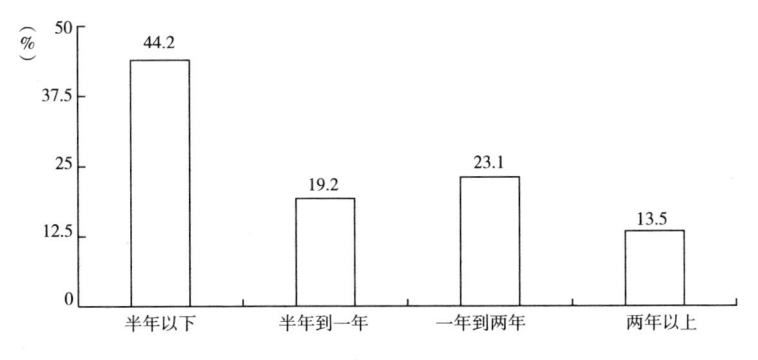

图2 受访者来京时长

163

从学习汉语时长来看，9.6%的调查对象为一年以下，13.5%为一年到两年，28.9%为两年到三年，19.2%为三年到四年，11.5%为四年以上（见图3），17.3%的调查对象未明确回复。

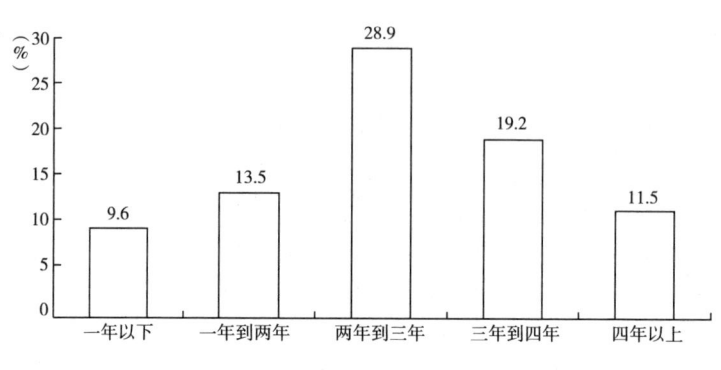

图3 受访者学习汉语时长

三 调研结果分析

二外留学生对北京"四个中心"形象认知在整体上呈现为正面评价，但是通过后续的焦点小组访谈和深度访谈发现，二外留学生在对国际交往中心形象和科技创新中心形象的认知上，存在低认知度、高认可度的矛盾现象。

（一）北京文化中心形象认知状况

首先，在北京及周边文化旅游方面，本文将其细分为景点基础设施建设、景点文物保护修缮、景区服务人员态度及旅游感受等维度。调查显示，景点基础设施建设方面，98.1%的二外留学生去过北京及周边旅游景点参观，33.3%的留学生对北京及周边景点建设表示满意，总体无负面评价（见图4）。

其次，在传统文化方面，总体满意度较高，38.5%的留学生对传统文化非常感兴趣（见图4）。

最后，在现代文化方面，调查显示，59.6%的留学生到访过图书馆并感到满意，94.1%的留学生了解北京是高等学府聚集地，63.5%的留学生表示去过北京的文化创意区，并认为其具有一定的文化吸引力（见图5），其中

27.3%的留学生认为其非常具有文化吸引力。

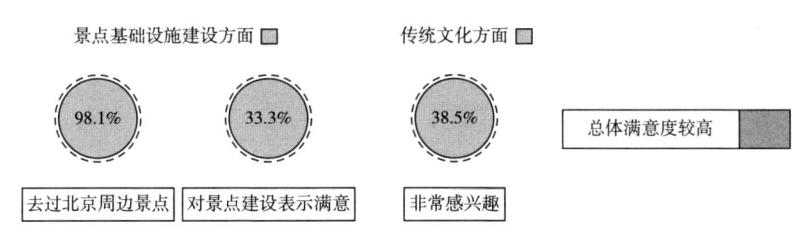

图 4 受访者对北京及周边文化旅游的满意度
资料来源：笔者调研所得。

图 5 受访者对北京现代文化设施的满意度
资料来源：笔者调研所得。

为获知二外留学生对北京文化中心形象的印象标签，问卷中设置了部分填空题，从回答情况看，天安门、长城、故宫和京剧是代表北京文化的重要印象标签，天安门、故宫等著名旅游景点是受访者心中文化地标的代表，京剧、烤鸭、杂技是留学生对北京文化形象的认知标签。传统文化艺术、著名旅游景点与政治地标是受访者构建文化中心印象的重要维度。

1. 北京传统文化建设与现代文化建设效果不均衡

通过问卷调查、焦点小组访谈和深度访谈分析发现，受访者对传统文化的认知及评价普遍高于现代文化。

在传统文化方面，问卷调查结果显示受访者认可度及好评度较高，但是在后续的访谈中，受访者首先表现出对中国传统文化的尊敬，在深入探讨后却展现出了对中国传统文化不一样的态度。访谈结果显示，实际上，受访者认为中国传统文化的吸引力并不高，好评多来自中国传统文化在国际上的知名度和美誉度。传统文化自身的知名度与美誉度成为影响国外受众选择接触该文化的重要因素，多名受访者表示虽然不能真正理解中国传统文化，但欣赏的时候还是能体会到那种历史文化的传承感与不同文化碰撞的魅力。

行进中的北京城市形象

> 非常敬佩，能够感受到其中厚重的历史文化，比如京剧，可以看出表演者做了很多准备，也练习了很多年。虽然不能理解，但是会尊重这种文化。这样的乐曲与表演不是每个人都能够做到的。（墨西哥 达丽雅）

经分析，语言障碍、文化差异成为影响中国传统文化对外国人吸引力不高的关键因素。语言障碍是跨文化传播中的第一道障碍，严重阻碍了深层次的文化理解与文化交流。

> 我对话剧和京剧很感兴趣，但是有语言障碍，不是很能看懂。（英国 爱德华）

文化差异对外国人理解中国传统文化具有双向作用，京剧、话剧等需要较深文化底蕴和较高文化理解力的艺术形式，在跨文化传播中一般可以获得浅层次的认可与赞同，但是很难达到深层次的被理解与喜爱。而文化差异对于文化理解力需求较弱的乐器、书法等，可能会有促进兴趣产生的积极作用。

> 中国的书法非常优美，我们国家的文字虽然也能够做出形态变化，但是没有中国书法那么好看。（埃及 麦伊）
>
> 我认为乐器比京剧更加吸引人，如唢呐等，非常独特，声音优美，这些在英国文化中是缺失的。（英国 托马斯）

坚持弘扬与发展中国传统文化和北京特色传统文化，对北京建设全国文化中心影响重大。结合问卷调查数据与访谈分析来看，虽然语言障碍在一定程度上削弱了传统文化吸引力与国外受众对文化的深入了解，但是整体上并没有影响国外受众对北京文化整体的评价。

在现代文化方面，虽然问卷调查数据显示出受访者对北京现代文化有较高的认可度与好评度，但是经过后续的访谈调查发现，受访者并不真正了解北京的现代文化现状，无法准确说出能够代表北京现代文化或者与北京现代文化相关的标签。

基于北京第二外国语学院留学生群体的北京城市"四个中心"定位传播效果研究

对于现代文化设施如图书馆、博物馆等，受访者通过自身实际经验指出，北京市内图书馆数量少且分布不均，高校资源开放度低，外国留学生想要在本校外图书馆看书需要经过复杂的安检与证件办理程序。

  我去过国家图书馆，但因为我是外国人，所以部分书不能借走，只能在那里阅读。进入图书馆的程序非常复杂，花费了很长时间才进去。但是外国的书很全。（英国　爱德华）

对于美术馆、艺术展等文化场所，受访者表示，文化氛围弱成为阻碍其深入了解该文化的重要原因。受访者结合自身参观经验指出，参观时周围的游客举着自拍杆自拍的行为、不关注作品的打卡式拍照行为非常影响其想要深入了解该文化的心情。

  我去过故宫博物院和国家博物馆，我非常喜欢这些地方。那里的藏品和建筑都非常有历史感，但参观的人真是太多了，而且他们很多人不是在参观，而是举着自拍杆在拍照，有的时候你想看一些东西会被挡住。（墨西哥　达丽雅）

当把北京现代文化作为一个整体讨论的时候，受访者认为北京存在部分本土文化逐渐衰弱的情况。

  北京发展得越来越快，但是部分本土文化在消失，中国应该保护并发扬自己的文化。（埃及　麦伊）

受访者的这种认知主要是文化差异和北京的现代文化建设存在短板造成的。一方面，来自日韩国家的受访者更倾向于用本国突出的文化作为衡量北京有无类似突出现代文化的标准；另一方面，北京在现代文化建设方面确实存在缺失。同时，北京现代文化从文化设施建设到整体的文化氛围都存在诸多问题需要改进。

2. 移动支付成为北京文化中心代表性标签之一

在问卷调查与访谈的过程中，出现了多名受访者认为移动支付是北京

行进中的北京城市形象

文化关键标签的现象。这一认知行为与既往认知相异，在一定程度上反映了移动支付在中国高度普及，同时说明了软科技的创新、发展以及推广应用已经逐渐融入文化领域，并成为构建北京文化中心形象的重要组成部分。

3. 留学生教育制度实行与监管不规范，教学目标完成度有待提高

留学生对北京高等学府有一定的了解，同时对北京市高等教育的教育方式、教学内容提出了问题。

首先，课本仅有中英对译版，造成留学生初期学习困难。以二外为例，学校会根据留学生的汉语水平进行分班，班级内学生来自不同的国家，形成了多语言教学环境，采用中英对译版教材增加了非英语国家学生学习汉语的难度。

> 我们预科来北京学汉语，但是所有的课本都是中英文版的。我们来自不同的国家，要是说法语的话，语法上和英文不一样，理解上也就不同。从汉语到英语再到法语，翻译的内容有时候会不准确。（马里　迪亚罗）

其次，外国留学生的文化语境与中国不同，课本内容老旧会在一定程度上削弱其学习的主动性与对该文化的兴趣度，影响留学生后续的认知行为与传播行为。

> 外国男孩喜欢足球，我个人喜欢相声，那些大家都感兴趣、具有中国文化特色的内容，能够让我们更有学习的动力。（马里　迪亚罗）

最后，通过访谈，发现留学生交换制度在教学管理上存在监管不规范的问题。本科制留学生与交换制留学生教学管理标准不一，交换制留学生的考勤和测评管理较本科制留学生更加松弛，容易造成留学生内部心理不平衡，最终在教学层面难以达到教学目标，也削弱了文化输出的影响力。

> 我的一个同学三个月都没来上过课，但最后也能参加考试，这和规定的缺课多次不能参加考试不一样。（埃及　麦伊）

基于北京第二外国语学院留学生群体的北京城市"四个中心"定位传播效果研究

（二）北京宜居城市形象认知状况

在《北京城市总体规划（2016年—2035年）》中，打造宜居城市作为一项重要目标被提出。本文将宜居城市划分为空气适宜度、社会文明度、环境优美度、资源承载度、生活便宜度与公共安全度等维度进行调查。问卷调查结果显示，除空气质量外，受访者对北京的社会文明度、环境优美度、资源承载度、生活便宜度与公共安全度的评价较高。

首先，从环境方面来看，88.8%的受访者对北京绿化环境表示满意。其次，从公共交通方面看，13.7%的留学生认为北京交通出行不便，86.3%的人认为北京交通出行便利（见图6），对地铁与共享单车出行给出了高度评价。再次，从北京资源承载度看，65.5%的留学生认为北京的人口过多，会感到拥挤。

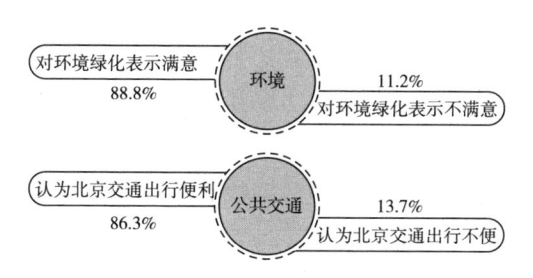

图6 受访者对北京环境绿化和公共交通的满意度
资料来源：笔者调研所得。

从医疗体验方面看，受访者均在北京有过就医体验，他们对就医程序的便捷度与医疗水平均做出了正面评价。从北京公共安全度看，84.6%的留学生表示高度认可。

通过问卷调查、焦点小组访谈和深度访谈分析发现，虽然北京宜居城市中心定位建设整体上获得了受访者的高度评价，但需要注意的是，后续的焦点小组访谈和深度访谈，仍然暴露出北京存在许多不足之处。有受访者表示："虽然北京是一座宜居城市，但是我可能不会选择在这里长期定居。"

1. 空气污染治理已初见成效

在关于空气质量方面的访谈中，值得注意的一点是，超过半数的受访者对北京雾霾天气做出了负面评价。但是在后续的访谈过程中，在北京居

行进中的北京城市形象

住超过1年的人都认为北京的雾霾情况有所好转。该认知与近年北京持续变好的空气质量相符，证明北京空气污染治理已初见成效（见图7）。

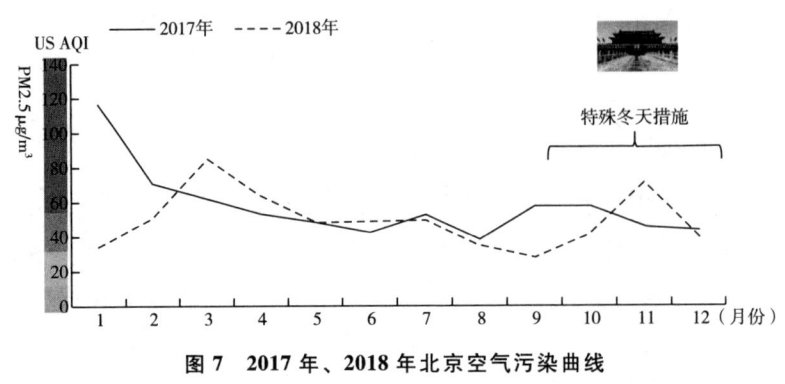

图7 2017年、2018年北京空气污染曲线

资料来源：Smart Air。

2. 医疗流程烦琐成留学生就医最大问题

在关于北京医疗方面的访谈中，大多数受访者表示，"就医挂号与就诊程序过于复杂，要在不同的楼层之间来回跑"。少数在北京居住时间长的受访者表示，"使用过网上预约挂号，非常便捷，但是就诊程序真的太复杂了。有些单据还要自助打印，部分外国人不知道这些"。

首先，需要指出的是，实际上，北京医疗挂号确实有多种便捷通道，例如各大医院官网以及京医通、北京114、北京本地宝等公众号。但是由于语言障碍与跨文化媒介使用的困难，外国留学生使用微信等社交软件基本围绕学校事务与基础的社交，而了解公众号并使用便民服务功能对其而言存在一定难度。另外，留学生群体获知本地医疗便民服务渠道的闭塞反映了网上预约挂号宣传对该群体关注度的欠缺，说明医疗便民的到达性只到达本地居民，并没有到达在京居住的外国人群体。

> 有享受医保也去过医院，但是程序很复杂，需要有人带着我们去才能知道怎么做。（日本 山本未来）

其次，受访者分别来自不同的国家，对挂号流程、就诊流程、支付方式等的评价均存在差异，受访者表示自己国家的医疗水平是他们衡量北京整体医疗水平的重要标准。

基于北京第二外国语学院留学生群体的北京城市"四个中心"定位传播效果研究

最后,就医流程复杂加之语言障碍,极大地影响了留学生患者的就医体验。北京各大医院基本覆盖了自助挂号机器,但是该机器无对应的英文翻译,且志愿者的英语水平普遍不高,因此医院就医流程与外语指引标识还需要进行更加人性化的设计与改进。

> 第二个还是语言的问题,有的医生外语水平不是很高。我去过很多地方,一进去他们就说自己英语不好,可能是真的不好。有的人不会说英语也不会说汉语,在给医生打电话的时候,我就需要在中间做翻译。(沟通)过程有点麻烦。(马里　迪亚罗)

3. 公共安全得到高度评价,但行车规范问题仍需改善

在公共安全度方面,受访者对北京的安检系统、禁枪、治安情况表示了高度赞赏,夜晚出行安全性、暴力事件数量、安保人员数量、居民友好度与交通安全构成了他们衡量北京公共安全度的标准。

> 北京地铁的安检门设计让人感觉非常有安全感,这个门的设计非常人性化且贴心。(英国　爱德华)

然而,仍然需要注意的是,在交通安全方面,受访者表示多次遇到机动车车主不遵守交通法规,就算在斑马线也不礼让行人,"路怒症"情况非常突出,有时候骑自行车甚至能感觉到车从身边快速开过。此外,电动车逆行、在人行道行驶等不遵守交通规则的行为让他们感觉非常危险,"在路上走着,耳边响起滴滴声,还没有反应过来的时候一辆电动车已经从自己旁边擦身而过了,感觉非常惊险"。

4. 高评价背后的疑虑:留居北京"困难多"

整体而言,虽然受访者对北京的交通安全问题存在顾虑,但是并没有影响他们做出高度评价。然而,评价高并不等于在北京定居的意愿强。在京外国人居留权、工作机会等现实问题与生活节奏、文化差异等主观因素是影响受访者留居北京意愿不强的重要因素。尽管北京近年来持续创新外国人来华工作服务,出台多项针对外国高端人才的优惠政策,但是对留学生群体而言,想要留在北京工作生活仍然是一道高门槛。

行进中的北京城市形象

通过访谈，受访者表示不愿在北京长期定居的主要原因是竞争压力大、生活节奏快、定居条件严格等。少数受访者认为北京是一个竞争大但工作机会多的城市，如果为了自己未来的工作机会，会考虑在北京短期居住，但是仍然没有长期定居的打算。

上述影响因素的背后反映出北京"大城市病"的存在，若要达到建设国际一流的和谐宜居之都的阶段性目标，疏解非首都功能，缓解"大城市病"问题，还需针对现有问题制定出进一步的解决方案。

（三）北京国际交往中心认知状况

首先，对于北京所承办的国际会议，本文细分为内化认知和外部宣传这两个主要维度。问卷调查结果显示，在对北京会议举办的认知上，所有二外留学生知道北京是诸多大型国际会议或国际活动的举办地，73.6%的留学生认为北京承办国际会议次数在国际上位于前十名之列。

其次，在举办的国际节庆活动方面，此次调查体现了二外留学生对这一部分认识的缺失。调查显示，所有受访者并没有过多关注北京举办的国际性节庆活动，并表示其获知国际性节庆活动的渠道闭塞，而活动本身的知名度与吸引力对其而言也较低。此外，以北京国际电影节为例，22.7%的受访者表示对其非常感兴趣，但是由于该活动准入门槛高，留学生很难参与其中。另外，在大型国际体育赛事方面，所有受访者对北京承办赛事的效果给出了高度评价，并知道北京是2022年冬季奥运会的举办地。

最后，在外语标识上，本文将其细分为外语标识数量、标识准确度两方面，根据问卷调查的数据，78%的二外留学生见到外语标识，其中62.9%的人表示外语标识准确度较高，且对其生活有所帮助。

综合问卷调查与访谈内容发现，留学生对北京大型体育赛事的举办高度满意，而对北京承办的国际会议、在北京驻扎的国际组织等方面呈现低认知、高评价的认知现象。

为获知二外留学生对北京国际交往中心形象的印象标签，问卷中设置了部分填空题，从回答情况看，留学生无法对北京形成特有的国际交往中心形象标签，也无法列举近两年北京举办的知名会议，对北京近年来的国际交往中心大型规划亦表示不甚了解，呈现低认知、高认可的认知现象。

1. 2008年北京奥运会成为具有影响力的国际性标签

在关于大型体育赛事的访谈中，受访者都提到了2008年北京奥运会给

基于北京第二外国语学院留学生群体的北京城市"四个中心"定位传播效果研究

他们带来的认知上的重大影响。2008年北京举办奥运会,全球性新闻宣传力度强、全球受众广泛且具有生活可接触性、举办水平高,北京在各国讨论度上升,这些因素使北京的国际影响力显著提升。

  北京在2008年举办奥运会以后,在我们国家的讨论度变高了,关于北京方面的新闻报道也变得比以往多了一些。(墨西哥 达利亚)
  北京在国际上具有影响力的标签应该就是2008年北京奥运会了,北京马上要举办2022年冬季奥运会,我非常期待。(英国 爱德华)

从访谈结果看,留学生对2008年北京奥运会给出了正面评价,也说明成功举办一场重大国际性体育赛事,会传递正面印象,形成良好的国际形象标签。我国在重大活动上会投入大量的新闻宣传,而北京2008年奥运会是新中国成立以来首次承办如此高级别的国际体育赛事,新闻宣传与全球共同关注有效提升了北京在世界上的知名度,在留学生对北京作为国际交往中心的认知上也发挥了较大的影响作用。

2. 低认知、高评价——留学生对北京国际交往中心存在认知偏差

在关于北京国际会议举办和国际组织、节庆活动的问卷调查数据中,受访者普遍对北京承办的国际会议、在北京驻扎的国际组织等认知度较低,但给予了高度评价。需要注意的是,该认知情况明显高于北京实际情况。据国际大会与会议协会(ICCA)发布的数据,2017年度北京接待高规格国际会议的数量为81个,2018年度举办高规格国际会议94个(见图8),全球排名第22位。虽然呈现逐年增长的趋势,但是仍然低于留学生认知的数量水平。

根据调查,受访者唯一了解的在北京举办的国际性节庆活动是北京国际电影节,但是由于获知渠道闭塞、准入门槛高,留学生群体想要参与其中十分困难。对二外留学生来说,参与北京国际电影节的渠道,一是通过志愿者公众号平台进行申请考核,二是由校组织介绍参与电影节岗位实习,三是通过网站或公众号进行购票。然而对留学生而言,他们缺少参与电影节内部活动的获知渠道,加之语言障碍很难获知信息,也不太会使用网络或社交媒体软件进行购票。

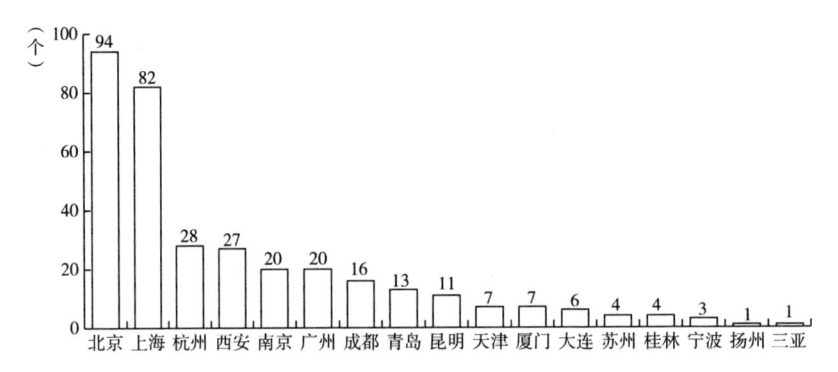

图8 2018年中国会奖旅游城市联盟会员城市国际会议数量

数据（个）：北京94、上海82、杭州28、西安27、南京20、广州20、成都16、青岛13、昆明11、天津7、厦门7、大连6、苏州4、桂林4、宁波3、扬州1、三亚1

资料来源：ICCA国际会议数据分析报告。

> 我真的非常想去北京的国际电影节看一看，但是（当志愿者）准入门槛太高太麻烦了，我就放弃了。（英国 爱德华）

留学生对北京国际性节庆活动认知度低与活动本身的规模和宣传有关。北京每年举办冠有"国际"头衔的节庆活动数量很多，如国际旅游节、国际商品购物节、国际图书节等，但是真正具有国际知名度与影响力的节庆活动寥寥无几，加之宣传渠道较窄，宣传内容偏向官方通稿，这也就造成留学生无法通过自己所知的信息渠道获知并参与这些活动。

通过分析发现，受访者主要以个人体验、兴趣度、既往认知和新闻传播力度作为衡量北京举办国际性节庆活动水平的标准。

综上，北京目前对国际交往中心发展规划侧重于国家层面的宏观建设，例如国家会议中心、人民大会堂、雁栖湖国际会都组成的"会议铁三角"，再加上国家会议中心、新国展、大兴国际机场会展中心组成的"展览三峰"，使北京的国际交往中心有了新格局。但是传播方式主要以官方正式的新闻宣传为主，细化传播过程投入不足，以致对国际重大会议及活动关注度较低的人群来说，宣传缺少吸引力与生活可接触性，这也就造成北京主体建设成果与受众认知的脱节。

（四）北京科技创新中心认知状况

1. 低认知、高评价——软创新是高评价的主要来源

在使用科技产品方面，本文分为个人认知和外部宣传两个主要维度，

基于北京第二外国语学院留学生群体的北京城市"四个中心"定位传播效果研究

问卷调查数据显示认知冲突。78.4%的人表示对科技毫无兴趣,72.7%的人表示不会参加科技活动,但是评价数据表明,69.8%的人认为北京科技创新水平很高,60%的人认为北京科技水平在全球位于前十名之列(见图9)。100%的受访者表示在日常生活中使用过科技产品,即移动支付,但当被问及是否了解北京其他科技产品、研发项目时,他们均表示不了解。

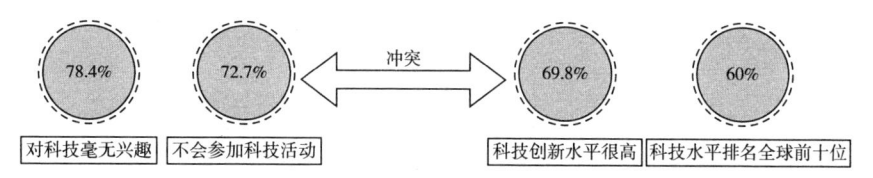

图9 受访者对北京科技创新水平的认知

资料来源:笔者调研所得。

结合问卷调查数据与焦点小组访谈内容分析发现,留学生对北京科技创新水平的认知总体呈现出一种低认知度、高认可度的现象。受访者的高认可度主要来源于对外卖、快递、移动支付、网购的评价。

值得注意的是,从受访者本身来看,受访的二外留学生均就读语言或人文社科学科,对科学技术的兴趣偏低、关注较少。基于该前提,调查结果具有一定的片面性,仅呈现且代表本校留学生认知情况。

2. 软创新成为留学生对北京科技创新中心的认知标签

对于调查结果呈现的低认知度现象,需要进一步分析。对于北京科技创新中心认知的低认知度主要体现在硬科技上,软创新普遍接受度高、评价较好。在访谈中,受访者均表示对中国的纳米技术、无人机等技术并不了解。经分析,新闻宣传、可接近性是受访者衡量北京硬科技水平的主要标准。

> 对于硬科技我了解得少,因为和生活隔得太远了,科技融入生活才是最厉害的。(马里 迪亚罗)

从科技分类来看,硬科技与生活关联度低,在一定程度上影响了新闻媒体的议程设置,宣传力度及覆盖范围小,无法在对外传播上发挥有效的

行进中的北京城市形象

宣传作用。

对于受访者在访谈以及调查过程中展现出的对北京科技创新的高认可度,主要是由软创新带来的。在关于使用过的科技产品的访谈中,受访者几乎都提到了移动支付,另外还有人提到机器人以及VR技术。经分析,可接近性、使用程度、与其他国家的比较,成为受访者衡量北京软科技创新能力的主要标准。

> 在北京生活非常便利,淘宝、移动支付真的太方便了,韩国对移动支付和转账有限制,不是所有地方都可以向中国这样,无论大小超市还是商铺都可以使用手机支付,而韩国转账超过10次就要收取手续费。(韩国 韩智睿)
> 我觉得北京科技水平比较高,除了移动支付,在生活中我还接触过机器人服务员、VR设备这些非常有科技感的东西。(马里 迪亚罗)

移动支付为受访者带来的实际的生活便利对他们认知北京科技水平发挥着积极作用。

> 我知道5G技术是因为我们国家正在研发,所以会有所关注。我觉得中国的科技水平在不断提高。(韩国 郑熙载)
> 据说华为要推出鸿蒙系统,感觉这也代表着科技研发能力很强。(马里 迪亚罗)

通过将我国科技产品与其他国家的科技产品对比,也可以帮助受访者衡量中国的科技创新水平,而这种对软创新高认知度的情况也符合我国实际情况。从访谈结果看,留学生对自己在北京使用过的科技产品都给出了非常正面的评价,这也是影响他们判别北京科技创新能力的重要指标。

为获知二外留学生对北京科技创新中心的印象标签,问卷中设置了部分填空题,从回答情况看,软创新成为留学生形成北京科技创新中心高认可度的主要来源,而对具体的硬科技内容,他们无法清晰列举,因此呈现出低认知度、高认可度的认知现象。

四 思考与建议

本文通过问卷调查、焦点小组访谈和深度访谈，收集、整理了二外留学生对北京"四个中心"城市形象的认知状况。经过调查分析，面对实际存在的一系列问题，笔者认为应坚持贯彻整合营销的思路，通过整合传播媒介、传播内容、传播受众及传播组织，有秩序、有针对性地开展城市形象建设与传播，保证北京"四个中心"城市形象定位的规划目标能够得到最优实现。针对问题，笔者提出以下若干建议。

（一）贯彻整合营销思路，塑造城市品牌

1. 针对国内外受众制定精准的受众画像

由于国外受众与国内受众在文化背景、宗教信仰、社会风俗等方面存在差异，对城市形象建设与传播的感知和理解也存在维度及层次上的差异。增强北京国际交往中心能力的基础就在于了解外国受众认识北京的角度和方式，如此才能知己知彼，为实现最有效果的传播奠定基础。

2. 针对个性化受众制订不同的传播方案，整合传播内容与传播渠道，实现资源配置的最优化

调查结果显示，外国受众对北京传统文化的了解和喜爱程度远远高于现代文化。建议合理运用融媒体，通过多方矩阵继续保持传统文化的传播优势，争取在国际上形成更具内涵与文化影响力的文化标签。

3. 整合所有传播渠道，通过外国受众接触率最高的新媒体渠道进行有针对性的传播

通过整合传播渠道，增加媒介与受众的接触，以期未来能够在国外受众中达成媒介信任。此外，推进北京高校汉语学院的教学改革，探寻既保留传统文化精华又增加能使外国留学生感兴趣的"新"内容巧妙融合的方式，改进教学方法，全面提高教学吸引力、教学质量与教学口碑。

（二）弘扬传统文化，发现现代文化

1. 为传统文化多元传播赋能，助力其与世界接轨

增强传统文化多语言传播，减小跨文化传播中的语言障碍干扰，为外语受众提供深入了解北京文化的机会与空间。同时可以适当结合时下热点与潮流，开发周边文创产品，拓宽传统文化的个性化解读空间。

2. 营造健康文化氛围，发现北京现代文化

给予北京文化创意区更多扶持与宣传推广支持，为现代文化的创新与发展提供成长的土壤，鼓励大众寻找能够代表北京的现代文化。营造健康的文化氛围，为中华文化在京对外传播奠定环境基础。

3. 打造多元文化社区，促进多元文化交流融合

北京虽然有以望京为代表的韩国文化社区，但是其他文化的"外国人社区"建设相对薄弱，其他文化群体难以在北京找到社会归属感。着手打造多元文化社区，为多元文化的生存发展创造更多机会及空间，促进不同文明、不同发展模式交流对话，是增强北京国际交往能力的重要举措。

（三）完善服务管理制度，建设宜居北京

1. 加强外语标识普及，纠正翻译错误

北京路标、安全标识、景区标识以及其他便民设备应加强中英双语普及，对翻译错误、翻译歧义以及内容模糊不清的问题标识及时进行纠正修改，提高北京国际化水平。

2. 创建在京外国人专属App或公众号，提高便民服务到达性

针对在京外国人群体专门打造一款"本地通"App或公众号，汇集医疗挂号、签证查询、交通出行等服务，使便民服务及宜居城市形象传播精准到达需要人群，降低跨文化传播中的外语受众使用不同媒介的困难。

3. 规范交通违法行为，完善电动车管理制度

交通安全是衡量宜居城市的重要指标之一，电动车、三轮车占用人行道、不遵守信号灯的不规范行为需要有关部门及时出台相关规定进行管制，维护交通秩序与交通安全。同时，加强交通安全教育，提高全民交通安全意识，避免闯红灯、不礼让行人等的出现。

（四）提升北京服务国家总体外交能力，加强国际宣传推广

1. 重新定义国际性节庆活动内涵，寻找特色所在

丰富国际性节日、节庆活动的内涵，积极融合中外文化，探索适合北京国际活动的路线，改进呈现方式与风格，以期能够吸引国内外受众的注意力。同时，加强国际性活动的宣传力度，整合受众渠道，进一步开放活动的准入门槛，为更多人参与具有国际氛围的活动提供机会，在国际氛围中促进文化交流与文化自信的提升。

2. 加强多渠道传播，增强个性化内容设计

北京国际交往中心建设与宣传内容可增加多渠道、多媒介形式传播方式，结合当下流行短视频、Vlog、Plog 等形式，个性化展现建设成果与国际事务信息，拓宽受众面，增强内容的可接触性与可理解性，使传播内容摆脱严肃的官方新闻稿形式。

3. 抓准赛事时机，加大宣传力度

2008 年北京奥运会的成功举办为北京塑造了良好的国际形象，使北京的国际影响力显著提升。即将到来的 2022 年北京冬奥会，既是再次向国际展现大国能力与风范的机会，又是北京以国际交往中心形象在国际上的一次亮相。抓紧赛事契机，铺就长期宣传，紧跟热点事件，在 2022 年来临之前着力提高北京国际交往能力，打造国际城市品牌。

（五）培养创新人才，树立科技自信

1. 注重小众化的精准传播，培养科技人才

科技创新领域在传播中存在一定的知识壁垒，受众一般具有较高的科学素养，针对该群体进行精准传播，推送更具深度、更前沿的科技创新内容。形成识才、爱才、敬才、用才之风，开创人人皆可成才、人人尽展其才的生动局面。

2. 由可感到可知，增强科技成果的外化传播

实际上，北京是众多高精尖技术及产业的研发地与聚集地，5G 技术、航空航天技术、无人机技术等都在其领域位于世界领先水平，但是在宣传推广方面有所欠缺。通过融媒体，以更加生动形象、通俗易懂的可视方式将已有的科技创新成果外化，使人们对其感受由隐性的可感发展到显性的可知。

3. 树立科技创新自信，加强科技创新教育

整合各个渠道的媒介资源，加强科技创新基础普及教育，采用多样化、个性化的传播方式，有助于增强人民的科技创新自信，营造科技创新氛围，对人民更好地理解北京科技创新中心阶段性成果具有重大意义。

附录1　中文版问卷

亲爱的同学：

您好！

我是北京第二外国语学院文化与传播学院的研究者，这份问卷的目的是了解二外在校外国留学生对北京城市形象的认知。问卷的回答没有对错与好坏之分，希望您能表达您的真实想法。

本调查与个人信息相关的内容将严格保密。向您表示衷心的感谢，祝您学习顺利、生活愉快！

第一部分　对北京形象的认知

一　文化

物质文化遗产

1. 我去过北京及周边的景点旅游_____□是　□否
2. 北京及周边的景点建设（scenes construction）_____□不好　□好

非物质文化遗产

3. 我对北京的传统文化_____□不感兴趣　□感兴趣
4. 我对北京的美食_____□不喜欢　□喜欢

文化设施建设

5. 我参观过北京的博物馆或者图书馆_____□是　□否
6. 北京博物馆和图书馆的建设（construction）_____□不好　□好
7. 北京有很多知名大学（famous universities）_____□是　□否
8. 我在北京看过文艺演出（artistic performance）_____□是　□否
9. 北京文艺演出的水平_____□低　□高

文化创意

10. 我去过文化创意区（creative culture district）_____□是　□否
11. 北京文化创意区的吸引力_____□小　□大

基于北京第二外国语学院留学生群体的北京城市"四个中心"定位传播效果研究

文化品牌

12. 提起北京文化，我马上能想到_____、_____、_____

13. 我认为北京的文化地标（cultural landmark）是_____、_____、_____

二 政治

1. 北京作为中国的首都（capital），我能想到_____、_____、_____

2. 我认为北京的政治地标（political landmark）是_____、_____、_____

三 宜居城市

1. 我觉得北京的雾霾_____　　　　　□不严重　□严重
2. 北京的绿化环境（green environment）_____　　□不好　□好
3. 我乘坐公共交通出行_____　　　　　□从不　□经常
4. 我乘坐地铁、公交出行_____　　　　□不方便　□方便
5. 我感觉北京人口_____　　　　　　　□不拥挤　□拥挤
6. 我在排队上花费额外的时间_____　　□短　□长
7. 我在北京就医过_____　　　　　　　□是　□否
8. 我用过北京的医疗保险（medical insurance）_____　□是　□否
9. 我认为在北京看病的过程_____　　　□烦琐　□方便
10. 我觉得北京的医疗水平（medical level）_____　　□低　□高
11. 在北京购物（线上 online+线下 offline）_____　□不方便　□方便
12. 我在北京居住感到_____　　　　　　□不安全　□安全
13. 我认为北京的城市环境_____　　　　□不适宜居住　□适宜居住

四 国际交往

1. 我知道北京举办的一些国际重大会议（international conferences）

行进中的北京城市形象

_____□是 □否 举例_____

2. 在北京召开的国际会议次数，在全世界排名（rank）_____
A. 1~5　B. 6~10　C. 11~15　D. 16~20　E. 20之后

国际化设施建设及服务

3. 我知道北京正在建设第二个国际大型机场（large international airport）_____□是 □否

4. 我觉得北京的机场服务质量（airport service quality）_____
_____□不好 □好

5. 我觉得办理北京入境的过程_____□不方便 □方便

国际性节庆活动 & 国际赛事

6. 我知道北京在2022年即将举办冬奥会（Olympic Winter Games）
_____□是 □否

7. 我认为北京有举办大型体育比赛（sports events）的能力_____
_____□是 □否

8. 北京的大型体育比赛（sports events）举办效果（effect）_____
_____□不好 □好

9. 我知道在北京举办的国际节庆活动（international festivals）有
_____、_____、_____

国际氛围

10. 我在北京遇到外国人的频率（frequency）_____低 □高

11. 我在北京见到外语指引标识（foreign guidance sign）___□少 □多

12. 我认为北京外语指引标识的准确度（accuracy）_____□低 □高

13. 我认为北京外语指引标识对我帮助_____□小 □大

14. 我认为北京的国际影响力_____□弱 □强

五　科技创新

1. 我对科技相关事物_____□不感兴趣 □感兴趣

182

2. 我知道以下_____（多选）技术在北京进行研发。

A. 半导体　B. 5G　C. 纳米技术　D. 航空航天　E. AI

F. 无人机　G. 微波辐射计　H. 量子技术

3. 我在北京参与过科技相关的活动_____ □是　□否　举例_____

4. 我在北京使用过 AI 技术（刷脸支付、商场 AI 口红自动试色技术）_____ □是　□否

5. 提起北京的科技创新，我能想到_____

6. 我认为北京的科技创新地标（landmark of scientific and technological innovation）是_____、_____

7. 用 3 个词语描述北京的科技创新发展_____、_____、_____

8. 我认为北京市的科技创新水平_____ □低　□高

9. 我认为北京的科技创新能力在国际中排名（rank）_____

A. 1~5　B. 6~10　C. 11~15　D. 16~20　E. 20 之后

第二部分　个人信息

1. 性别

A. 男　B. 女

2. 年龄

A. 18　B. 19　C. 20　D. 21　E. 22 及以上

3. 你来自哪个国家？_____

4. 你现在就读于什么专业？_____

5. 你来北京多长时间了？

A. 半年及以下　B. 半年到一年　C. 一年到两年　D. 两年以上

6. 你学习中文的时间是_____

7. 你的姓名：_____

8. 你的联系方式：微信_____　手机号_____

附录 2　英文版问卷

Dear classmates:

Hello!

　　I am a researcher in Culture and Communication in BISU. The purpose of this questionnaire is to acquire the foreign students' cognitive of Beijing's image. There is no right or wrong answer to the questionnaire. To make your real choice is best.

　　The contents of this survey related to personal information will be kept strictly confidential. Thanks for your filling. Sincerely wish you a happy life!

Part One: The Cognitive of Beijing's Image

Ⅰ Culture

Material cultural heritage

　　1. I have been to Beijing and the surrounding scenic attractions for sightseeing. _____ □ *Yes* □ *No*

　　2. I think that the construction of famous attractions in Beijing and nearby is _____ □ *bad* □ *good*

Intangible cultural heritage

　　3. When it comes to Beijing's traditional culture, such as Peking Opera, handicrafts and so on, I think I'm _____ □ *uninterested* □ *interested*

　　4. When it comes to Beijing's food, I think I _____ □ *dislike it* □ *like it*

Cultural facilities construction

　　5. I have visited a museum or library in Beijing. _____ □ *Yes* □ *No*

　　6. I think the construction of cultural facilities (such as museums and libraries) in Beijing is _____ □ *bad* □ *good*

　　7. I know that Beijing is a gathering place for higher education. _____ □ *Yes* □ *No*

　　8. I have seen an artistic performance in Beijing. _____ □ *Yes* □ *No*

　　9. I think the level of Beijing's art performing is _____ □ *low* □ *high*

Cultural innovation

　　10. I have been to creative cultural districts such as 798. _____ □ *Yes* □ *No*

11. I think the Beijing Creative Culture District is _____
_____ ☐ *unattractive* ☐ *attractive*

Cultural brand

12. When it comes to Beijing culture, I can immediately think of _____ 、
_____ 、 _____

13. I think the landmarks that can represent Beijing's culture are _____ 、
_____ 、 _____

II Political

1. When it comes to Beijing as a capital, I can immediately think of _____ 、 _____ 、 _____

2. I think the landmarks that can represent Beijing as a political center are _____ 、 _____ 、 _____

III Livable Cities

1. I think haze in Beijing are _____ ☐ *not serious* ☐ *serious*
2. I think the greening in Beijing is _____ ☐ *bad* ☐ *good*
3. I use the public transportation _____ ☐ *never* ☐ *often*
4. I think Beijing's subway and bus are _____ ☐ *inconvenient* ☐ *convenient*
5. I think the population in Beijing is ___ ☐ *not overcrowded* ☐ *overcrowded*
6. When I want to do one thing, time of lining up is _____ ☐ *short* ☐ *long*
7. I've seen a doctor in Beijing. _____ ☐ *Yes* ☐ *No*
8. I have enjoyed Beijing's health care policy. _____ ☐ *Yes* ☐ *No*
9. When I go to see a doctor, I think the procedure is _____
_____ ☐ *inconvenient* ☐ *convenient*
10. I think the level of Beijing's medical treatment is _____ ☐ *low* ☐ *high*
11. When I go shopping (online+offline), I feel _____
_____ ☐ *inconvenient* ☐ *convenient*
12. Living in Beijing makes me feel _____ ☐ *unsafe* ☐ *safe*
13. I think the urban environment in Beijing is _____ ☐ *unlivable* ☐ *livable*

IV International Communication

1. I have known some important international meetings in Beijing.
☐ *Yes* ☐ *No* For example: _____

2. I think the number of international conferences held in Beijing ranks in the world is _____

    A. 1-5   *B*. 6-10   *C*. 11-15   *D*. 16-20   *E*. *Over* 20

International facilities and services

3. I know Beijing is building a second major international airport. _____
_____ ☐ *Yes* ☐ *No*
4. I think the service in the airport is _____ ☐ *bad* ☐ *good*
5. I think the process of entry is _____ ☐ *inconvenient* ☐ *convenient*

International festivals-international conferences & international events

6. I know Beijing is hosting the Winter Olympics in 2022. ☐ *Yes* ☐ *No*
7. I think Beijing has the ability to hold big sports events. ☐ *Yes* ☐ *No*
8. I think the effect of holding a big sport competition is _____
_____ ☐ *bad* ☐ *good*
9. I know Some international festivals held in Beijing, such as _____、
_____、_____

International atmosphere

10. The frequency of meeting foreigners in Beijing is _____ ☐ *low* ☐ *high*
11. I think foreign language guidelines in Beijing are _____ ☐ *less* ☐ *lot*
12. I think the guidelines for foreigners in Beijing are _____
_____ ☐ *inaccurate* ☐ *accurate*
13. I think the Beijing foreign language guide logo helps me _____
_____ ☐ *little* ☐ *lots*
14. I think the influence of Beijing is _____ ☐ *low* ☐ *high*

V Scientific and Technological Innovation

1. When it comes to technology, I think I'm ___ ☐ *uninterested* ☐ *interested*
2. I know that the following technologies such as _____ (multiple choice) have researched and developed in Beijing.

    A. *semiconductor*   *B*. 5*G*   *C*. *nanotechnology*   *D*. *aerospace*   *E*. *AI*

    F. *unmanned aerial vehicle*   *G*. *microwave radiometer*

    H. *quantum technology*

3. I have participated in the relevant scientific and technological activities in Beijing.

☐ Yes ☐ No For example：_____、_____、_____

4. I have used AI in Beijing. _____ ☐ Yes ☐ No

5. When it comes to the technological innovation in Beijing, I can immediately think of _____ .

6. I think that the landmarks that can represent Beijing's scientific and technological innovation are _____、_____、_____

7. Describe Beijing's scientific and technological innovation in three words _____、_____、_____

8. The level of scientific and technological innovation in Beijing is _____
☐ low ☐ high

9. I think Beijing ranks among the international metropolises in scientific and technological innovation ability is in _____

A. 1-5 B. 6-10 C. 11-15 D. 16-20 E. after 20

Part Two：Personal Information

1. The gender is _____ A. male B. female

2. Your age is _____ A. 18 B. 19 C. 20 D. 21 E. over 22

3. Where are you come from? _____

4. What's your major now? _____

5. How long have you been in Beijing? _____

A. Half a year or less B. Half a year to a year

C. A year to two years D. Over two years

6. How long have you been studying Chinese? _____

7. Your name is _____

8. Your contact number (WeChat or mobile phone number) is _____

附录3 访谈内容

深度访谈韩国郑熙载（部分）

一 文化

1. 北京及周边的著名旅游景点——去过

长城、南锣鼓巷、什刹海。

■ 景区服务一般，买水不方便，价格普遍偏高。

■ 景区维护很好，卫生环境干净，管理的人很负责，对古代文物保存较好。

■ 交通便利，但是没有公交卡，自己出行不方便。

■ 标识：没有任何韩文标识。

3. 对北京的传统文化——不太感兴趣

对北京的一些传统文化有所了解，比如京剧和美食。

■ 获知渠道：上课内容。

■ 不感兴趣的原因：对传统文化（无论是韩国还是中国）都不太感兴趣，比较喜欢新潮的事物。

4. 我对北京的美食——喜欢

■ 喜欢北京的美食：烤鸭、串串、小龙虾。

■ 获知渠道：朋友推荐+自己挖掘。

5. 我认为北京的博物馆和图书馆等文化设施建设——好

博物馆——参观过国家博物馆。

■ 建筑好、介绍详细、展示布置精美、有讲解图、设施非常方便、环境好。

图书馆——只去过学校的。

■ 环境一般、空间太小、学习的地方不多。

■ 理想的图书馆：环境适合学习、冬暖夏凉、有很多藏书。

7. 高校聚集区——明确知道

■ 北京高校聚集区主要在学院路。

■ 知道北京大学和清华大学非常有名。

8. 文艺演出——看过

看过京剧、戏剧、杂技。

■ 评价：传统的京剧和戏剧演艺文化水平特别高。

■ 个人技术、服装化妆、舞台设计。

■ 具有中国味道和独特性。

■ 有艺术价值。

10. 文化创意区——去过

去过南锣鼓巷。

■ 创新点：保留了中国独有的"道路"、有中国古代的手工艺品和食物。

■ 吸引力：中国独特的建筑（胡同）。

■ 获知渠道：很多朋友推荐去。

12. 提到文化，总是能想到

■ 长城、移动支付、戏曲。

对北京文化的总体评价：

■ 北京可以很好地传播和代表中国的文化，如著名的旅游景点。

需要改进的地方：

■ 外语标识可以增加多种语言。

■ 服务需要进一步改进。

二　政治

1. 提起政治，总是能想到——习近平
2. 政治地标——国贸，因为国贸是很多大企业的聚集区

三　宜居城市

1. 北京雾霾——严重

■ 来北京之前的获知渠道：新闻报道，中国的雾霾吹到了韩国。

■ 来北京之后：雾霾比认知中的更加严重，灰尘颗粒大，肉眼可见。

2. 北京的绿化环境——中等

认为北京的城市绿化水平一般。

主要原因：
- 虽然路边绿化带里有一些草、花和树，但是除了公园以外，树不多。
- 美观程度也是一般。

评价标准：整体的美观程度+花草树木的数量

3. 公共交通——方便
- 地铁：非常方便，但是人太多，会挤不上去。
- 公交：很方便，但是学校到站点距离远，等车时间长。
- 滴滴或出租车：有时候会用，比公交车方便。

6. 排队时间——分情况
- 吃喝玩乐的地方排队时间长，一个小时左右。
- 景区排队时间长，但是服务特别棒。

7. 就医或医疗——去过

留学生医疗保障政策，500元以上可以走保险。

备注：办签证必须要办医疗保险。
- 就医程序复杂：不会挂号、不会使用插卡付钱的新方式，看医生挂号付钱跑好几个来回很麻烦。
- 付钱不方便：去民航医院看病，看病之前先交钱，身体本身很难受难以应付。在韩国是治疗之后付钱。
- 服务人员态度不好：医院的导医态度不好，询问挂号步骤时不耐烦。
- 医生的医疗水平很高。
- 医院的整体环境不好：患者病床在楼道搁置，没有遮挡，令人感到不舒适且尴尬。

11. 网购——淘宝非常方便
- 网上购物程序方便、物流快速，对收到的商品的质量很满意，售后和服务也很棒。
- 实体店购物：经常去大悦城和常营等学校附近的商场，主要购买衣服和化妆品。

12. 北京安全
- 在北京居住感到非常安全。
- 很多地方能看见警车。
- 没有看起来危险的坏人。

■ 没有感受过危险的情况。

13. 宜居程度——很适合居住

■ 除了医疗方面和雾霾方面不太满意，饮食、购物、交通、文化、学习、移动支付等都让人感觉非常适宜居住。

■ 理想的宜居城市：医疗有保障且方便，环境好，生活便捷。

四　国际交往

1. 大型国际会议——知道

■ 知道两会（存在理解误差）。

■ 知道北京会举办一些国际性的会议，但不知道具体有什么。

■ 获知渠道：新闻、朋友告知，大型会议期间网购物流受到影响。

4. 机场服务——不好

■ 机场服务态度：工作人员态度不好，尤其是安检人员没有礼貌。

■ 机场建设：环境和设施很好，但是光线有些暗。

■ 飞机设施：座位窄。

■ 好的地方：行李托运、飞机饮食、飞机服务人员、程序简单。

5. 签证办理——复杂

■ 程序复杂：需要反复去公安局办理、拍照、排队等。

■ 等待时间长：一般两周以上。

■ 签证有效期太短：每个学期都要重新办理一次。

7. 北京举办大型体育赛事能力很强

■ 规模大。

■ 观感好。

■ 不好的地方：运动员住宿条件、安全保障、练习场所不完善。

9. 国际性节庆活动——不确定态度

■ 举办过电影节，水平很高。

■ 其他不太清楚，感觉应该举办过，但是不知道名字，也没有什么兴趣。

10. 遇到外国人的频率——高

■ 平时在路上可以看见很多外国人。

■ 学校周边外国人尤其多，比如中国传媒大学、清华大学。

12. 外语标识——无韩语标识

- 没有韩语标识。
- 中文比较好，可以看懂中文标识。
- 没有遇见过翻译错误的标识。

14. 北京的国际影响力——强

- 体现在政治方面：中美贸易摩擦。
- 体现在国际方面：驻扎在北京的国际组织多

总体认为国际交往上，环境和接待不好，国际影响力在提高。

五　科技创新

2. 北京的科技研发

- 知道的科技研发：5G、无人机、无人售卖超市。
- 获知渠道：韩国在研发5G，北京好像也在研发。其他从新闻渠道了解。

3. 科技活动——没有接触过

对科技没有兴趣，所以没有接触过科技相关的活动。

4. 科技相关体验——感觉没有（这一点其实和实际相矛盾）

5. 提起北京的科技创新，想到——淘宝、手机支付

- 方便快捷，无论大小超市还是商铺，都支持手机支付。
- 支付和转账在韩国有限制，转账超过10次就要收取手续费。

8. 北京科技创新发展——发达、有创意性

9. 科技水平创新——高

通过个人的生活体验，感觉科技创新为自己带来了便捷体验。

生活障碍：

- 饮食习惯：中国饭菜比较油腻，饭店不提供凉水，韩国人喜欢喝凉水。
- 服务方面感觉礼貌态度欠佳。
- 办理事务（如签证、医疗）程序烦琐。
- 了解北京的方式：个人性格内向，主要是朋友或学校组织探索。

小组访谈第一组：A 英国人爱德华、B 墨西哥人达丽雅、C 埃及人麦伊

一　文化

1. 旅游景点

A：北京有名的旅游景点都去过，圆明园、长城、胡同、天坛、798艺术区。

B：长城、圆明园、故宫、798艺术区。

C：天坛、故宫、颐和园、长城、798艺术区。

2. 景点服务

A：外国人想要进入景区安检程序非常复杂，需要检查护照等。买水之类的服务非常便利，但我一般自己带水。

B：我通常是自己去买水。

C：有些景区买票需要现金，很不方便。服务很好很安全，感觉水很贵。

3. 文物保护

A：我没有考虑过这个问题。

B：学校组织去。

C：觉得新维护（指刷漆重建等）的没有原本旧的建筑有文物的感觉，比较喜欢旧的样子。

4. 北京传统文化

A：对话剧、京剧很感兴趣，但是有语言障碍，不是很懂。也许等语言水平更高的时候，再去感受就会懂了。认为北京的乐器比京剧更加吸引人，如唢呐等，非常独特，声音优美，这些在英国文化中是缺失的。

B：不太懂北京的传统文化，但是非常敬佩，能够感受到其中厚重的历史文化积淀，比如他们会男扮女装扮演角色，可以看出他们做了很多准备，私下也练习了很多年。虽然不能理解，但是会尊重这种文化。这样的乐曲与表演不是每个人都能够做到的。我认为中国的书法也非常优美，因为英文只有字母组合，没有形状上的变化。

C：我对北京的传统文化非常感兴趣，非常喜欢京剧，有字幕的话可以看得懂。京剧的声音非常吸引我，他们的发声很独特，和欧洲的歌剧不一样。关于书法，中国的书法非常优美，我们国家虽然也能够做出形状变化，但是没有中国书法那么好看。

5. 能够代表北京文化的标志

A：故宫、京剧、国贸、胡同。国外的建筑都很高，但是中国的建筑不一样，很有意思。感觉天坛不是北京的传统文化建筑。

B：长城、新的建筑（比如CCTV大楼）、北京美食。

C：北京的龙形图腾、早餐、大公园（朝阳公园），开罗城市很小，没有这样大的公园。

6. 图书馆和博物馆

A：去过国家图书馆。但因为是外国人，所以很多书不能借走，只能在那里阅读。进入的程序非常复杂，花费了很多时间才让我进去。外国的书也很全。去过很多博物馆，个人最喜欢附近的一个博物馆。我觉得798艺术区里面关于工业的建筑很棒，我非常喜欢。

B：我去过故宫和国家博物馆，我非常喜欢这些地方。那里的藏物和建筑都非常有历史感，但是参观的人太多了，而且他们很多人不是在参观，而是举着自拍杆在拍照，有的时候你想看一些东西但是会被挡住。我是学艺术的，我还去过毕加索的画展，798艺术区也去过。

C：我只去过图书馆，博物馆没有去过。因为没有朋友一起去。

7. 图书馆和博物馆的建设

A：我没有考虑过博物馆建设得好不好，虽然我姐姐在博物馆工作。游客多应该就是好。

B：我觉得服务很好，但是有的时候人会很多，需要等待，但是总体很好。

C：国家图书馆非常大，适合学习，很好。

8. 高校聚集地

A：我知道五道口附近有很多中国有名的大学。但是这一片的物价也很高，水果很贵。北京大学可能不太喜欢我，我想去厕所，但是没法进去。我很喜欢清华大学，我和我的父母一起进去过。

B：五道口附近。我的朋友在北京不同的大学，在世界排名前100位的学校里面。北京排名前 20 位的学校就有很多，我没有真正去过，但是路过过。

C：在海淀有清华大学、北京大学、北京外国语大学、北京理工大学，我有很多埃及朋友在那里上学。

9. 北京高等教育水平的不足

A：我觉得北京的教育非常严格，对孩子们来说压力非常大。我看到有很多孩子付出了非常多的努力，这里的学习环境对他们来说真的很严苛。有的孩子学习是真的不行（指跟不上北京高强度的学习步调和水平）。在这里有很多考试，孩子们很聪明，但是对于有些人来说，这种考试制度并不适合他们。这里要求孩子们都用同一种方式学习，在国外，上了大学之后，你可以学习更加多样化的东西。但是这里孩子学的东西更加专业，他们的交际圈也只限于班级内，很难向外扩展。教育方式上也总是给他们施加压力，让他们去反复记忆。

B：这里的教育的确很严格。我现在还在学习，可能了解的不太多。但是不同的教育体系，可能会有不同。中国的学生压力很大，多休息吧。

C：老师的教学很认真，每个老师都有自己的风格，有的老师讲课方式非常活泼，但是有的老师讲课就让人想睡觉。我只来这里交换一年，所以压力不大，在埃及学习压力特别大。

10. 文化创意区

A：对一个国家而言，艺术非常重要。我去过广州，但是我更喜欢 798 艺术区，我父母来了之后我首先带他们去的地方就是 798 艺术区。艺术对我而言是生命的良药。上海的艺术比较欠缺，它是新城市的代表。但 798 艺术区是传统工业和现代艺术的完美结合，非常难得。

B：我去过上海，但上海不是很吸引我，北京的建筑非常吸引我。在我的国家，很难找到这种历史遗留下的建筑。这些文化区的展览做得也非常好，不只是国内的艺术，国外艺术家的作品也展现得很棒。

C：去过 798 艺术区，有很多古代的故事刻在墙上，让我感觉仿佛置身于古代。

11. 形容北京传统文化

C：越来越像欧美国家，发展快，但是本土文化在消失。中国独有的文化正在淡化。我觉得中国的文化和别的国家不一样，中国的文字组合多样，很有意思。中国应该保护并发扬自己的文化。

A：慢慢吃、慢慢走、感觉到很受尊重。

B：想不到。

12. 你觉得北京是中国的文化中心吗？

A：北京是大城市，其他城市的生活会更加轻松一些，这里很难看到传统的生活方式，北京的生活节奏非常快，是个充满工作机会和竞争的地方。北京是政府所在地，非常繁忙，虽然有一些胡同一样的建筑，但很难是文化中心。

二　政治（无）

三　宜居城市

13. 北京的雾霾情况怎么样？

A：2016年刚来北京，北京的雾霾情况在逐渐好转。我认为北京雾霾不是因为人多，而是因为工业的问题。

B：我们国家也有污染但是没有这么严重。北京的天气有时候真的不太好，昨天的天气真是太热了。我知道北京有雾霾，但是普通人很难出力改变什么。

C：我来北京之前就知道有雾霾，感觉最近空气变得好一些了，对我影响不大。

14. 北京的绿化环境怎么样？

A：整体来说北京的绿化环境还好，但是公园太少了。伦敦有很多小公园，但是北京只有大型公园，小的很少。

B：北京不是一个适合漫步的城市，但是有很多可以休息的地方，比如路边会有一些长凳长椅让人坐。

C：北京的绿化很好，比我们国家好得多。

15. 北京的公共交通怎么样？

A：北京的地铁特别方便，但有个别地方是不在地铁线路上的。在北京的地铁里，我见过有人争抢座位，但我真的觉得地铁非常方便。公交车坐的不多，因为北京太大了。我有辆自行车，也会骑自行车出行。关于安全方面，我觉得地铁做得特别好，有安全门。

基于北京第二外国语学院留学生群体的北京城市"四个中心"定位传播效果研究

B：北京的公共交通设施完善，非常干净，地铁安全门让人感觉特别安全。在中国手机信号也不错，手机不会被偷，道路四通八达，有时候骑自行车就可以到达目的地。道路非常宽敞，有灯光，可以供很多人走。

C：不是很喜欢北京的公交，因为没有零钱，但是非常喜欢北京的地铁，App 扫码就可以坐车，便宜方便，有安全门。埃及地铁没空调、不安全，会有坏人。但是北京非常安全，会有警察来帮助你。地铁有很多出口，容易走错。

16. 北京的人口拥挤度怎么样？

A：我去长城旅游的时候，有很多人。城市里的人和汽车真是太多了，我更喜欢去自然景点、人少的地方旅游。北京有很多人，过马路的时候会感觉拥挤。

B：我去人多的地方会头疼，所以没有什么排队的经验。北京的自行车和人出行都很安全，但是外卖的车子经常横冲直撞，不遵守交通规则，在人行走的地方"滴滴滴"按喇叭抢行，行人只能避让，这一点让我不喜欢。

C：首都人多是正常的，但是早高峰让人体验过一次就不想再体验了。

17. 北京的医疗状况怎么样？

A：去过医院。外国人去看病有很多限制，在手机上可以操作，很快很方便。

B：我在期末考试复习的时候生病去的医院。医院的卫生环境很好，但是有太多的人，没有防护措施。程序很复杂，不知道要怎么操作。语言沟通也存在问题，不了解药物的使用。看病的过程太漫长，生病的时候感觉难以忍耐。

C：去医院买药非常贵，因为语言障碍，不知道怎么吃这些药。

18. 北京安全吗？

A：我觉得在这里非常安全。没有看到过暴力冲突或者是恐怖事件，比如在美国就有很多枪击事件发生。在北京，手机很安全，不会被偷走，去人多的地方也是。我的相机虽然丢了，但不是在北京丢的。

B：北京非常安全，在墨西哥晚上我不会出门，在路上也不敢把手机拿出来，因为会有人直接抢劫。在北京晚上出行非常安全，轻松。也不会有人去评价你、限制你，在墨西哥就会有人对你指手画脚。

C：北京很安全，不会有坏人欺负我。但是一起来的同国留学生有遇到过，处理冲突或者同学矛盾的程序烦琐，还要写报告信。

19. 宜居

A：北京户口很难拥有，这里的生活压力很大，我想我不会选择在这里长久居住。

B：北京有很多工作机会，生活上也非常便捷，但是我想我不会在这里定居。

C：更喜欢小城市，北京对我而言不是一个宜居城市。

四　国际交往

1. 机场建设

B：离二外很近，拿行李方便，很大。服务很好，没遇到过麻烦，只有过飞机晚点。

2. 大型体育赛事

A：我知道北京要举行2022年冬奥会，北京建设得非常快，场馆也是。但是不希望一些场馆花费很多钱建设之后，只用于一次赛事。

B：我们国家也举办过奥运会。有很多场馆，但是赛事过后，很多就闲置了。我觉得其他国家没有必要花费这么多钱去建设奥运村和场馆，鸟巢有一些浪费资金。

3. 大型国际性节庆活动

A：去过北京电影节，其他的没有去过。

B：我听说过电影节，但是没有机会去。

C：在中国没听说过有。

4. 遇到外国人的频率

C：遇到过很多，有一次遇到一桌外国人吃饭，小孩子使用筷子，非常有趣。

5. 外语标识

A：安全标识有很多错误的解释和翻译。

B：有看到过L和I不分，有人衣服上印的英语单词内容奇怪，比如rape（强奸）、dead（死亡）等。

6. 中国在世界上的影响力

B：成长很快，我们国家有越来越多的人谈论北京。会知道一些著名的建筑，这是一个新型、现代化的大城市。

A：在国际上有影响力的是北京举办过奥运会。

五　科技创新

1. 兴趣

都对科技不感兴趣。

2. 科技活动

A：没有兴趣。

B：也许看到过信息，但是没有兴趣所以没记住。

3. 对北京科技的印象

B：在文章里看到过北京的智能机器人服务。

A：只在新闻标题里面看过。

4. 北京的科技水平如何？

A：在未来中国会创造出更多更好的东西，是制造大国，美国是科技强国，中国现在基础工业好（但不是特别了解具体情况）。知道在中国很多人在做的机械劳动是可以用机器人替代的。

B：很高。

小组访谈第二组：D 韩国人姜泰馨、E 韩国人韩智睿、F 日本人后藤沙绫

一　文化

1. 北京及周边景点

D：去过天坛、北海、朝阳公园、长城。

E：去过长城、颐和园，是学校组织的，感觉建筑风格好像差不多，不知道差别。

F：去过颐和园、故宫、天坛，非常有历史感，整体旅游体验还不错，就是有的时候导游的讲解不是很有意思。

2. 景点交通情况

D：去天安门不是很方便，人太多，交通复杂，还堵车。

E：我倒是感觉交通很方便，坐地铁就能去好多景点，非常快。

F：有北京的朋友带我一起玩，所以交通没有感觉到不方便，就是有一次他们开车带我去，停车有点麻烦，但也还好，大家玩得很开心。

3. 景区服务

D：（故宫、颐和园）工作人员服务还可以，有过交流。我去故宫的时候不知道怎么进去，问他们有告诉我答案。硬件设施上，厕所、垃圾桶特别干净。文物自身的保护上，我感觉长城有点可惜，有外国人在长城的墙上写字，有点遗憾。

E：我觉得工作人员的态度都还挺好的，希望他们可以再亲切一点。景区卫生间有时候要走很久才到。文物建筑本身的话，可以看出为了保存它们工作人员真的很用心。

F：自己一个人去玩的时候，或者都是外国人的时候，和工作人员沟通就有一点点困难，我的英语不是很标准，他们好像也不太懂。

4. 北京的传统文化

D：有一点点了解，来自课文的内容，如孔子。美食有点了解，比如宫保鸡丁、西红柿炒鸡蛋这样的，其他的就不太了解了，对这类不太感兴趣。

E：我很喜欢北京的食物，糖醋里脊在韩国非常火，烤鸭我也超级喜欢，街上一些女孩子穿的古代的衣服也很好看，但是具体就不太了解了。

F：我对北京传统文化的了解好多都是朋友给我讲的，比如相声，但是因为语言学得不是很好，所以不是很能理解观众为什么笑。

5. 图书馆建设

D：去过我们学校的图书馆，没有去过外面的图书馆和博物馆。

E：我们学校的图书馆还可以。我第一次去图书馆的时候，和想象的完全不一样，因为和韩国不一样，就有点尴尬，我想象中的图书馆应该是中国传媒大学那样的。学校的空间太小了，学习的地方太少，图书馆卫生间的卫生不太好。理想中的图书馆，学习的地方要多，还有我们学校图书馆电脑不多，只有四台，因为韩国图书馆都有很多可供使用的电脑。还有就是没有小卖部，购买东西不方便。

F：国家图书馆我去过，进去的时候程序很复杂，但是书很多，看起来很棒。

6. 北京高等院校聚集地

D：北京知名大学集中在五道口，不是望京。因为以前和朋友去过那一片玩，所以有一点了解。我20岁在哈工大上学，因为语言问题退学来二外上学。这里老师态度好，讲课的水平高。中韩朋友交流方便，机会也多。

E：我不知道地址，但是我的朋友在清华大学那一片上学。

F：应该是在北京市中心附近，我之前有和朋友一起去过北京大学玩，很漂亮。周围也有很多大学，感觉都是年轻人的聚集地。

7. 文艺演出

D：演出，没看过。很喜欢IU，IU在北京有一次是单独的活动，在常营百货，不是单独演出，整体水平一般。

E：学校有组织过一起去看京剧、杂技什么的，看起来真的好难，但是又很有文化的样子。

F：没有去看过演唱会或者其他文艺演出，感觉以后可以尝试去看，因为我本人对这方面有点不了解。

8. 文化创意区

D：没去过798艺术区，没有去过是因为不知道。知道了这个地方也许有时间会去，但是不太感兴趣。

E：去过，拍照很漂亮，那里有我很喜欢的摄影作品，非常有艺术气息。

F：我很喜欢798艺术区的雕塑，其他的艺术区就没有去过了。

9. 北京文化三印象

D：长城、颐和园、毛泽东。

E：烤鸭、天安门、长城。

F：天坛、长城、京剧。

二 政治

10. 提到北京作为政治中心想到

D：北京大学、习近平，我对这些不太清楚。

E：5G、中美贸易摩擦、毛泽东。

F：毛泽东、习近平、天安门。

11. 政治地标

D：长城、天安门、国家博物馆。

E：天坛、天安门、颐和园。

F：天安门、长城、天坛。

三　宜居城市

12. 生活

D：来北京之前听过雾霾，来了之后发现比想象的更严重。

E：北京环境绿化一般。和韩国相比，北京的绿色和蓝色很少，花园的数量还可以。

F：北京的绿化和我们国家相比不太好，雾霾真的有点严重，听说有改进，希望以后（蓝天）更多吧。

13. 出行

D：公共交通方便。对我来说，公共自行车最方便。

E：出行公共交通选择多，主要坐地铁。去三里屯，很方便但是坐的时间有点长。

F：我觉得很方便，坐地铁非常方便，而且可以用滴滴打车。

14. 人口

D：平时还可以，但是过节如国庆的时候人太多。

E：在排队上花费的时间很多，去景点玩的时候人真的很多。

F：我觉得大城市人多很正常，但是确实有时候去商场买奶茶就排很久。

15. 就医

D：去过一次，不是我病了，是去看住院的朋友。

E：我在北京没有去过医院，就是身体比较好吧。

F：我去过，但是感觉有点麻烦，幸亏有朋友陪我去，因为语言不通，程序很多，他向我解释我都没有搞清楚到底怎么做。

16. 医保政策

F：有，知道，但是没用过。觉得不太合理，因为政策有点复杂，补贴力度有点小。

E：知道，来北京一定要办这个。

F：用过，就是补贴发下来的时候有一点慢，要医院的那个发票，我弄丢了，有的就报不了。

17. 医疗水平

D：医疗水平挺高，但是医生态度不太好，医院里香味（味道）不太好。对北京的医疗程序不了解。

E：感觉医疗水平很高。

F：还不错，医生的水平很高。

18. 购物

D：经常购物，主要网购，用的淘宝，十分方便，售后也很好。

E：淘宝很方便，我也经常去实体店逛，就是感觉种类没有那么多。

F：我很喜欢在中国逛街，因为能够感受和日本不一样的风格，也经常在网上购物，真的很便宜，售后也很好。

19. 北京安全

D：在二外感觉很安全，但是望京、三里屯这样的地方有点不安全。比如外国人、中国人吵架、打架的情况存在，我亲眼见过。

E：我觉得非常安全，没有看到他说的那种非常危险的场景，我就算晚上出去，也觉得很安全。

F：学校里很安全，门口还有那个机器（进校门的刷卡机），外面的话也是，不会有那种让你觉得很冒犯的眼神。

20. 北京是否宜居

D：北京对我很适合，因为自己也是亚洲人，所以很多都是（相通的）。但是饮食文化、礼仪不一样，会让我感觉到不适。我更倾向于在北京定居。

E：宜居的吧，但是我可能更喜欢在自己的国家，就是希望移动支付也能快点（在我们国家广泛使用）。

F：我可能不会在北京长期定居，短期在这里工作或者学习都是很好的，因为我们的生活习惯还是不太一样。

四　国际交往

21. 国际会议

D：重大会议知道，中国领导人和朝鲜领导人的会面。通过新闻了解的，身边人不怎么说，主要是自己关注新闻。

E：新闻看到中美贸易摩擦，感觉在国际新闻里越来越多地看到北京了。

F：不太了解国际会议，也不知道有多少国际组织在这里，但是我觉得有国际交往的那种气氛。

22. 机场

D：知道北京在建第二个国际机场，通过新闻知道的。中韩往返一直坐的大韩航空。落地后感觉工作人员很严格，特别是对外国人，到机场之后要按指纹。整体程序麻烦，要查签证、身份证什么的。机场工作人员的态度不太好，我现在的汉语水平这样（不太好），我在向他们聊天（提问）的时候，工作人员听不懂就挥手（让我走）。硬件设施整体很好。

E：我们体验真的差别好大（对 D 说），就是你要去别的国家这些程序都是麻烦的啦。至于机场工作人员的服务态度，希望他们能够友善一些。

F：我知道新建的大兴机场。我自己飞的体验还不错，大家都很友善。

23. 奥运

D：通过新闻知道 2022 年冬奥会，但是老师没提过。

E：知道北京举办了 2008 年奥运会，北京举办大型体育赛事的能力强。奥林匹克公园（的建设）好，体育场馆入口多、方便通行。还有开幕式的安检、观众席的卫生、草皮都很好。

F：北京 2008 年的奥运会开幕式真的很精彩，场面很大（宏大），非常震撼，感觉能力真的变强了。

24. 北京举办的国际性节庆活动

都不太清楚。

25. 国际氛围

D：在学校外，逛街的时候很少遇到外国人。有见过外语标识，但是有韩文标识的太少了，只在天安门见过，发现翻译错了，词用错了，是一个地名的翻译。在中文不太好的情况下，标识帮助不大，更多用高德地图。中英文标识都能给予一定帮助。

E：我看到的外国人很多，而且是亚洲人以外的，就是非常轻易能够看出来，一般就是在世贸天阶或者三里屯。

F：我觉得国际氛围挺浓的，我身边好多不同国家的朋友，大家一起出去玩，或者吃饭，都能看到旁边坐的也是外国人。

26. 北京的国际影响力

D：北京的影响力很强，因为经济很强，北京发展很厉害，特别快。很多方面，经济、文化和思想上。中国老人和年轻人的思想完全不一样。

E：最近经常在新闻上看到，感觉影响力变强很多。

F：越来越强了。

五　科技创新

27. 科技

D：我是文科生，对科技不怎么感兴趣，有看到过北京关于科技的信息，5G有看过。

E：在北京没参加过相关活动，因为没有什么了解。

F：有尝试过刷脸支付，接触更多的还是手机支付。科技相关，能想到VR、无人机、电动车。

28. 北京科技创新词汇

D：无人机。

E：5G。

F：移动支付。

29. 北京科技创新地标

D：不太清楚。

E：中关村。

F：中关村。

30. 三个词描述北京科技发展情况：

D：学校北门的（安检）刷卡机。

E：超快、移动支付好方便。

F：发展很快。

31. 北京科技创新水平

D：挺好，世界排名应该在1~5位。

E：最近发展很快，也许在前10位。让我感受到中国科技强的地方是，韩国很少有微信支付、支付宝这种贴近生活的科技，我觉得中国科技水平高。

F：在我心中科技创新水平最高的国家是美国和日本，因为科技发展时间很长很好。美国的机器、我们日本的生命科学（创新水平高）。

小组访谈第四组：G 马里人迪亚罗、H 日本人山本未来、I 日本人佐藤佑菜（I 语言能力不好，很多问题主要在附和 H，此种情况与 H 的访谈内容合并）

一　文化

1. 景点交通

G：交通还可以。

H：还可以。

2. 景点服务

G：因为国家不同，我的国家不是很发达，没见过别的国家的，我感觉中国的服务很好。因为我是外国人，在语言上，因为说话速度快、方言，有时会听不懂，但是服务态度还是很好的。

H：玻璃栈道的讲解不够吸引人。

3. 景区买东西的体验

G：景区买东西真的很贵，可乐 6 元钱。虽然贵但是我觉得是合理的，毕竟是在有名的景点，要运输，要租地方。

H：我在长城的时候看到有人卖水，20 元一瓶，真的太贵了。

4. 文物

G：在长城上是有字的，有人写名字，不多但仔细看是有的。但是颐和园不会有，保存得很好。我是抱着学习的心态去旅游的，因为很多东西我们国家也有但是我们没有好好保护。我的国家也有像长城一样的长墙，但是已经倒了，只能看到影子。我觉得中国的古建筑保存得还是挺好的。

H：去颐和园的时候，特别想去洗手间，但是没有找到。后来问了工作人员，他们态度还是挺好的。景区的文物一般就是建筑，我觉得很好，没在颐和园看到乱写乱画的。

5. 传统文化

G：感兴趣。包饺子、国画、中国功夫、广场舞。我们那边的老人在家都不怎么动，不运动。还有中国的相声，我是相声的爱好者。留学就是去学习感受当地的（文化），能学习到当地的思维方式是好的，虽然很难做到。

基于北京第二外国语学院留学生群体的北京城市"四个中心"定位传播效果研究

I：不感兴趣，因为听不懂（相声、戏曲），不太了解，都是上课听到的。

H：很多人听不懂相声，我开始也听不懂。我们学习中文都是从录音机开始，相声、小品的语速都很快，表演里还会运用四字成语和历史背景，完全听不懂。但是台下笑，我也会跟着笑。在CCTV、学校组织观看杂技表演，通过这些方式了解传统文化。

6. 博物馆和图书馆

G：去过西单图书大厦，想买《马云管理日志》，可惜没找到，我在网上买的。国家博物馆我还没去过，但是我去过一个科技展览。我打算去看看北京的军事博物馆。（追问：设施如何？）垃圾桶比较少，但是整体比较方便。比较少和服务人员打交道。

H：没去过，因为我刚来北京不太久，有计划去国家图书馆，因为去过的朋友都跟我说非常好。

7. 高等学府

G：教育水平。我的国家教室里没有电脑，这边（北京）设备比较齐全。二外的住宿条件很好，去过很多大学，没有二外宿舍这么大。我是学汉语的，所以我们的老师也是学汉语的，我们老师比较关心我们，我们可以和老师互相发微信，老师会帮助我们解决生活上的疑问，比如怎么去哪里。不满意的是教学的课本，我们预科来北京学汉语，但是所有（教材）都是中英文的，我们来自不同的国家，课本能不能更有针对性？另外，有的东西不讲。比如我对相声感兴趣，但是从一年级到三年级的课本没有讲关于相声的。课本内容老旧，和我们的兴趣爱好不一样。很多男人对足球感兴趣，但是没有课文是关于足球。如果课文和学生的兴趣相关，还是让学生很容易理解的。还有就是用视频，放康熙皇帝的相关视频，底下就有字幕，能帮助理解。娱乐的方式也能吸引学生产生兴趣。老师说我们的口语已经很好了，但是书面水平不太行。有可能我的水平不够高，但也确实是问题。

H：老师除了学习上，在生活上也对我们予以指导，很友好。课文内容不太会吸引自己。

I：五道口学校多，教育水平都还可以。我们学校老师讲课的水平很高，没什么态度不好的情况，因为我们现在的语言还不是太好，所以他都是慢慢地说，非常体贴。学校的硬件设施也非常好，很先进。

8. 文艺演出

G：我有去看过，两次，看京剧。怎么说，比如亚洲文明大会，我去参加过，看过一个艺术表演。参加活动是好的。表演的技术还是很高的，舞台的灯光很好，演员配合得也很好，我非常喜欢。但是语言上有隔阂，服务员可以再学点英语。导游只懂汉语，这个可以再提高一下，或者加英语的字幕。

H：啥都没去看过，戏曲、杂技、演唱会都感兴趣，但是有点担心会看不懂啦，因为还没有深入了解过。

9. 艺术区

G：很遗憾没去过，但是去过一个不是很有名的，叫杜莎夫人蜡像馆。这个地方做得挺好的，把名人做成蜡像，有一个我不知叫什么的还有音响之类的做得很逼真，很好。

I：去过，朋友带着去的。对798艺术区的照片更感兴趣。

10. 北京的美食

I：喜欢，北京烤鸭、饺子。

G：宗教信仰问题，不吃猪肉不喝酒，饺子好吃，还有火锅。但是我不吃面条，有一种面条是从水里捞出来的，我们那边都是在汤里的，觉得有点奇怪不吃。

二　政治

1. 有关北京政治中心的词

G：共产党、马克思主义、天安门。

H：历史、烤鸭。

三　宜居城市

1. 雾霾

G：来之前不了解，感觉空气时好时坏。我是2016年来的，那会北京的雾霾很严重。但是2017年开始，每年都在好转。原来出门很明显会看到，现在几乎看不到，看得到空气在好转。

H：空气越来越好了，因为之前有来中国的学长说空气不是很好，但是现在变化很大。

2. 绿化

G：现在比原来要好，花园比原来多了，窗户里面也会看到植物。路边种的树，我看两三个月就枯死了。我不知道中国是怎么种树的，感觉就是把它拔出来，把根部往土里一扎，我第一次看到这样种树。是不是要把树从小种在这里（比较好）。

H：一般，花园很少，街道不干净，路上有垃圾。

3. 地铁站公交站的到达距离

G：我觉得还可以，公交车还好，地铁站有点远，但是对我还好。

H：不方便，我们学校到地铁站要走很远。

4. 乘坐是否方便？存在什么问题？

G：北京地铁挤，早晚高峰更挤。另外我是一个外国人，别人会用异样的眼光看我，会让我不舒服。他们看见我会拍照片，我觉得和我说一声一起拍是可以的，但是偷拍我不太好。这有可能是我的心理问题，因为毕竟我们是外国人嘛。但是有可能是以为我没在自己的国家，别人的行为即使没有恶意我也会觉得不好，会有这样的心态。地铁座位比较少，时间长的话很不好。就比如从我们学校坐地铁去一个地方一两个小时，这个过程如果一直站着就比较累。

I：地铁的味道不太好，臭，人多，座位很少。

H：不太方便，中国的地铁每一站都会停，但是日本不会每站都停，都停会浪费时间。另外一卡通方便。

5. 地铁标识

G：可以，因为有拼音能看懂。但是导航的软件没有拼音，要是高德地图有拼音就最好了。

H：可以看懂，有标识辅助。

6. 人口拥挤度

G：北京很多人。

H：坐车的时候、去景点的时候感觉人很多。大多时间待在学校，感觉还行。

G：（排队）没有经常排队。

H：我觉得排队快。中国效率很高，排队长但是等的时间不久。比如去办签证，前面一两百人，半个小时就排到了。我觉得有的地方是有排队的，但是不太多，比如银行、公安局，但不是天天这样的感觉。如果有排队，工作效率会很高，不会排很久。

7. 就医和医保

G：我们有，但是做得特别不好。一是报销的少，二是过程特别复杂。因为去医院必须要医生写病历，但是现在医生已经不写病历了。然后必须要医生签字，如果没有签字还要回去让医生签字。我们在每个医院有那个卡，所有的病例资料在电子的卡里，但是学校要纸质版。去找医生，医生已经下班了，我又不知道人家的名字。有次我花了600元，但是报销是800元起，大概能报60%。报销少，要求又高。有的学校500元就能报销，我们又不希望花800元看病。这是第一。第二是时间很长，把东西交上去之后，要2~4个月才能收到钱，这个过程还是慢。

I：有享受医保也去过医院，但是程序很复杂，需要人带着我们去才能知道怎么做。医生的态度让我有一点点不舒服，他不是关心你，而是像对待流水线上的物品。还有一次医生诊断错误，把普通感冒诊断成了流行性感冒。

H：我去过很多次，不仅我自己，我还会带别人去。过程并不觉得复杂，有可能是我去的次数太多了。我是那个学校的志愿者，帮助新生办手续，所以去过很多次。最难的一次是，去了医院说不看外国人，我们还要换医院。第二还是语言的问题，有的医生外语水平不是很高。我去过很多医院，一进去他们就说自己英语不好，可能是真的不好，要不然就是不愿意说。有的人不会说英语也不会说日语，在给医生打电话的时候，我就需要在中间做翻译，（沟通）过程有点麻烦。效率上，X光的效率不太好。骨折了要先去拍X光，等了很久，大概一个小时，但是片子早在楼上医生电脑里了，直接看不好嘛。有一次我真的是要上课，快迟到了，我跟医生说我真的不能等一个小时。医生跟我说，不用等洗片，他可以直接在电脑上看。

8. 购物

G：淘宝、拼多多我都用过，服务比较好。不太喜欢的地方是要买的东西已经没有了（下架或无货）但是没显示，下了单客服才找你说没货，这样对我来说真的很麻烦，提前显示出来就不会浪费时间。但是淘宝还是很好的，10分的满分会打8~9分，只是小小的地方需要改。

I：在中国没有遇到过卖东西故意卖贵的情况，大家还是善良的，我很相信本地人。

G：我没有遇到过这种现象，但可能是存在的。

H：有在网上买过东西，很少去商场。在网上买东西方便、质量好，与客服没有交流。

9. 安全

G：可能我见的比较少，我感觉中国是世界上最安全的国家之一，北京更加安全。他们说的交通问题我也有感觉，中国有摩托车不按交通规则逆行的情况，让我不安。在我的国家，逆行会迅速遭到罚款。还有就是中国的司机开车的时候会玩手机，不安全。

H：相同感受。

G：走路的时候也会看手机，行人也不注意安全。互相看不见，会撞到。但是北京让我比较有安全感。

H：不安全，开车的人多所以走路的时候会感到不安全，车开得太快了，和我们国家非常不一样。

10. 环境

G：不会住在北京，因为我喜欢和很多人在一起。但在北京是很孤单的，每个人都在自己的房间里。我的家庭是大家庭，有20多人。在北京的孤独感比较强，北京的消费也比较高。还有就是北京的空气，虽然雾霾情况越来越好了，但是（还是不太好）。我（想）去四川学四川话，体验当地文化，多感受来北京（中国）的意义。

H：不愿意在北京居住，因为感觉卫生间使用不方便，浴室不方便，主要是卫生方面。

四 国际交往

1. 国际会议

G：我知道一点，亚洲文明对话大会我去参加了。每年还有中非合作论坛，2008年有奥运会，2022年会有冬奥会。

H：不太了解国际会议方面的事情。

2. 北京国际影响力的世界排名

G：应该会在10~15名的档位。

H：中等吧。

3. 机场建设及服务

G：知道。大兴好像是在五环对吧，因为我知道郭德纲住在大兴。

4. 机场服务

G：服务不太了解，因为来的时候有朋友接，所以和工作人员没什么接触。建设还是挺好的，这是我第一次出国，和我的国家比还是很好的。新的机场从新闻里看建设得也很好。

H：工作人员态度不太好，在听不懂语言的时候不会更换语言沟通。机场硬件设施还好。

5. 入境手续

G：觉得简单。在我们那边我取得了奖学金，对我来说不是很难。在马里的中国大使馆有一个口试，过了会给你三个大学选择，然后拿着录取通知书来就行，没有什么难的。来中国之后办手机卡，弄好了办银行卡，然后去医院检查，去公安局办签证，这个流程不是很复杂。

H：觉得简单。

6. 举办大型体育赛事的能力

G：奥运会我没看，但是可以给10分。

H：9分。

7. 国际节庆

I：不太了解。

G：电影节、音乐节有的外国人也会来唱歌。应该是有的，但是我没参加过。

I：个人对电影节、音乐节感兴趣，但是不知道有举办过，生活里接触不到。

G：最难的是买票，完全不知道在哪里买。说学生会打折，但是不知道能不能打折。之前高铁、博物馆我们就不能打折。买票是最难的，之前特别想去看春晚，但找不到在哪里买票。

8. 遇见外国人的频率

G：还好，出去经常会碰到外国人，出去坐六号线或八通线的时候，去天安门或其他旅游景点的时候经常碰到外国人，外国人还是有的。

H：很少。

9. 标识

G：没有见过法语的。我在北京没见过标识错误，但是在湖北看到了，有的完全不对。北京除了奥林匹克公园之外，没见过，那里翻译得很好。英文标识对我帮助不大，因为我来的时候（中文）已经不错了。但是对一个刚学中文的人来说帮助应该不小。

H：没见过日语，没见过有错误。标识帮助不大，更多用手机导航，很少看标识。

10. 国际影响力

G：比较低吧，他们说汉语，别人不会（指汉语国际不通用）。

H：我觉得比较高，很多国际重大活动在北京举办，很多大领导来北京，国际影响力还是很大的。

11. 北京国际交往中心

G：北京的国际化程度越来越高。原来一些娱乐节目看不到外国人，只有中国人，比如相声。外国人演员少，观众多。现在好转了。

H：对国际性相关的事情不太感兴趣。

五 科技创新

1. 科技创新

G：我很感兴趣，我自己会查，会关注相关的公众号。中关村是科技创新中心嘛，我会去那边，去看看与数字化有关的，看看与科技有关的，看看中国企业家杂志。

H：不感兴趣，平常会在手机上看到北京科技相关的新闻。

2. 科技研发项目

G：具体我也不太懂。但是我原来知道有机器人。AI人工智能方面可能有，但是具体不知道。

H：不了解。

3. 科技活动

G：去中关村。学校组织的，会去数字馆（参观）。

H：没参加过。

4. 最喜欢的科技产品和对软硬科技感受

G：移动支付，支付宝、微信支付。有的餐厅里会有机器人服务员。还有微信可以语音文字转换，还可以做翻译。都是有科技感的东西。我在游戏馆里看过 VR。

H：没有试过刷脸支付。手机是让我觉得北京科技感很强的东西，就是华为的发展很快。

G：软科技更好，硬科技离生活太远了。科技融入人的生活才是厉害的，离生活更贴近。

5. 科技创新水平

G：比较高。比如华为，听说要推出鸿蒙系统。然后中国的 OPPO、小米已经快和美国的 iPhone 差不多了，照相、其他功能都和外国手机差不多了。评分（排名）6~10 名吧。

H：高，（排名）5~10 名。

图书在版编目(CIP)数据

行进中的北京城市形象 / 李星儒主编. -- 北京：社会科学文献出版社，2020.7
（北京国际交往中心建设研究丛书）
ISBN 978-7-5201-6968-4

Ⅰ.①行… Ⅱ.①李… Ⅲ.①城市-形象-研究-北京 Ⅳ.①F299.271

中国版本图书馆 CIP 数据核字（2020）第 133243 号

北京国际交往中心建设研究丛书
行进中的北京城市形象

主　　编 / 李星儒

出 版 人 / 谢寿光
责任编辑 / 张　萍
文稿编辑 / 徐　花

出　　版 / 社会科学文献出版社·当代世界出版分社（010）59367004
　　　　　　地址：北京市北三环中路甲 29 号院华龙大厦　邮编：100029
　　　　　　网址：www.ssap.com.cn
发　　行 / 市场营销中心（010）59367081　59367083
印　　装 / 三河市尚艺印装有限公司

规　　格 / 开　本：787mm × 1092mm　1/16
　　　　　　印　张：14.25　字　数：229千字
版　　次 / 2020 年 7 月第 1 版　2020 年 7 月第 1 次印刷
书　　号 / ISBN 978-7-5201-6968-4
定　　价 / 98.00 元

本书如有印装质量问题，请与读者服务中心（010-59367028）联系

▲ 版权所有 翻印必究